Dilek Zaptcioglu

Türken und Deutsche

Wer sich mit dem deutsch-türkischen Verhältnis beschäftigt, schreibt gegen Vorurteile und Klischees an, die die Geschichte der beiden Völker verzerrt und verfälscht. Denn was wissen wir eigentlich über den »kranken Mann am Bosporus«, dessen Söhne und Töchter den Deutschen fremd geblieben sind? Dilek Zaptcioglu ist eine ausgewiesene Kennerin der deutschen und türkischen Kultur und Geschichte. Ihr Buch eröffnet neue, nachdenklich stimmende Sichtweisen auf Deutsche und Türken, die bis heute in einer Art Hassliebe miteinander verbunden sind. Es gelingt ihr überzeugend, den Seelenzustand der Türken in Deutschland differenziert darzustellen. Dabei verweist sie auf verblüffende Parallelen zwischen den Empfindungen assimilierter Juden von gestern und aufgestiegenen, integrierten Türken von heute in Deutschland.

Von türkischen Kumpeln im Ruhrpott und ihren Kollegen im türkischen Revier am Schwarzen Meer, bis zu dem großen »Türkenstreik« bei Ford in den wilden Siebziger Jahren und der kurzen Geschichte der türkischen Linke in Europa – es gibt vieles zu entdecken in der türkisch-deutschen Geschichte, was in Vergessenheit geraten ist. Vor dem Hintergrund der aktuellen Diskussion über islamischen Fundamentalismus verweist ihr Buch auf die komplizierte Rolle der Türkei als Brücke zwischen Ost und West.

Türken und Deutsche ist ein im besten Sinne aufklärerisches und politisches Buch angesichts der Diskussionen um den EU-Beitritt der Türkei.

Die Autorin:

Dilek Zaptcioglu, geboren 1959 in Istanbul. Tochter eines Kapitäns auf Großer Fahrt, aufgewachsen in Istanbul und Hamburg. Nach dem Abitur studierte sie Neuzeitliche und Osmanische Geschichte und Politik. Von 1988 bis 1998 arbeitete sie als Korrespondentin türkischer Tageszeitungen (*Cumhuriyet, Yeni Yüzyil*) in Bonn und Berlin. Ihr Roman *Der Mond ißt die Sterne auf* wurde vielfach ausgezeichnet, u.a. mit dem Gustav-Heinemann-Friedenspreis 1999. *Die Geschichte des Islam* erschien 2002 und wurde von der Katholischen Bischofskonferenz empfohlen. Dilek Zaptcioglu lebt heute als freie Journalistin und Schriftstellerin in Istanbul. Zahlreiche Veröffentlichungen in deutschsprachigen Medien.

Dilek Zaptcioglu

Türken und

Deutsche

Nachdenken über eine Freundschaft

Brandes & Apsel

Auf Wunsch informieren wir regelmäßig über das Verlagsprogramm:
Brandes & Apsel Verlag, Scheidswaldstr. 33,
D-60385 Frankfurt am Main
E-Mail: *brandes-apsel@doodees.de*
Internet: *www.brandes-apsel-verlag.de.*

1. Auflage 2005
© Brandes & Apsel Verlag GmbH, Frankfurt am Main
Umschlaggestaltung: MDDigitale Produktion, Petra Sartowski, Maintal unter
Verwendung eines Gemäldes von Mehmet Güler, *Kontraste*, Radierung.
Lektorat: Cornelia Wilß, Frankfurt am Main
DTP: Antje Tauchmann, Frankfurt am Main
Druck: Tiskarna Ljubljana d.d., Ljubljana. Printed in Slovenia.
Gedruckt auf säurefreiem, alterungsbeständigem und chlorfrei gebleichtem
Papier.

Bibliografische Information *Der Deutschen Bibliothek:*
Die Deutsche Bibliothek verzeichnet diese Publikation in der Deutschen
Nationalbibliografie; detaillierte bibliografische Daten sind im Internet über
http://dnb.ddb.de abrufbar.

ISBN 3-86099-823-4

Inhalt

Vorwort

D ie deutsch-türkischen Beziehungen während des Ersten Weltkrieges waren eine Schicksalsgemeinschaft und endeten in einem Desaster. Kaiser Wilhelm II, der nach dem Sturz Otto von Bismarcks eine offensivere Rolle im Nahen Osten spielen wollte, um einen Platz für Deutschland an der Sonne zu erkämpfen, berief sich zum Schirmherren aller Muslime in der Welt. Seine Weggefährten im Dschihad wurden die weltlich orientierten Jungtürken. Hinter den Fassaden verfolgten beide ihre eigene Agenda: Der Deutsche wollte die muslimischen Untertanen der Queen in Übersee aufmischen, die Türken wollten schlicht die Reste ihres Reiches vor dem Untergang retten. Die Kolonialmächte, allen voran Großbritannien und Frankreich, wüteten gewiss nicht nur unter den Muslimen, aber die geographische und geistige Nähe des Orients zum Okzident schuf zwischen den europäischen Christen und den nahöstlichen Muslimen eine historische Hassliebe.

Während des – in der Türkei schlicht als »Erster Krieg« bezeichneten – Aufteilungskampfes der Interessenzonen und Kolonien der Welt unter den Großmächten lernten türkische Soldaten die preußische Militärdisziplin kennen. Von einem deutschen Generalstabschef geleitet, stürzte sich das schlecht ausgerüstete und ausgebildete türkische Heer ins Unglück. Die Deutschen und die Türken sind sich allerdings nicht nur auf osmanischem Boden begegnet, sondern auch in Deutschland, bei den zahlreichen Besuchen türkischer Politiker vor und während des Ersten Weltkriegs, aber auch in deutschen Fabrikhallen, wo türkische Jugendliche in der Weimarer Zeit ausgebildet und als erste »Gastarbeiter« eingesetzt wurden. Ein Teil dieser Gesellen, die dem Spartakusbund Rosa Luxemburgs und Karl Liebknechts gefolgt sind, gründeten nach ihrer Rückkehr in Istanbul in den Werften am Goldenen Horn die ersten kommunistischen Zellen der Türkei.

Im Zweiten Weltkrieg blieb die Türkei neutral und wurde zum Tummelplatz von Agenten und Politikern aller Krieg führenden Seiten. Der von Hitler als Botschafter des Dritten Reiches nach Ankara gesandte Franz von Papen entkam hier knapp einem Attentat; der »Friedens- und Konzilspapst« Johannes XXIII lebte als Apostolischer Delegat des Vatikans Monsignore Roncalli 1935 bis 1944 in Istanbul. Er studierte das religiöse Zusammenleben in Byzanz, um seine ökumenischen Ideen zu begründen. Während vom Nationalsozialismus gejagte Intellektuelle und Akademiker in der Türkei Zuflucht fanden, verhandelte eine Handvoll germanophiler Politiker und Geschäftsleute, darunter der Bruder des in den asiatischen Steppen von den Kommunisten getöteten Jungtürkenführers Enver Pascha, in Berlin mit den Nazis über einen erneuten Kriegsbeitritt der Türkei an der Seite Deutschlands. Wenn es dazu gekommen wäre, hätten die deutschen Generäle wieder einmal, wie bereits vor dreißig Jahren im Ersten Weltkrieg, vor allem ein wichtiges Ziel gehabt: das kaukasische Öl und die zweite Front gegen die Russen im Kaukasus.

Die ersten türkischen Gastarbeiter kamen noch vor dem offiziellen Anwerbeabkommen 1961 in verschiedene deutsche Städte. Das Abkommen jedoch gab den Startschuss ab für die Massenmigration der Türken und Türkinnen in das Arbeiterparadies Deutschland, das sich bald als »kalte Heimat« herausstellte, um ein Klischee zu bedienen. Dennoch sind die Geschichten aus der Pionierzeit der türkischen Einwanderung nach Deutschland interessant und belehrend. Hier liegen die Wurzeln der heutigen türkischen Minderheiten in westeuropäischen Ländern, denn das Ziel hieß damals fast immer *Almanya*. Wenn es mit Sindelfingen, Dortmund oder Kiel nicht klappte, ging man nach Frankreich, Belgien oder in die Niederlande. Aber Deutschland war als das größte Industrieland mit dem am stärksten wachsenden Bedarf an Arbeitskräften der Magnet für alle neuen Fremdarbeiter, die jetzt allerdings freiwillig kamen. Viele Beispiele zeigen, dass die anfangs als Fremd- und später als Gastarbeiter bezeichneten Ausländer im Bewusstsein der deutschen Gesellschaft eine Fortsetzung der früheren Fremd- und Zwangsarbeiter waren und mehrheitlich mit Ablehnung konfrontiert wurden, wenn sie sich außerhalb ihrer Arbeitsplätze unter die Deutschen mischten. Die Türken füllten von Anfang an den Platz »ganz unten« in der deutschen Gesellschaft. Indem sie die tiefste Schicht besetzten, verhalfen sie den Einheimischen zum sozialen Aufstieg. Aber auch innerhalb der türkischen Minderheit fand durch neue Einwanderer aus der Türkei eine Umschichtung, eine Klassenbildung statt.

Klasse ist ein vergessener Begriff in den Sozialwissenschaften. Zuerst gesellte sich Schicht dazu, dann verschwand die Bezeichnung gänzlich aus dem soziologischen Jargon. Aber unter den türkischen Arbeitern hatte der Begriff des »Klassenkampfes« einst Konjunktur. Sowohl in der Türkei als auch in Deutschland waren linke und gewerkschaftliche Bewegungen lange vor dem

Aufkommen des Islamismus verbreitet. Die Welt wurde, wie das Adjektiv sagt, »weltlich« und nicht wie es heute in Mode gekommen ist, kulturalistisch oder religiös interpretiert; das Heil wurde, nach unserer Ansicht zurecht, in sozialen Veränderungen gesucht, die friedlich aber entschieden erkämpft werden sollten. Die Konzentration auf die Lebensbedingungen hatte den Vorteil, dass statt über Trennendes wie Glaube und Kultur über Verbindendes wie Arbeit, Einkommen, Recht, Bildung, Gesundheit gesprochen wurde. Das Bewusstsein darüber, dass alle Arbeitenden, wenn auch nicht Brüder, so doch »Menschen« waren und im Grunde genommen dieselben Sorgen und Hoffnungen teilten, war in den Tagen des »Klassenkampfes« ohne jede Nostalgie viel stärker als heute.

In den 2000er Jahren wird viel über die Vollmitgliedschaft der Türkei in der Europäischen Union diskutiert. Die türkische Seite scheint sie geschlossen zu fordern: Mit Verträgen, die Jahrzehnte zurückreichen, hätte sich das Land am Bosporus das Recht auf eine Vollmitgliedschaft in der EU verdient. Konservative und Liberale weisen auf die Frontstaatenrolle hin, die die Türkei in der Nachkriegszeit für den Westen übernommen hat – und verschweigen, wie diese »Aufgabe« den Demokratisierungsprozess des Landes gestoppt, zu mehreren Militärputschen geführt und die Existenzen von Generationen junger, patriotischer Türken vernichtet hat. Eines klappte freilich: Die »freie Marktwirtschaft«. Sie blieb trotz oder gerade wegen eines starken Staates erhalten. Heute lässt sie in der Türkei in Form eines »wilden Kapitalismus« ca. 25 Millionen Türken unter der Armutsgrenze leben. Da stellt sich nicht die Frage nach einer fiktiven EU-Mitgliedschaft der Türkei, sondern nach dem System selbst.

Die EU-Kommission in Brüssel verspricht der Türkei Beitrittsverhandlungen nur unter der Bedingung, dass die Türken im Falle eines Beitritts zur EU keine oder eine nur sehr eingeschränkte Freizügigkeit genießen werden. Die Gründe sind verständlich: Eine zu hohe Geburtenrate und Arbeitslosigkeit. Das macht aber den türkischen »EU-Prozess« ohnehin zur Farce, denn der europäische Geist lebt gerade von der Aufhebung der Grenzen und dem ungehinderten Umlauf von Waren, Ideen und Menschen aus dem gleichen Kultur- und Wirtschaftsraum. Aber die Türkei gehört nicht nur zu Europa. Sie ist zu einem beträchtlichen Teil auch asiatisch. Der durchschnittliche, moderne Türke versteht sich als sowohl westlich als auch östlich; er ist mehrheitlich muslimisch, lebt aber seinen Glauben anders als die arabischen Muslime; die türkische Kultur hat nicht nur aus dem persischen und arabischen Kulturraum viel übernommen, sondern auch aus dem europäischen.

Anatolien bildet den Mittelpunkt eines zusammenhängenden Kultur- und Wirtschaftsgebietes, das sich eigentlich vom Balkan bis hin nach Zentralasien, von der arabischen Halbinsel bis zur Krim erstreckt. Allein die Tatsache, dass die türkisch-iranische oder türkisch-irakische Grenze nicht einmal durch schwer bewaffnete Armee-Einheiten gesichert werden kann, macht die Aufhebung der EU-Türkei-Grenzen unmöglich. Es wird immer eine Passkontrolle an der türkischen Westgrenze geben. So gesehen, wird die Türkei niemals voll der Europäischen Union angehören können.

Türkische Demokraten, die sich nur deshalb für den EU-Prozess der Türkei einsetzen, weil sie sich davon einen Fortschritt in Sachen Demokratie und Menschenrechte versprechen, irren sich. Dieser EU-Prozess, das heißt die Integration der Türkei in den kapitalistischen Weltmarkt, führt zur Vergrößerung der Kluft zwischen Arm und Reich in der Türkei und nicht etwa dazu, dass sich dieses große Land mit seinen über 75 Millionen Einwohnern innerhalb von zwei Jahrzehnten in jeder Hinsicht Deutschland oder Frankreich angleicht. Die sozialen Spannungen wachsen anstatt abzunehmen. Die Integration der landlosen, völlig verarmten türkischen oder kurdischen Bauern in das Wirtschaftleben scheint angesichts eines bankrotten Staates und fehlender ausländischer Investitionen aussichtslos. Der Internationale Währungsfonds (IWF) ist hauptsächlich daran interessiert, dass die Türkei ihre Schulden und natürlich auch die Zinsen rechtzeitig zurückzahlt und kontrolliert die türkischen Finanzen. Dennoch steigt die Staatsverschuldung täglich.

Die immens hohen und stetig wachsenden Schulden und eine strikt von dem IWF kontrollierte Finanzpolitik lassen dem türkischen Staat, gleichgültig welche Regierung an der Macht ist, keinen Spielraum, in Bildung, Gesundheit und Infrastruktur zu investieren. In den staatlichen Schulen werden in Großstädten bis zu 50 Kinder in einer Klasse unterrichtet; auf dem Lande müssen oft alle Stufen aus Mangel an Raum oder Heizmitteln in demselben Saal der Reihe nach einem einzigen Lehrer zuhören. Der Unterricht basiert zwangsläufig auf dem Auswendiglernen von Lerninhalten, weil die Schüler nur durch das Bestehen zentraler Prüfungen Zugang zu höherer Bildung bekommen. Demokratisches Denken, das heißt Streitkultur, kann nicht auswändig gelernt werden.

Die Bildungsmisere führt in einem Land, dessen Bewohner mehrheitlich unter 30 Jahre alt sind, zu einem rapiden und offensichtlichen Abfall des Bildungsniveaus. Die privilegierte, meist in teuren Privatschulen erzogene Oberschicht genießt entweder zu Hause ein modernes und wohlhabendes Leben, das sich in der Tat mit dem in New York oder London vergleichen lässt, oder sie wandert gleich ins westliche Ausland ab, das gut ausgebildeten Fach- und

Führungskräften immer einen Platz zu bieten hat. Die »Verlierer« dieser kapitalistischen Globalisierung der Türkei, die durch die Anbindung Ankaras an Brüssel auch politisch kontrolliert werden soll, sind die Arbeiter und Bauern der Türkei, die Mittel- und Perspektivlosen. Sie haben keine Aussicht, jemals in den Produktions- oder Dienstleistungsbetrieb hineinzukommen. Sie können nicht einmal wirtschaftlich ausgebeutet werden und sind ein Ärgernis. Während Länder wie Deutschland noch in der Lage sind, ihre »Verlierer« durchzubringen, haben sie in der Türkei keine Chance. Millionen von Straßenkindern, steigende Kriminalitätsraten und wachsende ethnische und religiöse Spannungen sind die Folge. Anno 2005 ist die Türkei zu einem Land geworden, in dem nur derjenige Bürger menschenwürdig leben kann, der Geld hat. Viel Geld hat. Der Rest hofft, betet und sieht fern. Auch hier stellt sich die Systemfrage.

Die große Mehrheit der Bewohner der Türkei glaubt nicht an den Beitritt ihres Landes zur Europäischen Union unter gleichberechtigten Voraussetzungen, weil sie weiß, dass dies nicht im Interesse der EU wäre. Sie verfolgt den EU-Prozess mit Skepsis und entwickelt dem »Westen« gegenüber zunehmend nationalistische und reaktionäre Gefühle, weil zwar immer mehr westeuropäische Waren, Konzerne und Dienstleistungsfirmen zum Konsum verführen, aber ihre Lebensbedingungen nicht mit den »westlichen« mithalten können. Viele Türken, nicht nur in der Türkei, sondern auch in Deutschland und anderen westeuropäischen Staaten, würden durchaus Entbehrungen hinnehmen, wenn sie an eine sichere und bessere Perspektive ihrer Kinder glauben könnten. Diese ist jedoch nicht in Sicht, stattdessen schreitet die Verarmung der Kinder und Enkelkinder der einstigen »Gastarbeiter« voran.

Eine Demokratisierung der Türkei und auch der Türkischstämmigen in Westeuropa kann nur durch ihren verstärkten Zugang zu Bildung und Arbeit erreicht werden. Diese Demokratisierung braucht starke Gewerkschaften, eine hauptsächlich an säkularen Werten orientierte Gesellschaft, einen offenen, durch keine religiösen Dogmen verhinderten Diskurs und die Möglichkeit einer multikulturellen Gesellschaft, in der jeder ungeachtet seines Geschlechts, Glaubens und Geburtsortes zu seinen Rechten kommt.

Ohne eine wirtschaftliche Basis lassen sich Demokratie und Menschenrechte nicht verwirklichen. Im Zuge der Integration der Türkei an den kapitalistischen Weltmarkt entstehen jedoch keine neuen Schulen, geschweige denn Arbeitsplätze. Die Waren, vor allem westlichen Ursprungs, zirkulieren ungehindert, während jährlich Dutzende von Menschen auf dem Wege in den Westen im Mittelmeer ertrinken und Andere vor den westlichen Konsulaten in langen Schlangen auf ein Einreisevisum warten. Parallel zur Bildungsmisere und zu wachsenden Bevölkerungszahlen verbreiten sich Ignoranz und Habsucht in der türkischen Gesellschaft: Jeder muss selbst sehen, wo er bleibt. Intellektuelle oder künstlerische Leistungen werden nur nach dem Gewinn gemessen, das sie ihrem Urheber einbringen. Das bedeutet nichts anderes, als dass sich die Türkei zunehmend von ihrem republikanischen Gründungsideal verabschiedet. Die Türkei entfernt sich heute zunehmend davon, eine *Gesellschaft* zu sein und verkommt zu einer großen und lärmenden Wohngemeinschaft, in der jeder auf Kosten des Anderen seine eigenen kurzfristigen Interessen verfolgt und in der Solidarität, Gleichheit und Gerechtigkeit auf der Strecke bleiben. Der säkular-politische Diskurs wird durch den religiösen ersetzt. An die Stelle des islamistischen Ideals der Gerechtigkeit tritt durch die geläuterten Islamisten von Heute das Ideal der Profitmaximierung; die »islamische Bourgeoisie« distanziert sich nicht mehr von der kapitalistischen Ungerechtigkeit, wie es in den 1970ern und 80ern türkisch-islamistische Vordenker wie Ali Bulac forderten. Die bekennend muslimischen und von Brüssel und Washington als »moderat« gelobten Islamisten wenden sich nur noch gegen den »unmoralischen« Lebensstil des Westens und derjenigen Türken, die sie nicht als »richtige Muslime« ansehen – Alkoholabstinenz und die untergeordnete Rolle der verhüllten Frau werden zu den Hauptmerkmalen einer neuen, sich ausdrücklich als muslimisch bezeichnenden Oberschicht, für die soziale Gerechtigkeit durch fromme Spendenbereitschaft der Reichen und nicht durch strukturelle Maßnahmen zu erreichen ist.

Nicht zuletzt deshalb argumentieren heute linke, säkulare Kräfte des Landes gegen die Illusion eines EU-Beitritts und fordern Reformen, die nicht der neoliberalen Internationale, sondern den Bewohnern dieses geographischen Raumes dienen, der in direkter Nachbarschaft zum Nahen Osten, Iran und dem Kaukasus zu einem wirklichen Vorbild in Sachen Demokratie werden könnte. Gegen eine islamisch-konservative Regierung, die auf dem Gebiet der Wirtschaft strikt die Gesetze der Neoliberalen befolgt, fordern sie funktionierende Gewerkschaften, die Verstaatlichung und Reformierung der Bildungs- und Gesundheitssektoren, den Ausbau von Eisenbahnstrecken gegen die Automobillobby, die Förderung sanfter Energien oder die Finanzierung demokratischer Reformen durch die Staatskasse. Durch einen Schuldenerlass würden genug Mittel für die Verwirklichung ihrer Reformen bereitstehen.

Der deutsch-türkische Diskurs muss sich entlang einer Systemkritik neu formieren und aus dem Schatten des Religiösen treten. Religiöse Themen oder der Einfluss der religiösen Kultur auf das Verhalten der Menschen sind zweifellos wichtig. Aber Religion, konkret der Islam, ist nicht ahistorisch. Wenn er heute von jungen Muslimen in eine zweifelhafte und undemokratische »Befreiungsideologie« umgewandelt wird, hängt dies auch mit der Lükke zusammen, die die Linke in der Weltpolitik hinterlassen hat.

Die »Türkische Kommunistische Partei« (TKP), in der Türkei des Kalten Kriegs (eigentlich seit ihrer Gründungszeit in den 1920ern) illegal, erfreute sich in Deutschland und anderen westeuropäischen Ländern der Nachkriegszeit einer gewissen Beliebtheit unter den Arbeitern. Viele hatten vor ihrer Odyssee nach Westeuropa eine Binnenmigration in der Heimat durchlaufen. Aus den Dörfern in die Städte gekommen, hatten sie bereits in türkischen Fabriken und Bergwerken den Wert der Solidarität und gewerkschaftlichen und politischen Arbeit schätzen gelernt. In Westeuropa waren die Arbeits- und Lebensbedingungen unvergleichlich härter, aber auch der Grad der Organisation der deutschen Arbeiter weit fortgeschrittener. Dies wurde für türkische Arbeiter zum Vorbild, zumal die deutsche Demokratie dem Einzelnen größere Freiheiten und Rechte einräumte als zu Hause. Die Türken lernten in Deutschland, für ihre Rechte zu kämpfen, auch gegen den deutschen Arbeitgeber, dem das nicht immer lieb war.

Um ihre spezifischen, von deutschen Gewerkschaften und der Arbeiterwohlfahrt nicht angetasteten Probleme zu lösen, organisierten sich die Türken schon in den 1960ern in eigenen Vereinen. Manche dieser Vereine wurden von Studenten oder Freiberuflern gegründet, was ihnen von Anfang an politische Couleur verlieh. Die illegale TKP gründete schließlich ihren Auslandssitz in Leipzig und bezog im geteilten Deutschland Position. Die Geschichte der linken Bewegung unter den Türken in Westeuropa und wie sie später langsam von islamistischen Netzen ersetzt wurde, ist ein Kapitel für sich und beinhaltet unerzählte Anekdoten, wie zum Beispiel die von türkischen Arbeitern, die sich von dem Staatssicherheitsdienst der Deutschen Demokratischen Republik oder auch der Gegenseite, anwerben ließen. Innerhalb der TKP arbeiteten viele nichtmuslimische Türken mit, aber Religion war für die Kommunisten ohnehin das Opium des Volkes. Die Freundschaft der Türken muslimischen Ursprungs, Armenier und Juden innerhalb der TKP ist ein Lehrstück der gelebten Solidarität und der beste Beweis für ein anderes Leben unter einem anderen Vorzeichen.

»Sind die Türken die Juden von heute?«, lautet eine Frage, die sich heute viele türkische Intellektuelle in Deutschland stellen. Die Juden sind gottlob nicht verschwunden, so dass ihr Platz frei wäre. Aber es gibt in der Tat verblüffende Parallelen zwischen den Empfindungen assimilierter Juden von gestern und aufgestiegenen, integrierten Türken von heute in Deutschland. Das

Pendant des jüdischen Selbsthasses ist ein türkischer Selbsthass bei den Eliten, die stets als Europäer zählen wollten aber diese Bestätigung nicht erfahren haben. Erfreulicherweise haben jedoch die 2000er Jahre einen Wandel im türkischen Selbstbewusstsein eingeläutet: Es gibt einen schönen, bequemen und großen Raum zwischen Ost und West, den sich die Türken nicht nur in Berlin, sondern auch in Istanbul zur Heimat machen. So wie die Türken von der Geschichte der deutschen Juden lernen können, bietet die Gegenwart der jüdischen Minderheit in der Türkei Stoff zum Nachdenken. Wie ein alter Jude, ein sephardischer Istanbuler seinem Enkel, dem Romancier Mario Levi, in den 1960ern einmal sagte: »Die Auswanderung der Türken nach Deutschland hat auch den Vorteil, dass sie, die bisher nirgendwo in der Minderzahl und niemals eine Kolonie waren, wirklich begreifen, wie schwer es ist, eine Minderheit zu sein.«

Die türkisch-deutsche und türkisch-europäische Geschichte ist voller Überraschungen. Sie wird von vielen anderen Nationalitäten und Glaubensgemeinschaften begleitet, wie dies in der Geschichte so oft der Fall ist, da kaum ein Land homogen ist und auch sein sollte. Wer sich für diese Historie interessiert, weil er der Ansicht ist, dass eine gemeinsame Zukunft nur auf dem Wissen um die miteinander geteilte Vergangenheit aufgebaut werden kann, sollte sich genüsslich in dieses Buch hineinknien, um Neues zu entdecken, das anderen Fragen und Antworten den Weg ebnet als heute allgemein in diesem Kontext gestellt werden. So hat er Gesprächsstoff mit denjenigen Türken, die nicht zurückgezogen in ihrer eigenen Welt leben, sondern sich und ihre Kinder der deutschen Gesellschaft öffnen, um den immer noch nicht aufgegebenen Traum der »Brüderlichkeit, Freiheit und Gleichheit« zu verwirklichen.

Dilek Zaptcioglu
Istanbul, im Juni 2005

14

Kapitel 1

Was ist in Amsterdam passiert?

»Wessen Nachbar hungert, während er zu viel besitzt,
wird keine Ruhe haben...«

A ls am Morgen des 2. November 2004 sein Mörder mit einer Pistole vor ihm stand und begann, wortlos auf ihn zu schießen, rief der holländische Filmemacher Theo van Gogh verzweifelt aus:»Stopp! Wir können sicherlich darüber reden!« Aber der junge Mann namens Mohammed wollte nicht mehr sprechen. Nicht, weil er van Gogh und der ganzen Welt nichts mitzuteilen hätte. Seine wichtigste Botschaft war der Mord selbst. Der Rest stand auf den mehreren Seiten Papier, das er bei sich trug und mit einem Messer auf der Brust seines Opfers befestigte. Er erschoss van Gogh und schnitt ihm die Kehle durch – eine abscheuliche Tat, für die es keine Entschuldigung gibt und die traurig macht. Seit diesem trüben Novembertag in Amsterdam ist in Europa nichts mehr so, wie es einmal war. Also, sprechen wir darüber.

Gläubig oder nicht, wenn Muslime dieser Tage untereinander sind, sagen sie gerne:»Wir sind im Krieg.« Nicht etwa, dass sie selbst daran teilnehmen. Meinen sie das wirklich ernst? Wer Zweifel hat, wird sofort belehrt:»Versuche mal, mit deinem islamisch klingenden Namen und Vollbart in die USA einzureisen«. Oder:»Siehst du nicht, wie kopftuchtragende Frauen auf den Straßen angeschaut werden? Die Nachbarin fragte mich kürzlich, ob ich die Anschläge in der Londoner Untergrundbahn verurteile oder nicht.« Die letzten Zweifel über den Krieg werden durch das Einschalten der Abendnachrichten ausgeräumt:»Ein neuer Selbstmordattentat in Bagdad, über zwanzig, fünfzig, einhundert Tote«. Muslime und solche, die erst jetzt dazu gemacht werden, flüstern sich auf der Straße oder in der Moschee zu:»Sie gehen zu weit. Sie haben einen willkommenen Anlass gefunden, um auf uns einzuschlagen. Sie übertreiben es maßlos.« Was »sie« übertreiben, ist *homeland security*: Die Verteidigung des Abendlandes mit seinen viel gerühmten Werten gegen die postmodernen Barbaren, die am 11. September 2001 in New

York die *Twin Towers* in die Luft jagten, und damit einen »unerklärten Krieg gegen uns« begannen. Theo van Gogh wird posthum in die feindlichen Reihen eingeordnet. So sprechen jetzt alle über die Anderen, wir über sie, sie über uns. Wir fühlen uns alle durch die Anderen bedroht. Das macht keinen Spaß mehr, geschweige denn einen Sinn. Denn bei näherem Hinsehen gibt es weder uns noch sie. Es gibt Arme und Reiche, Verlierer und Gewinner, Auf-, Ab- und Aussteiger, Gläubige und Ungläubige, Arbeiter und Angestellte, Arbeitgeber und Arbeitslose. Kurzum, es gibt das, was es auch vor einhundert Jahren, nein, seit Menschengedenken gegeben hat – Interessen, Allianzen, Macht, Geld, Lust. Und es gibt Tote, viele Tote.

Wenn es einen Krieg gibt, dann gibt es Muslime, die an ihm genau so gut verdienen wie Christen, Juden, Agnostiker oder Atheisten. Muslime, die sehr eng mit christlichen Amerikanern oder Europäern zusammenarbeiten, gottlose Terroristen, gläubige Kommunisten, christliche Fundamentalisten, liberale Essentialisten, fundamentalistische Zionisten, agnostische Friedenskämpfer und wahre Gläubige jeder Religion und Weltanschauung. Nachdem die *great narratives* in den westlichen Gesellschaften begraben sind, flickt sich jeder seine neue Ideologie zur Bekämpfung der alten Probleme vorübergehend, sozusagen passend zu seinem aktuellen Lebensabschnitt aus dem Repertoire der menschlichen Ideengeschichte zusammen. Ganz aktuell ist in diesem Zusammenhang der Koran.

Für viele junge Leute sind im Jahre 2005 Gewalt *irgendwie cool*, Waffen *geil*. Ein aggressiver Ton herrscht unüberhörbar auf den Straßen der westlichen Metropolen. Nicht nur der Krieg, das ganze Leben erscheint vielen unwirklich, virtuell, wie ein Spiel der Schatten in Platons Höhle. Abgekoppelt von der wirklichen, schmutzigen, stinkenden, mühsamen Produktion verläuft das Leben für manche, die »die Welt nicht mehr verstehen«, sauber im Takt der Großstädte, zwischen roten Ampeln, Aktenkoffern, Schubladen, dem Italiener um die Ecke, im Lift und auf der Rolltreppe, von einem Urlaub zum nächsten, zwischen Weihnachtsfeier und Spargelessen irgendwo in der Unwirklichkeit der Jahre, die viel zu schnell vorbei rasen und aus den Jungen bald alte Menschen machen und *Old Europe* ihre Probleme aufdrücken: Ischias und Rheuma, Pflegeversicherung und staatliche Zuschüsse für private Altersheime. Der Kapitalismus ist in die Jahre gekommen, gewiss. Noch nie war er im Westen so exklusiv und langweilig wie heute. Die Alten machen es den Jungen vor; es ist sinnlos nachzudenken, woher wir kommen und wohin wir gehen: Ladet euch den alten Camus herunter, lest Schiller und Shakespeare, bildet euch, fragt nicht warum, eignet euch unsere Zivilisation an, seid stolz darauf, seid einfach, mehr könnt ihr nicht haben!

Dieser Krieg existiert jedoch nicht nur auf dem Bildschirm, obwohl manchmal Zweifel ob seiner Wirklichkeit aufkommen. Er hat tatsächlich begonnen, um einen anderen, den eigentlichen Mohammed zu zitieren, den Propheten des Islam, weil »wir nachts gut genährt und gedankenlos ins Bett gehen, während unsere Nachbarn hungern«. Es ist eine Binsenweisheit: Nicht alle in der Welt haben die Sorgen der Menschen in den westlichen Wohlstandsgesellschaften. Manche finden kein sauberes Wasser zu trinken, andere keinen Arzt und manche sterben, weil sie sich keine Medikamente kaufen können. Andere können, wie im Sommer 2005 in New Orleans, ihre Stadt nicht verlassen und sterben inmitten eines Hurrikans, sozusagen »vor den Augen der Weltöffentlichkeit«. Dies alles ist so unmoralisch, dass niemand von uns mehr von Moral sprechen kann. Solange dieser Zustand unverändert bleibt, werden heute der Koran, morgen vielleicht wieder das Kapital oder andere Bücher und Lehren die Menschen zum Kämpfen inspirieren. Dieser Kampf wird kein sinnvolles Ziel mehr haben, sondern rein terroristische Zwecke verfolgen, Spaß am Töten haben, Spaß an Sensationen, dran, in die Abendnachrichten zu kommen, einen grandiosen und heroischen Abgang zu inszenieren und dabei den Reichen, Schönen, kurzum den vermeintlichen Gewinnern eins auszuwischen. Wessen Nachbar hungert, während er zu viel besitzt, wird keine Ruhe haben und sich immer neuere Methoden überlegen müssen, um sich vor den Terroristen zu schützen, die nicht aus den Reihen der ganz Armen stammen, aber zu denen gehören, die die westlichen Gesellschaften und das von ihnen getragene System zum Außenseiter gemacht haben.

Der Krieg hat uns wohl bekannte politische, wirtschaftliche und soziale Gründe, keine religiösen – diese sind eine bloße Inspiration und eine Stütze für den Kämpfer, der sich im Jenseits aufgehoben fühlen möchte, wo er doch im Diesseits keine Ruhe fand. Aber wir ignorieren die eigentlichen Ursachen der Gewalt und der Unmoral, weil wir uns, so wie wir leben, wohl fühlen und um Gottes und des Teufels willen nicht verarmen wollen. Gestern war es der Marxismus. Heute bietet der Islam denen »ganz unten« eine gedankliche und emotionale, vor allem authentische, nichtwestliche Grundlage des Kampfes. Den größten Kampfgeist zeigen, wie früher in der Linken, nicht die Ärmsten und am meisten Geächteten, sondern die enttäuschten Aufsteiger und die nachdenkliche Jugend der Mittelklasse in den Städten. Es ist schlimm, arm zu sein, aber ein großartiges Gefühl, den Armen zu helfen.

Als Wiedergeborener in den Tod gehen

Auch Mohammed Bouyeri war weder arm noch ignorant. Obwohl er in Amsterdam geboren[1] und aufgewachsen ist und nie woanders gelebt hat, »entschied er, nicht als Holländer, sondern als Marokkaner zu sterben«[2]. An jenem herbstlichen Dienstagmorgen zog er sich sein weites maghrebinisches Gewand, die *Djelaba*, an und steckte seine Waffen für die Tat ein, die er – wohl nicht alleine – geplant und in Gedanken viele Male durchgespielt hatte. Das Bild für die Medien war damit perfekt ausgemalt: In Amsterdam, der weltoffenen, toleranten und friedlichen Stadt in Holland mit seinen malerischen Grachten, Coffee-Shops, Galerien und schönen, radelnden Menschen explodiert die islamische Bombe des Hasses und Fanatismus. Das blonde, lichte, freundliche Bild wird durch den scheußlichen Schatten eines »Schwarzen« beschmutzt. Was hatte das Opfer, der Regisseur, verbrochen? Er hatte es gewagt, den islamischen Umgang mit Frauen zu kritisieren, hieß es fast durchgängig in den Medien und aus Politikermündern[3]. Van Gogh hatte seine Meinung nur in Wort und Bild ausgedrückt und niemandem mit Waffengewalt aufgezwungen. »Ich bin der Dorfnarr, mir tut niemand etwas«, soll er seinen Freunden gesagt haben, als sie ihn warnten, mit seinem Spiel zu weit zu gehen. Aber dass das ein Spiel ist, hat Mohammed nicht begriffen, denn er war streng gläubig und verstand keinen Spaß. Van Goghs »Submission« war doch nur ein Film, im postmodernen, virtuellen Kunstgetümmel ein Hauch von Kritik, dünn wie ein transparenter Schleier, ein Lausbubenstreich, ja, ein böser vielleicht, aber nicht ernst zu nehmen.

Der zur Tatzeit 26jährige Mohammed Bouyeri streckte sein Opfer wie in einem Videospiel nieder; beim Schießen war er miserabel, es ist anzunehmen, dass er in seinem jungen Leben mehr Computer gespielt als mit Automatikpistolen herum geschossen oder Schafe geschlachtet hat.

Ein am Tatort hinterlassener Brief in Versform mit dem ins Englische als »Baptized in blood« übertragenen Titel verdeutlicht die Wiederentdeckung des Islam als politische Ideologie durch den Holländer marokkanischer Abstammung. *Born again religion* nennen es die Sozialwissenschaftler; die Protagonisten werden von westlichen Islamexperten als »globale Salafi-Bewegung« bezeichnet – »salaf« heißt in Arabisch Vorgänger, Ahne, und meint in diesem Zusammenhang die erste Gemeinde des Propheten in Mek-

---

[1] am 8. März 1978
[2] http://www.charleshugo.net
[3] zu der öffentlichen Verarbeitung dieses Mordes gleich mehr

ka, nach der tradierten Auffassung die ideale islamische Lebensform. Nach Meinung von Islamforschern und Terrorismusexperten handelt es sich um junge Männer vor allem in westlichen, nicht islamischen Ländern, die einer weltweiten virtuellen Ummah[4] angehören und unter bestimmten Bedingungen zusammenkommen, um einen Terrorakt gegen die ungläubigen Feinde des Islam zu planen. Unberechenbar und grausam, wie eins die Assassinen[5], schlagen die Meuchelmörder zu.

Unzählige Bücher, die nach dem 11. September 2001 über die Islamisten verfasst worden sind, wiederholen zum Überdruss diese Theorie der »Schläfer«. Abgesehen davon, dass sie ihren Autoren einigen finanziellen Erfolg beschert haben, sind sie kaum nützlich. Denn jeder der bisherigen großen Terrorakte, seien es der 11. September, die Bombenattentate von Istanbul gegen die jüdischen Synagogen und britischen Ziele von November/Dezember 2003, die Madrider Anschläge vom 11. März 2004 oder die Londoner Attakken vom Juli 2005, ist unter unterschiedlichen Vorzeichen zustande gekommen und bedarf weiterer Aufklärung. Es gibt keine Anzeichen dafür, dass die Hauptschuldigen aller Anschläge untereinander bekannt sind oder ihre Taten miteinander koordinierten. So wurden die Istanbuler Anschläge von einer kleinen Gruppe von Männern geplant, die verwandt sind, aus demselben Ort in Ostanatolien stammen und sich von ihrer Arbeit her kennen. Einige von ihnen haben sich zwar im Umfeld radikal islamischer Organisationen bewegt, aber die Mehrheit nicht. Zu ihrer politisch motivierten Tat sind sie durch den Angriff der USA und ihrer Verbündeten auf den Irak sowie das ungelöste Palästina-Problem »inspiriert« worden. Die Selbstmordattentate, zynisch den Tod Dutzender Menschen auch muslimischer Religion in Kauf nehmend, sollten die USA, Großbritannien oder Israel treffen und nicht nur Amerikaner, Briten oder Juden töten. Sie waren als lautstarkes, medienträchtiges Signal geplant, um der ganzen Welt zu zeigen, dass die Politik dieser – nicht nur von den Radikalen verhassten Staaten – »nicht ungestraft« bleibt und die Muslime sich rächen können. Das Material der gewaltigen Bomben war schlicht: chemischer Dünger gemischt mit bestimmten Stoffen ergibt eine hochexplosive Masse. Einer der Istanbuler Attentäter sagte aus, dass für die vier schweren Angriffe am 15. und 20. November 2003 nur 150 000 Dollar gebraucht worden sind. Dieses Geld ist in einem radikalisierten Umfeld unschwer zu beschaffen und bedarf keiner weltumspannenden, krakenhaften Organisation wie der sagenhaften Al Qaida.

---

[4]   muslimische Gemeinde
[5]   Anhänger des ismaelitischen Sektenführers Hasan-i Sabah auf dem Berg Alamut, die unter Drogeneinwirkung politische Meuchelmorde begingen. Siehe auch nächstes Kapitel.

Die Serie der Attentate seit dem 11. September verfolgt keine religiösen, sondern politischen Ziele: Das World Trade Center in New York steht für das amerikanische Finanzkapital schlechthin; das Pentagon bedarf keiner Erklärung; Spanien wurde angegriffen, weil die damalige Regierung gegen den Willen der Spanier am Irak-Krieg teilgenommen hatte; in Tunesien starben zwar Deutsche, aber das Ziel war[6] eine Synagoge und in Istanbul explodierten die Sprengstoffe neben jüdischen Gotteshäusern vor dem britischen Konsulat und einem britisches Bankhaus. In London haben erstmals junge Selbstmordattentäter am 7. Juli 2005 wahllos Anschläge in fahrenden U-Bahnen und einem Bus verübt – auch hier sollte der britische Premier Tony Blair für seine Kooperation mit dem US-Präsidenten George Bush bestraft werden. Nirgendwo wurde eine christliche Kirche oder auch ein »dekadentes« Vergnügungszentrum zum Ziel. Doch gerade Istanbul kennt auch eindeutig religiösen Terror. Am 11. Januar 1994 wurde zum Beispiel das moderne, zentral gelegene Café des Etap Marmara Hotels am Taksim-Platz zum Ziel eines Bombenattentats, weil die islamischen Fundamentalisten gerade einen Feldzug gegen den westlichen Lifestyle begonnen hatten und ihnen die Silvesterfeiern in diesem Hotel besonders verhasst waren. Ihr erklärtes Ziel war, die Istanbuler von ihrer »ungläubigen Lebensweise« abzubringen.

Die Attentäter selbst sind überall weitgehend lokal verortet und haben ganz unterschiedliche Lebensgeschichten und Motivationen. Bei Mohammed war es sein Leben als junger, kriminell gewordener Marokkaner in den Niederlanden mit einer Mutter, die zu früh verstarb, woran die Familie offenbar kaputt ging.

Der Mord an Theo van Gogh ist ein politisches Attentat und wird schrecklichere Konsequenzen haben, als wir heute überschauen können. Er wird das Verhältnis zwischen den Europäern und ihren muslimischen Minderheiten auf eine noch nie da gewesene Weise verschlechtern, weil er nicht am Anfang, sondern in der Mitte eines von den Muslimen so gefühlten »Krieges gegen den Islam« steht, der mit dem 11. September 2001 zunächst unbemerkt begann. Theo van Gogh symbolisierte in Europa die Vorhut der antiislamischen Front; er stand für den radikal-liberalen Intellektuellen in den Niederlanden, der sich nicht nur durch rückschrittliche, objektiv verwerfliche Praktiken mancher Muslime wie etwa Schleier, Fanatismus oder Ehrenmorde gestört fühlt und dies künstlerisch thematisiert, sondern den Islam komplett für Unsinn hält. Dieser Intellektuellentypus ist in vom Gedanken der sozialen Verantwortung geprägtem Deutschland noch nicht wortführend. Nicht nur

---

[6] am 11. April 2002

wäre es in Deutschland nach Auschwitz unmöglich, so über Juden zu reden wie van Gogh; nach Mölln und Solingen sind auch verbale Angriffe auf »Ausländer« in Deutschland verwerflich, auch wenn die Hemmschwelle wieder im Sinken begriffen ist.

»Intellektueller Terror?«

Der Mord in Amsterdam erschrak bekanntlich auch die aus Somalien stammende Abgeordnete Ayaan Hirsi Ali, die das Drehbuch zu van Goghs Film »Submission« schrieb. In einem am Tatort hinterlassenen Brief beschuldigt der Mörder die Politikerin als die eigentlich Verantwortliche für die Entwicklung in Holland, der er mit seiner Tat ein Ende bereiten wollte. Seit ihrem Erscheinen auf der politischen Bühne der Niederlanden, schreibt Bouyeri sinngemäß, hätte sich die Atmosphäre im Lande gegen den Islam drastisch verschlimmert. Hirsi Ali hätte die Schmutzarbeit für die Feinde des Islam übernommen, sie mache selbst aus ihrer Islamfeindschaft keinen Hehl. Hirsi Ali, eine Abtrünnige, würde von den Ungläubigen instrumentalisiert. Der Mörder erklärt in seinem Abschiedsbrief aber auch, wen er wirklich hasst: den ungläubigen Theo van Gogh mehr als Hirsi Ali, die er mit seinem Brief einlädt, ihren »intellektuellen Terror« gegen die Muslime zu beenden. Hirsi Ali selbst erklärt in der Öffentlichkeit, nach dem 11. September Zweifel an der Richtigkeit ihres Glaubens bekommen zu haben. Sie hätte sich gefragt, ob der Islam wirklich friedlich sei. In einem sehr schmerzlichen Abkopplungsprozess hätte sie sich von »Allah« verabschiedet und wäre zu der Einsicht gekommen, dass es keinen Gott gibt. Danach fühlte sie sich berufen, den Islam zu reformieren, ein Vorhaben, das für eine »Ungläubige« auch ohne unsere erschwerende Weltkonjunktur nicht leicht sein dürfte. Aber darf man Frau Ayaan Hirsi Ali überhaupt noch kritisieren oder hat sie sich nicht nach dem Mord an Theo van Gogh neben zahlreichen Bodyguards auch einen Panzer gegen jede Kritik erworben?

In ihrem Artikel »Die öffentliche Verarbeitung eines islamistischen Mords oder Was ›Israelkritik‹ und ›Islamkritik‹ gemeinsam haben«[7] analysiert die Ethnologin Susanne Bressan das Echo auf den van Gogh-Mord in den Medien. Sie konzentriert sich auf den Begriff »Islamkritik«, da dieser im Zusam-

---

[7] http://www.hagalil.com/archiv/2004/11/islamkritik.htm

menhang mit dem Opfer inflationär gebraucht würde und als Begründung der Tat herhalten müsste. »Auch ich teile das Entsetzen darüber«, schreibt sie, um Missverständnisse gleich aus dem Weg zu räumen, »dass ein Mensch vermutlich deshalb getötet wurde, weil er in einem Film Frauenfeindlichkeit und Gewalttätigkeit anprangerte, die sich auf den Koran berufen.« In welcher Form dieses Entsetzen jedoch in der Öffentlichkeit verarbeitet würde, hätte streckenweise nur noch wenig mit der Tat zu tun. Das Paket »Islamkritik, Meinungsfreiheit, Toleranz, Integration und Multikulturalismus«, unverzichtbares Utensil vieler Feuilleton-Autoren seit dem Mord in Amsterdam, diente nach Ansicht der Wissenschaftlerin, die damit nicht zum Mainstream in Westeuropa gehört, zur Verschleierung anderer Motive. Unter dem Etikett der »Islamkritik«, schreibt Bressan, »erfahren auch Theo van Goghs Diffamierungen gegenüber Muslimen und anderen Minderheiten eine erstaunliche Verharmlosung, ja sogar Aufwertung – ebenso wie seine Freundschaft mit dem vor zwei Jahren ebenfalls in den Niederlanden ermordeten Rechtspopulisten Pim Fortuyn und schließlich Fortuyn selbst«.

Susanne Bressan wählt Beispiele für ihre Kritik an der öffentlichen Verarbeitung des van Gogh-Mordes aus der deutschen Presse. Die »tageszeitung«[8] veröffentlichte den Kommentar der niederländischen Filmkritikerin Dana Linssen, die, wie viele andere, van Gogh als einen Menschen beschrieb, der es liebte, zu provozieren, Situationen auf die Spitze zu treiben, zu schockieren – »er nannte Muslime ständig Ziegenficker«. Van Gogh hätte an Pim Fortuyn »die Schamlosigkeit« bewundert, »mit der dieser das Scheitern der sozialdemokratischen Kulturdominanz anprangerte«. Und weiter: »Neben der muslimischen Bedrohung sah er auch ein Linkskomplott, das darauf aus war, die demokratischen Werte der Niederlande zugrunde zu richten, vor allem den einen, die Meinungsfreiheit«. Zu Recht weist Bressan darauf hin, dass hier »nicht nur die Diffamierung von Muslimen als ›Ziegenficker‹ als nuancierte künstlerische Eigenschaft verharmlost« wird, sondern auch »typisch rechtspopulistische Verschwörungstheorien und Bedrohungs-Argumentationen als Kampf für Demokratie und Meinungsfreiheit gedeutet« würden. Oder die Orientalistin Katajun Amirpur in der »Süddeutschen Zeitung«[9]: »In den Niederlanden herrscht Meinungsfreiheit und wer das nicht akzeptieren will, sollte gehen. Wer sich nicht an den hier herrschenden Wertekanon anpasst, der hat hier eben nichts verloren«. Der einzige Weg gegen das Gefühl der Beleidigung, so fügt die Publizistin Amirpur widersprüchlich hinzu, sei nicht wegzugehen, sondern die Anzeige beim Staatsanwalt. So wäre der niederlän-

---

[8]   die tageszeitung, 11. November 2004
[9]   Süddeutsche Zeitung, 12. November 2004

dische Schriftsteller Leon de Winter, dem van Gogh vorwarf, sein Jüdischsein zu vermarkten, wegen der Bemerkung des Regisseurs, de Winter wickle wohl Stacheldraht um seinen Penis und schreie beim Sex ›Auschwitz, Auschwitz‹, vors Gericht gezogen. »So macht man das in einem Rechtsstaat oder man schreibt dagegen an«. Damit hat Frau Amirpur zweifellos recht, nur, so fragt ihre Kritikerin Bressan, »warum ist es ihr dabei nicht möglich, diffamierende Stereotype und antisemitische Äußerungen des Opfers wenigstens als solche zu benennen?«. Kann es sein, dass man im Stillen damit übereinstimmt? Damit trifft Bressan den sensiblen Kern der ganzen Affäre Theo van Gogh: Warum wurde einem Mann, der zwar nicht jedem sympathisch sein muss, der Provokationen liebt und genüsslich inszeniert, der nicht nur Mohammed, sondern auch Moses und Jesus angreift, der die Muslime »Ziegenficker« nennt und den Juden vorwirft, sich an Auschwitz aufzugeilen, nicht von der demokratischen Öffentlichkeit in den Niederlanden Grenzen gesetzt? Warum war es nicht möglich, Theo van Gogh von der »autochtonen« niederländischen Seite zu sagen, dass man in einem Land, in dem man die Mehrheit stellt und den Diskurs bestimmt, die Minderheiten, die in jeder Demokratie – wenn auch oft nur verbal – einen Schutz genießen, nicht so scharf angreift, sie der Lächerlichkeit preisgibt und ihr Ehrgefühl verletzt? Nicht nur er selbst, sondern eine ganze Gesellschaft scheint Theo van Gogh als einen Dorfnarren angesehen zu haben.

Geht der Mord in Amsterdam auf einen Einzeltäter zurück? Ja, und nein. Bouyeri wurde offenbar zu der Tat getrieben oder anders gesagt, als labiler junger Mann von den Hintermännern der so genannten islamistischen Hofstad-Gruppe dazu angestachelt. Insofern ist der Mord an Theo van Gogh durchaus ein geplanter Terrorakt und nicht die Tat eines »durchgeknallten Muslims«, wie sie sich jeden Tag wiederholen kann. Oder mit den Worten des konservativen Historikers und Terrorismusexperten Walter Laqueur: »…wenn Terroristen tatsächlich, wie manche behaupten, ›Menschen wie du und ich‹ wären, gäbe es Milliarden von ihnen; in Wirklichkeit sind es nur relativ wenige.«[10] Psychologische Faktoren wie Aggressivität und Fanatismus sind nach Ansicht Laqueurs sehr wichtig bei der Erklärung terroristischer Taten. Der Mord an van Gogh ist offensichtlich die Tat eines Fanatikers gewesen, hat jedoch mit einem islamischen Ritual, was das auch sein mag, nichts gemein: »in Blut getauft« werden weder Muslime noch Christen, der Islam kennt ohnehin keine Taufe. Das Durchschneiden der Kehle beim lebenden Tier ist ein Verfahren beim Schächten, um das Blut aus dem Körper

---

[10]   Walter Laqueur, »Krieg dem Westen. Terrorismus im 21. Jahrhundert«, Berlin 2004, S. 33

des zu verzehrendes Tieres heraus fließen zu lassen, ein Reinheitsgebot, wenn man so will, sehr umstritten bei Tierschützern und in Deutschland schon einmal heiß diskutiert, aber wegen jüdischer Rituale[11]. Es ist kein »islamischer Ritualmord«, wenn ein Mann erst mit einer modernen, automatischen Pistole durch viele Schüsse niedergestreckt und anschließend durch ein Messer ermordet wird. Wenn es überhaupt ein »islamisch geläufiges Töten« gibt, dann wäre dies das Jahrhunderte lang praktizierte Köpfen mit einem scharfen, langen Schwert, ein Verfahren, das die Franzosen bekanntlich mechanisiert haben.

»Die Gesetze des Universums«

Aber kommen wir zu unserem *born again* Mohammed zurück. Vielleicht haben seine Eltern, als er klein war, immer auf die Holländer und dieses nasskalte Land geschimpft, von Zuhause geschwärmt und gebetet, dass sie wieder dorthin zurückkommen, aber welcher Marokkaner in Amsterdam oder Türke in Stuttgart tut das nicht? Vielleicht hat er während seiner Schuljahre Beleidigungen ertragen müssen. Vielleicht wurde er einmal auf der Straße angepöbelt. Vielleicht hat er sich in ein holländisches Mädchen verliebt und einen Korb bekommen. Waren es solche Lappalien, die ihn von dem Land seiner Geburt entfremdeten? Oder hat er irgendwann gemerkt, dass er niemals als Holländer akzeptiert werden würde und dies als schweren Affront empfunden? Offensichtlich hat er sich als Jugendlicher auf der Suche nach dem Sinn des Lebens nicht für liberale Ideen, sondern den Islam interessiert und ist zu einer fanatischen Gruppe gestoßen, die seinen jungen Kopf mit Hass und Dogmen füllte. Er war ein guter Schüler, nach fünfjähriger Besuchszeit absolvierte er das Mondriaan-Lyzeum und schrieb sich an dem Technischen Institut in Diemen südlich von Amsterdam ein, wo er Betriebswirtschaft und Informationstechnologie studierte. Er verließ jedoch, aus welchem Grund auch immer, die Hochschule ohne Abschluss, so wie Zehntausende vor oder nach ihm. Er hing auf den Straßen Amsterdams herum, wurde gewalttätig, kam für sieben Monate ins Gefängnis. Hier muss er mit kriminell gewordenen Lumpenproleten islamischer Herkunft Kontakt bekommen und deren radikal-islamistische Deutung der Welt übernommen haben. Aber er bemühte

---

[11] Das Schächten ist auch bei den Juden üblich, die wie die Muslime kein Schweinefleisch verzehren.

sich durchaus noch um ein bürgerliches Leben. Nach seiner Entlassung begann er bei der Stiftung »Eigenwijks« zu arbeiten, einem Nachbarschaftszentrum, wo er Jugendarbeit machte und für die kleine Zeitung »Over't Veld« schrieb. In einem »Islam und Integration« betitelten Artikel beschreibt Mohammed »Die Gesetze des Universums«: So wie die Natur sei auch die menschliche Seele bestimmten Gesetzen unterworfen. Diese sind von Gott geschrieben. Wenn der Mensch sich den Sinn und die Funktionsweise dieser Gesetze, sowohl in seiner physischen Umgebung als auch in seinem Innersten, bewusst wird, lebt er im Einklang mit sich selbst und der Natur. Das sei, so betont Mohammed, eine Angelegenheit, die alle rassischen, nationalen, politischen, ideologischen und materiellen Fragen übersteigt. Der Mensch entscheidet sich freiwillig dafür, sein Dasein diesem universellen Bewusstsein unterzuordnen. Mohammed ist zugleich ein Denker gewesen; er hat die Philosophie des Islam, die gerade in dieser freiwilligen »Submission« unter den Willen Gottes, wie der Einzelne ihn auch interpretieren vermag, ins Zentrum seiner neuen Weltsicht gestellt. Aber sein tragisches Leben entspringt offensichtlich anderen, persönlichen Problemen. Fest steht, dass Mohammed langsam zu einem geistig schwer kranken Menschen wurde. Fest steht auch, dass diese Persönlichkeitswende nach dem plötzlichen Krebstod seiner Mutter im Herbst 2002 eintrat, einem traumatischen Ereignis, das viele aus der Bahn werfen kann. Aus seinem Brief an Hirsi Ali geht tiefe Todessehnsucht hervor, eine tiefe Depression, die sogar ein Laie zwischen den Zeilen zu lesen vermag. Aussagen und Sätze, die niemand formuliert, der seine fünf Sinne und seinen Verstand beisammen hat. Die Grausamkeit der Tat schreit buchstäblich nach den Fachkenntnissen eines Psychiaters.

Was die Fachkompetenz der Polizei angeht, bleiben ebenfalls Fragen offen: Warum wurde trotz der Hysterie nach dem 11. September 2001 die Gruppe von jungen Männern, die die Al-Tawhid-Moschee in Amsterdam besuchten, wo auch einige Attentäter des 11. Septembers verkehrt haben sollen, nicht genauer beobachtet? Mohammed hatte im Gefängnis gesessen und danach eine radikale, äußerlich gut sichtbare Wende zum Islamisten vollzogen. In marokkanische Gewänder gehüllt mit Vollbart besuchte er häufig eine unter Observation zu stehende Moschee, in der die Hofstad-Gruppe verkehrte, von einem Syrer mit namens Redouan al-Issar angeführt, einem Geologen, der zum spirituellen Mentor emporgestiegen war. Wie von der Polizei erst im Nachhinein bekannt gemacht wurde, hat die Gruppe auch andere Attentate geplant, auf Hirsi Ali oder den rechten Politiker Gert Wilders, die unter Polizeischutz gestellt wurden. Hätte die Tat nicht durch effektive Vorarbeit der niederländischen Polizei verhindert werden können? Warum lässt man eine observierte Moschee mitten in Amsterdam, die als ein Fundamentalistentreff gilt, ungehindert weiter arbeiten? Eine bessere Polizeiarbeit hätte alle anderen Moscheen und Muslime entlasten können, wenn die potentiell Gewalttätigen klug und zielgerichtet aussortiert worden wären.

Mohammeds Plan ist nur halb geglückt. Nach dem Mord an van Gogh wollte er selbst im Feuergefecht mit der übermächtigen Polizei sterben und so seine Todessehnsucht befriedigen. Der Brief ist auch in anderer Hinsicht bemerkenswert, denn er zeigt Realitätsnähe. Mohammed hat Hirsi Alis Tun und Lassen genau verfolgt. Ali stammt aus einer muslimischen Familie und erlebte als Kind die weltweit für viele Muslime unbekannte, extreme afrikanische Praxis der Klitorisbeschneidung. Ihre Abwendung vom Islam als von den Männern der Familie unterdrückte Frau hat für alle Gegner dieser Religion selbstverständlich eine Authentizität, die kein westlicher Experte oder Publizist erreichen mag. Dies scheint in den Niederlanden nicht nur denjenigen, die Reformen in der islamischen Tradition und Praxis fordern Nahrung gegeben zu haben, sondern gerade den radikal Liberalen, die im Islam per se eine rückständige und archaische, im Grunde genommen abzuschaffende Glaubensform sehen. Mohammed stand damit nicht alleine, wenn er Hirsi Ali beschuldigte, sich in den Kreuzzug gegen den Islam eingereiht zu haben; viele Muslime in Holland fühlten sich durch diese neue Atmosphäre bedrängt und zu Unrecht beschuldigt, da sie weder ihre Frauen unterdrückten noch bei ihnen Genitalverstümmelungen vornahmen oder sie gegen Geld an alte Männer verhökerten. Hirsi Ali wäre für ihre – für die Feinde des Islam verrichtete – Schmutzarbeit mit einem Sitz im Parlament belohnt worden, schrieb Mohammed stellvertretend für viele Muslime, die nach dem Schrecken des Mordes nicht einmal wagten, ihren Mund aufzumachen, geschweige denn auf die »Provokationen« hinzuweisen, die von den Politikern und Intellektuellen ausgegangen sind. Die Meinungen gehen auseinander. Wie persönliche Gespräche mit den türkischen Muslimen in den Niederlanden zeigen, steht in ihren Augen Hirsi Ali für eine selbstsüchtige, karrieristische Frau, die aus der allgemein verbreiteten »Islamfeindschaft in Europa« und speziell in Holland Kapital schlägt – ein schlechtes Image für eine Politikerin, die Reformen unter den Muslimen durchsetzen will. Mohammed Bouyeris Brief ist auch insofern interessant, dass er ihn an Hirsi Ali adressiert, aber einen anderen tötet: den Mann an ihrer Seite, der den Film »Submission« gedreht hat, in dem in einer sehr orientalistischen Manier und einer schlechten, künstlichen Ästhetik schöne Frauenkörper zu sehen sind. Der transparente Schleier verhüllt die Körper nicht, aber die Gesichter sind aufregend versteckt. Dieses Spiel mit der Erotik des Harems, in der jüngeren okzidentalisch-orientalischen Geschichte Tausende Male vorgeführt, dieser Reiz des nur hauchdünn Verhüllten gepaart mit der schönen Kalligraphie der arabischen Lettern, die auf uralte Rätsel der Menschheit verweisen wollen, jedoch als schiere Frauenverachtung entlarvt werden, ist nichts anderes als ein softpornographischer Propagandafilm. Der Begriff »Submission« steht sicherlich nicht für die Sado-Maso-Praktiken im Sex, aber auch nicht für die Unterwerfung der Frau unter den Mann in islamischen Kreisen, sondern für den Kern des Islam schlechthin, für die Idee, dass der Mensch sich freiwillig einer höheren, seinem Wesen entsprechenden System unterwirft und darin eine von Gott geschaffene universelle Harmonie erkennt, die er als Muslim täglich zu reproduzieren beginnt. Der Mensch »unterwirft« sich Gott und wird zu einem lebendigen Teil des göttlichen Systems, für manche Mystiker wie Al-Halladsch sogar identisch mit Gott.[12] »Submission« ist insofern, und das weiß jeder, der im islamischen Umfeld aufgewachsen ist, nichts anderes als die Grundidee des Islam und soll vollkommen freiwillig erfolgen, weil der Mensch danach zu einem vernünftigen, unabhängigen, sittlich eigenständigen und verantwortlich handelnden Wesen wird. So ist die Unterwerfung, im tieferen religionsphilosophischen Sinne, eine Befreiung – eine Erkenntnis, die viele Muslime nicht teilen, so dass sie aus dem Glauben einen Käfig für sich und ihre Nächsten bauen. Eine Erkenntnis, die durch entsprechende Erziehung erlangt wird, aber gewiss nicht durch die Paarung von Ignoranz und Materialismus, die manche Muslime in westeuropäischen Ländern prägt. Vor allem eine Erkenntnis, die nicht durch einen solchen Propagandafilm gewonnen werden kann.

Für keinen aufrichtigen Gläubigen, gleichgültig wie stark er oder sie an Gott glaubt und den Propheten Mohammed als dessen Gesandten ansieht, ist dieser Film eine freundliche, ehrliche und deshalb zulässige Kritik an Muslimen. Er ist ein direkter Affront gegen den Glauben und dies entspricht der Intention seiner Urheber. Dass sein Regisseur so bestialisch ermordet wurde, macht diesen Film nicht besser. Und was hat es mit dem an Hirsi Ali gerichteten »intellektuellen Terrorismus«-Vorwurf auf sich? Liegt hier nicht auch sozialer Neid vor: Während sie (die coole Intellektuelle) in den höheren Etagen der Gesellschaft mit den europäischen Männern und Frauen die Segen der Anerkennung genießt, darben die ›Schwarzen‹ »ganz unten« im feuchten,

---

[12] Mansur al-Halladsch (858-922), kontroverser Mystiker, dessen Tod zu einem Wendepunkt in der Geschichte des Islam wurde. In Ekstase soll er einmal gesagt haben: »Ich bin die Wahrheit«, d.h. Gott (in Arab.: »Ana al-haqq«; in Türk.: »En el Hak«). Das führte zu seiner Verhaftung wegen Häresie und zu seiner brutalen öffentlichen Hinrichtung. Siehe das umfassende Werk von Louis Massignon, »Passion d´al Hallaj«, 2 Bde.

stinkenden Keller der Gesellschaft. Wem oder was verdankt die Dame ihren Aufstieg, ihre Akzeptanz, wo sie doch von ihrer Abstammung und Hautfarbe her nicht zur Elite der Niederlande gehört? Der Denunzierung des Islam! – Eine viel zu simple aber leider für viele nachvollziehbare Lesart der Rolle Hirsi Alis in der niederländischen Politik.

»40 Quadratmeter Deutschland«

Männer aus nichtwestlichen Ländern haben es in Europa schwerer als Frauen. Wie auch die Ehrenmord- oder Importbräute-Debatte von 2005 in der deutschen Öffentlichkeit gezeigt hat, sind gerade Frauen aus islamisch geprägten Ländern zum Schutzobjekt der Liberalen in Europa mutiert. Herzzerreißende Berichte über die Qualen, die türkische Frauen in Deutschland erleiden müssen, sind jedoch nicht neu. Schon in den 1970ern machten Bücher über die schlimme Situation türkischer Mädchen in Berlin-Kreuzberg, Erfahrungsberichte mit dem Titel »Und sie weinten Blut« oder später ganz offen anti-islamische Thriller wie »Nicht ohne meine Tochter« gut Kasse. An der Situation der Kreuzberger Mädchen änderte das wenig. In »40 Quadratmeter Deutschland« erzählte der türkische Regisseur Tevfik Baser die Geschichte einer Türkin, die zu ihrem Mann nach Deutschland kommt und hier in einer Kreuzberger Hinterhofwohnung ihr Dasein fristet. Andere Filme erzählten lange vor Fatih Akins preisgekröntem »Gegen die Wand« aus dem Jahre 2004 von jungen Türkinnen, die aus ihrem türkischen Käfig namens Familie ausbrachen und bei netten, kraushaarigen deutschen Jungen Zuflucht fanden.

»Emanzipierte« Frauen werden problemloser akzeptiert. Eine Schwarze wie Whitney Houston hat ihren nicht zu verleugnenden Reiz, und wenn sie in einem prächtigen Abendkleid daherkommt, sieht sie bewundernswert aus, keine Dame natürlich, dafür ist sie zu dunkel, aber schön. Wer sich als fremde Frau in Deutschland entsprechend stylt, kann als exotische Schönheit jede Aufmerksamkeit auf sich ziehen. Eine Deutsch sprechende, modern aussehende und lebende Nichteuropäerin ist attraktiv, vielleicht für manche eine Spur zu attraktiv. Auf jeden Fall fühlen sich in diesem Fall viele Deutsche, vor allem männlichen Geschlechts, unübersehbar berufen, sie anzunehmen. In deutsche Familien eingeheiratete Türkinnen genießen in der Regel einen großen Bonus. Wenn sie zudem noch Initialisierungsrituale wie kirchliche Trauung oder die Taufe der gemeinsamen Kinder mitmachen, werden sie von der deutschen Verwandtschaft ins Herz geschlossen. Demgegenüber sind kopftuchtragende Türkinnen auf europäischen Straßen ein Objekt des Anstoßes und des Mitleids. Sie gelten als unterwürfig, in ihrer Persönlichkeit nicht entwickelt, unterdrückt. Aber die frühere Lust der Europäer, diese Frauen zu retten, sinkt täglich. Sie werden nur noch als Ärgernis empfunden, das keinen Platz in dem modernen, zivilisierten, aufgeklärten Europa hat.

Die Islamgegnerschaft in den radikal-liberalen intellektuellen Kreisen in Westeuropa hat in der Tat eine andere, neue Qualität angenommen als die dumpfe Islamphobie des Volkes auf der Straße. Wenn westliche, wahre oder vermeintliche Experten des Islam, Kolumnisten oder Fernsehmoderatoren sich, auf die öffentliche Unterstützung vertrauend, über den Islam auslassen und ihn im Vergleich zu dem *sophisticated*, friedlichen und frauenfreundlichen Glauben des Christentums als kriegerisch, dumm, archaisch und frauenfeindlich, also ein Relikt aus der Vormodernen darstellen, bringt das nicht nur einen geistig Verirrten und Indoktrinierten wie Mohammed Bouyeri auf die Palme. Nicht nur im Feuilleton, auch im öffentlich-rechtlichen Fernsehen, das seit Jahrzehnten auch durch die Gebühren der Muslime in Deutschland finanziert wird, herrscht in Talk-Shows, Magazinen und Kommentaren, also allen Sendungen, die nicht reinen Nachrichtencharakter haben, im Zusammenhang mit dem Islam seit dem Mord in Amsterdam ein »Wir«-Diskurs, der die Muslime ausschließt. Um eine Sendung mit dem Titel »Alptraum Islam?«[13] zu versehen, braucht es schon eines schweren Verlustes sozialer Sensibilität. Diese kann nur sein, weil die Redakteure nicht an die Gefühle der über 3,5 Millionen Muslime in Deutschland denken und offenbar keine Hemmungen haben, eine Minderheit, die zwar nicht als solche anerkannt ist, aber in diesem Land lebt und sich täglich stärker hier etabliert, zu missachten. Bestimmte Praktiken wie die Klitorisbeschneidung in Afrika, wie regional beschränkt sie auch sein mag und wie unbekannt im Herzen des Islam, in Arabien, dem Iran und der Türkei, und andere, den Zorn und Ekel besonders erregende Traditionen wie Zwangsverheiratung oder Ehrenmorde werden seit Jahrzehnten unter den Muslimen selbst heftig diskutiert und bekämpft. Ein Generalangriff auf ihren Glauben motiviert sie bestimmt nicht in diesem Kampf. Was viele Muslime besonders ärgert, ist, dass die Bedeutung und die Tragweite ihres Glaubens im westlichen Diskurs immer weniger wahrgenommen werden, weil sich viele Menschen in den westlichen Gesellschaften

---

[13] Wie am 31. Mai 2005 im ARD ausgestrahlt, in »Menschen bei Maischberger« zum Anlass des Erscheinens von Hirsi Alis Buch »Ich klage an«; wiederholt am selben Tag auf ARTE, am 1. Juni 2005 im MDR und SWR, am 4. Juni 2005 auf 3sat und am 7. Juni 2005 auf Eins-Plus

von Gott verabschiedet haben. Der Islam, das Christentum oder das Judentum sind, wie alle anderen Religionen auch, für Milliarden von Erdbewohnern eine große Lebenshilfe. Von Geburt bis zum Tode begleitet der Glaube einen Menschen durchs Leben, ordnet seinen seelischen Haushalt und hilft ihm, seine Existenz zu deuten. Sich mit dem unvermeidlichen Ende abzufinden. Dass manche Praktiken und auch Glaubensinhalte unseren wissenschaftlichen Erkenntnissen und unserer Lebensweise widersprechen, ist eine Tatsache. Aber warum kann man nicht friedlich darüber reden? Wem nutzt ein Frontalangriff gegen den Islam?

Jeder Einwanderer in Westeuropa muss für alles herhalten: von den Todesfatwas in Indonesien gegen Ehebrecherinnen bis hin zu der Auspeitschung von Frauen in Nigeria, von den iranischen Zuständen bis hin zu den Selbstmordattentätern im Hebron und New York. Dass man in Hamburg, Berlin, Paris oder London geboren ist, den Islam auf seine Art interpretiert, vielleicht gar nicht so sehr als Muslim, sondern als Agnostiker lebt oder sich noch keine Gedanken darüber gemacht hat oder trotz des Bekenntnis zu diesem Glauben nicht ausschließlich als »Muslim«, sondern als Architekt oder Selbstständiger, Ehemann oder Vater, vom Tierkreis Krebs, als Fan von Schalke 04 und Galatasaray Istanbul durchs Leben geht, vielleicht alles zusammen und noch viel mehr ist und sich nicht persönlich angesprochen fühlt, wenn eines Morgens ein junger Mann unter besonderen Umständen in Tausenden Kilometern Entfernung einen Anderen tötet, also eine Tat begeht, deren Verwerflichkeit nicht noch einmal betont oder durch lautstarkes Demonstrieren auf der Straße verurteilt werden muss – das alles ist in unseren spätmodernen, virtuellen Zeiten in Westeuropa leider keine Selbstverständlichkeit. Während die alt eingesessenen Bürger die Sonnenseite aller Werte und Maßstäbe als Individuen für sich in Anspruch nehmen, bilden sie durch die Definitionshoheit ihrer Medien im täglichen Diskurs ein Kollektiv von schwarzköpfigen und -herzigen Muslimen, die »unser Land« wie eine Plage heimsuchen, faulenzen, morden, ihre Frauen »zwangsverheiraten«, einsperren, schlagen, verhüllen und sich als ungehobelte Machos, nach dem Vorbild des frauenverachtenden Womanizers Mohammed[14], auf Kosten der redlich arbeitenden, guten Citizens Europas austoben. Hier ist äußerste Vorsicht geboten, es sei denn, man bläst tatsächlich zum Kampf.

Wer für sich eine individuelle Einzigartigkeit beansprucht, sollte dieses Privileg auch den Anderen gönnen, die er in einem gesichtslosen Kollektiv untergehen lässt. So denken heute die meisten Türken in Deutschland: »Die

---

[14] So Heiner Geißler auf der Talkshow Sandra Maischbergers am 31. Mai 2005 im ARD.

Deutschen leben nicht mit uns zusammen, sondern sie lassen uns unter sich leben, bei sich wohnen, essen und trinken, schlafen, arbeiten, konsumieren; sie geben Arbeit, gerne die schlechteste, und fair aber zähneknirschend Arbeitslosengeld, Sozialhilfe, Rente, ein Auskommen.« Die einstigen Gastarbeiter, ihre Nachfahren, die neuen und alten Einwanderer aus den armen Ländern unserer Welt sind das Dienstpersonal der Reichen, das im Haus wohnt. Wenn es etwas Verstand hat, macht es etwas aus seinem Glück. Niedere Klassen sind niemals intelligent, höchstens klug, schlau, gewieft – ein Klischee, das nicht einmal Charles Dickens seinerzeit übersehen mochte. Jetzt kommt noch etwas hinzu: Sie sind ignorant und hängen einem archaischen Glauben nach, das müssen »wir« uns nicht mehr gefallen lassen. Der Blick des sich von Geburt an überlegen fühlenden Menschen auf seine als nieder eingestuften Artgenossen ist ein kühler, sezierender, auseinandernehmender Blick. Er untersucht, schätzt ab, kategorisiert und benennt. Wer die Definitionsmacht an sich gerissen hat, siegt im Diskurs. Von Rassismus betroffen zu sein ist in diesem Sinne eine ziemlich schmutzige Angelegenheit. Der Erniedrigte wird oft selbst so weit verändert, dass er sich beginnt, dem Klischee anzupassen. Oder der Kampf gegen den Rassismus wird zwangsläufigen zu seinem Lebensinhalt – es gibt kein Entrinnen.

In einem Land, in dem bestimmte Gruppen verachtet werden, kann insgesamt auch kein menschlicher Diskurs herrschen. Es gibt keine schöne, warme, saubere Ecke im Haus der Erniedrigung. Dass der Rassismus verwerflich ist, ist heutzutage eine Binsenweisheit, die weltweit nur von einem harten Kern bestritten wird. Der Anti-Rassismus hat sich sogar eine eigene Ästhetik geschaffen, von der die erklärten Rassisten nur träumen können. Der Kampf der Afroamerikaner für ihre Bürgerrechte hat seit Sidney Poitier, Isaac Hayes oder Denzel Washington ein eigenes Gesicht und eine mitreißende Melodie. Auch in Westeuropa gibt es seit den 1980er Jahren Versuche, einen ästhetischen Antirassismus gegen den Mief der weißen, bürgerlichen europäischen Gesellschaft zu etablieren. Er ist bunt und macht Spaß. Deren Protagonisten kommen aber eher aus Frankreich und Großbritannien, wo die *Beurs* oder die *Blacks* ihren eigenen Rhythmus entwerfen. Aus Deutschland scheinen nur der Döner und die Ehrenmorde zu stammen, und die hauptsächlich in deutschen Küchen gekochten Multi-Kulti-Gerichte. Aber der Schein trügt. Diese »Ästhetik des Widerstands« kann den Dreck nicht fortspülen, der durch den Rassismus und die Fremdbestimmung täglich am Körper der Einwanderer nichteuropäischer Herkunft kleben bleibt, ohne zu behaupten, dass sie rein wie Wasser wären, aber wer ist das schon?

Der Rassismus ist kein rationaler, rational zu deutender oder bekämpfender Akt. Er ist mehr, ein Akt der Vergewaltigung: Er vollzieht sich außerhalb des Willens des Betroffenen und verändert ihn für immer. Die Idee, dass bestimmte Menschengruppen per Geburt, durch Herkunft, früher Rasse heute Kultur genannt, Anderen überlegen seien und dass jedes Mitglied der Gruppe dieselben positiven oder negativen Eigenschaften quasi essentiell in sich trägt – dieser Gedanke ist keine Erfindung Adolf Hitlers und ist in Deutschland und der ganzen Welt nach dem Nationalsozialismus nicht verschwunden. Es ist der traurige Kern des »Islam-Problems« in Europa, das sich in Deutschland als Türkenfrage, in Frankreich als Problem des Unterschieds oder den Niederlanden als marokkanisches und in Großbritannien als ein muslimisch-pakistanisches Problem darstellt: Die ersten Generationen haben den abschätzigen Blick, der seit ihrer Herkunft auf ihnen ruhte, verinnerlicht, ja, die Integrierten und Arrivierten haben einen entsprechenden Selbsthass oder eine Ignoranz entwickelt, mit denen sie bis heute leben. Ein humanes Dasein gibt es für sie oft nur noch in dem Land, aus dem sie einst gekommen sind, sofern sie dahin zurückkehren können. Aber die jüngeren Generationen werden nicht mit dem Rassismus und als eines von Experten, Journalisten oder Hausfrauen sezierten und gedeuteten »Objektes« leben wollen.

Es darf uns nicht wundern, wenn sich morgen andere Kranke, Ausgestoßene und Aussätzige zu den zornigen und fanatisierten jungen Muslimen gesellen. Sie müssen nicht muslimisch oder eingewandert sein. Es genügt, wenn sie für sich, aus welchem Grund auch immer, keine Zukunftsperspektive mehr erkennen können. Vielleicht werden sie auch zu viele Video-Games gespielt haben, sich zu Tode langweilen oder mit einem glanzvollen Akt aus dem Diesseits verabschieden, als *Heroes* sterben wollen. Der Nihilismus wird, das scheint uns Amsterdam auch zu lehren, die beständigste Ideologie unserer Zukunft sein.

Kapitel 2

Wir und die Juden

»Sie feierten Feste, an denen ich keinen Anteil hatte« –
Eine türkische Lesart der Geschichte der deutschen Juden

D er größte Unterschied zwischen den deutschen Juden und Türken
ist, dass die Juden seit Jahrhunderten in deutschen Landen ansässig
waren, sich dadurch eine Art natürliches Bleiberecht erworben hatten, ihre Belange selbst zu regeln wussten und sich vielfach assimilierten,
während die Türken bis heute weitgehend in einem transnationalen Raum
hängen geblieben sind. Jetzt, in den 2000er Jahren, richten sie sich darin ein.
Was als »Parallelgesellschaft« bezeichnet wird, ihre gesamte Infrastruktur
von der Airline bis zur Moschee, ist einerseits Ausdruck einer »Verheima-
tung« Deutschlands durch die Türken, auf der anderen Seite zeigt sie ihre Distanz zu der deutschen Gesellschaft, die sie nicht aufnehmen will. Gleichzeitig werden immer mehr Türken aus Gründen der rechtlichen Sicherheit zu
deutschen Staatsbürgern. Das schafft eine neue Kategorie von Deutschen:
türkische Deutsche.[15]

Die Juden brauchten für ihre Assimilation Jahrhunderte. Sie arbeiteten
sich in Generationen empor, zuerst außerhalb der Stadtmauern, dann mitten
drinnen. Sie waren nicht wie die Schwarzafrikaner in den USA unter Zwang
oder die meisten Türken in Deutschland freiwillig zur Verrichtung der niederen und schmutzigen Arbeit ins Land gekommen. Sie wurden nicht von Anfang an Gegenstand staatlicher Maßnahmen, die sie lähmten und ihnen jede
Eigeninitiative nahmen. Draußen vor dem Tor und sich selbst überlassen haben die Juden Überlebensstrategien entwickelt, die funktioniert haben, solange sie unter sich blieben und niemand anderem vertrauten als sich selbst.
Tragischerweise begann ihr Niedergang mit der Emanzipation, mit ihrer Öffnung, ihrem Vertrauen in die deutsche Gesellschaft – nur deshalb tragisch,
weil sie in Deutschland passierte. Als sie begannen sich zu »integrieren« und
unter die Deutschen zu mischen, wurden sie von der Gnade der sich überle-

---

[15] Darüber mehr im nächsten Kapitel.

33

gen wähnenden Anderen abhängig. Jeder Schritt in Richtung ihrer Integration, sei es ihr Verzicht auf die Beschneidungszeremonie, auf koscheres Fleisch oder die Einhaltung des Sabbat, sei es die komplette Konversion – er wurde als verzweifelter Versuch einer minderwertigen Gruppe gewertet, durch Nachahmung der Mehrheit sozial aufzusteigen. Die traditionellen Berufe der deutschen Juden waren mit bestimmten Wirtschaftszweigen im aufsteigenden Kapitalismus als neuem Gesellschaftssystem kompatibel. Das bedeutete für viele Erfolg und einigen Wohlstand. Andere Juden aus Osteuropa kamen als völlig verarmte Flüchtlinge in deutschen Vorstädten an. Aber ob sie arm waren oder reich, gebildet oder ignorant, gerade aus dem Osten gekommen oder seit fünfzehn Jahrhunderten in Deutschland ansässig, die Juden konnten es niemandem recht machen.

Mendelssohn und Brecht, Einstein und Rathenau zeugen selbstverständlich von einer weit reichenden Assimilierung der Juden in Deutschland. Sie sind zu jüdischen Deutschen geworden. Die Türken sind noch weit davon entfernt, aktiv und verändernd in das kulturelle oder politische Leben Deutschlands einzugreifen. Daran hindern sie nicht nur ihre eigenen Handicaps wie fehlende Bildung und festgefahrene Traditionen, sondern auch die Arroganz der deutschen Gesellschaft gegenüber jedem erfolgreichen Türken, der stets nur als Karikatur des Echten und als ein Parvenü angesehen wird. Der Hauptgrund für die Außenseiterrolle der Türken in Deutschland ist die Konzeptionslosigkeit der deutschen Gesellschaft: Deutschland weiß immer noch nicht, was es mit seinen Einwanderern machen soll. Die Vokabel »Integration« hat in diesem Zusammenhang ihren Sinn eingebüßt.

Die jüdische Geschichte in Deutschland lehrt uns, dass individuelle Integration in der deutschen Gesellschaft, so gut sie auch gelingt, nicht automatisch Anerkennung heißt. Wer von der Mehrheit der Deutschen einmal als »fremd« kenntlich gemacht wurde, bleibt Zeit seines Lebens ein Fremder, anrüchig und nicht vertrauenswürdig. Das Aussondern und Ausstoßen aus dem deutschen »Volkskörper« mussten auch die Juden erleben, die sich sprachlich, kulturell, konfessionell und oft auch äußerlich vollkommen assimiliert hatten. Ihre auf »typisch deutsche« Art, nämlich überaus korrekt und bis ins Detail geplante physische Vernichtung bleibt einzigartig in der Menschheitsgeschichte. Das Erbe der jüdischen Deutschen ist den neuen Minderheiten in Deutschland nicht nur als Lehrstück der Aussonderung und Diskriminierung dienlich. Es wirkt aktiv in unsere Gegenwart hinein: Sei es in den »Nie wieder! «-Rufen der »Ausländerfreunde«, sei es in einem komplexen Gefühl der Deutschen aus Schuld und Zorn über den Holocaust. Das Erbe des Holocaust prägt das Verhalten der deutschen Gesellschaft bis heute und behindert eine

»Normalität« gegenüber den Fremden im Lande – wenn deutsche »Normalität« gegenüber Juden, wie der jüdische Deutsche Henryk Broder behauptet, nicht doch der Antisemitismus, und gegenüber Türken der Rassismus sind.

Gescheiterte Integration – oder: Einmal Türke, immer Türke?

Nach dem Fall der Berliner Mauer am 9. November 1989 kam es zu »Mölln und Solingen«, zu den beiden Brandanschlägen auf türkische Privathäuser, bei denen insgesamt acht Menschen, darunter mehrere Kinder und Frauen, ihr Leben ließen. »Erst seit ihre Häuser brennen, nehmen wir sie wahr«, schrieb damals eine seriöse Tageszeitung. Überall erschienen nicht nur Berichte über die seit dem Mauerfall schlagartig anschwellende neofaschistische, rassistische Szene, zu der die jungen Täter gehörten, sondern auch Kommentare über das »Ende der multikulturellen Gesellschaft«, obwohl die Opfer selbst nichts zu ihrer tödlichen Scheidung von den Deutschen beigetragen hatten. Es wurde so lange ohne jeden Versuch einer ernsthaften Lösung über das Türkenproblem lamentiert, dass sich am Ende jeder in Deutschland lebende Türke fragen musste, was er denn hier zu suchen habe. Vielleicht hatte damit diese Publikationswelle ihr Ziel erreicht.

Die demonstrative Nichtteilnahme des damaligen Kanzlers Helmut Kohl an der Bestattungsfeier für die Opfer des Solinger Brandanschlags deutete nicht nur auf die Unsensibilität der Exekutive oder der konservativen politischen Mitte in Sachen Multikulturalität hin, sondern machte unmissverständlich klar, dass die Regierung »diese vielen Ausländer im Land« im Grunde genommen als ein Ärgernis betrachtete. Gekommen und ungefragt geblieben, so stellt die konservative Presse die Türken seitdem dar. Auch die glitzernden Lichterketten in den deutschen Großstädten, an denen viele Prominente teilnahmen, haben das Gefühl der türkischen Deutschen nicht verändert, in diesem Land unerwünscht zu sein. Pathos allein konnte noch nie einen vernünftigen Dialog ersetzen.

Im Kontext der »gescheiterten Integration« ist oft von Versäumnissen staatlicherseits und dem Mangel an »Integrationsangeboten« die Rede, aber das Gegenteil ist der Fall: Türkenkinder ertrinken seit den 1980ern vielerorts in »Angeboten« und »Maßnahmen« für Ausländer, die Ausländer bleiben und niemals Deutsche werden sollen. Der Stempel »Ausländer« ist nicht im

Pass des Türken, sondern im Gehirn seines deutschen Gegenübers eingraviert. Die in Deutschland geborenen und aufgewachsenen Generationen der Türken wurden nicht sich selbst überlassen, wie einst die Juden. Der ganze Themenkomplex »Gastarbeiter« wurde von Stunde Null an verwaltet, observiert, geordnet, für diesen oder jenen aktuellen Zweck missbraucht, gelenkt und dann doch seinem Lauf überlassen, wenn es opportun erschien. Das Kriterium dabei war stets das »Wohl Deutschlands«. Einmal Türke, immer Türke war das ungeschriebene Gesetz.

Die Elterngeneration hatte deutsches Organisationstalent bereits in der Heimat in den Anwerbebüros für Gastarbeiter kennen gelernt. Von dem Moment ihrer Ankunft auf dem deutschen Bahnhof oder Flughafen an wurden die Türken verwaltet: Hier das Wohnheim, da das Fließband, hier die Stechuhr, der Spind, dort die Waschküche. Die Türken wohnten Jahrzehnte lang in einem Deutschland des blühenden Sozialstaats, den sie durch ihren Einsatz mitfinanzierten. Das in den 1970ern und 80ern aufgeblähte System der Betreuung nahm – auch und gerade – die Türken zum Ziel, weil die Griechen, Italiener oder Spanier wegen ihre christlichen Religionszugehörigkeit von den Kirchen und deren Einrichtungen betreut wurden. Die größten Probleme hatten die türkischen Kinder und Enkelkinder zu bewältigen. Das Gerede von »fehlenden Integrationsangeboten« im Zusammenhang mit der gescheiterten Eingliederung der Türken verschleiert die Tatsache, dass gerade die Betreuung ohne Konzepte – und deshalb auch ohne sinnvolle Ergebnisse – diese Generationen von der deutschen Gesellschaft absonderte und sie in ein spezielles Milieu aus Jugendheim, Arbeitsamt, Hinterhof und Sonderschule verdammte. Sozialarbeiter, Pädagogen und andere professionellen »Helfer« behandelten die Türken wie Therapiepatienten, über die sie bisher viel Theoretisches erfahren hatten und an denen sie jetzt ihr Wissen und Können erproben konnten. Wie Bewährungshelfer nahm man Kinder und Jugendliche in seine Obhut, die manchmal, aber nicht immer tatsächlich fachliche Betreuung gebraucht hätten. »Ausländerarbeit« wurde erstaunlicherweise zu einem Beruf, und kaum jemand fand Anstoß an der Widersprüchlichkeit, dass die »Ausländer« nie zu »Inländern« wurden. Niemand fragte die »Betroffenen« ernsthaft nach ihrer Meinung; man ließ die wenigen türkischstämmigen Schriftsteller oder Publizisten gelegentlich ihre Meinung sagen, um wieder zum Monolog zurückkehren oder das Thema für seinen eigenen politischen Streit mit den Rivalen zu missbrauchen. Wo waren denn die integrierten Türken geblieben? Als man sie dann endlich in den 1990ern entdeckte und hier und da mit hübschen Frauenfotos und Schlagzeilen wie »Die Türken kommen« vorstellte, behandelte man sie immer noch und beharrlich als artfremde, exotische Lebewesen, die niemals »zu uns« gehören konnten, auch wenn sie mittlerweile mit örtlichem Akzent Deutsch sprachen. Das größte Entgegenkommen der deutschen Gesellschaft lag in der Gründung von so genannten »Multikulti«-Nischen, zum Beispiel in den öffentlich-rechtlichen Medien. Anstatt in den Hauptprogrammen gezielt nach Mitarbeitern mit Migrationshintergrund zu suchen, wurde der türkisch-deutsche Nachwuchs in die Reservate gewiesen. Wenn die multikulturelle *city legend* stimmt, wurde eine perfekt und akzentfrei Deutsch sprechende Türkin von einem Multikulti-Sender deshalb nicht als Moderatorin eingestellt, weil ihr der exotische Akzent fehlte.

Die deutschen Betreuer, Sozialarbeiter und Sozialpädagogen hatten nicht selten selbst einen Außenseiterstatus in der Gesellschaft: Viele kamen vom Land und hatten eine katholische oder evangelische Erziehung genossen. Die deutschen »Integrationsmacher« waren selbst in den 1960ern und 70ern sozialisiert worden und gehörten der späten 68er-Generation an, der aufkeimenden Öko-Bewegung. Im Clinch mit dem Establishment und abseits der deutschen Eliten erfreuten sie sich an dem Anderssein der fremden Geächteten, mit denen sie sich gegen den Mief der deutschen Wohnküche, Volksmusik und Ausländerfeindlichkeit verbünden konnten. Das baute auf, gab Kraft und machte Spaß. Ihr eigener, mühsamer Aufstieg in der deutschen Gesellschaft hatte diesen Sozialarbeitern, oft auf dem zweiten Bildungsweg, Außenseitertum gelehrt. Der Chilene, die Roma und Sinti, der Türke, der Tamile, die Asylbewerber, die Kurden, Theodorakis, Allende, der Schah, der Verfassungsschutz oder der »Ami« – mal umarmt, mal verstoßen wurden sie alle in Deutschland Teile einer Subkultur, die sich parallel zum Aufstieg der Grünen langsam in die Mitte der Gesellschaft zuarbeitete. Auf dem Weg in die Zentren der Macht blieben jedoch nicht nur die radikalen Ideale, sondern auch die Türken zurück. Die meisten Türken kamen vom Land und hatten von Adorno und Habermas nichts gehört. Sie waren von Anfang an Objekte und nicht gleichberechtigte Subjekte. Ihnen ging es ohnehin in erster Linie ums Geldverdienen. Sie waren froh, wenn sich jemand im Jugendzentrum um ihre Kinder kümmerte, Hauptsache, sie hingen nicht den ganzen Tag in Spielhöllen oder in der Drogenszene herum. Die Bildungssituation ihrer Kinder interessierte sie schon, aber wie weit würden sie es schon bringen in Deutschland als Türkenkids? Als Eltern konnten sie ihnen keine Starthilfe bieten, denn sie selbst hatten wenig Bildungschancen gehabt. Vielleicht würden ihre Kinder es zu einer Stufe höher auf der sozialen Leiter bringen, wenn überhaupt. Gelehrte würden sie nicht werden, keine Ärzte oder Ingenieure, eher Facharbeiter, das war eine Spur besser. Und schnell beginnen, Geld zu verdienen, sollten sie. Jugendhaus, Deutschkurs, türkischer Liederabend, Berufsschule: Die deutsche Betreuungsindustrie bescherte vielen katholischen Mädchen vom Lande Arbeitsplätze und Selbstvertrauen, hat aber die jungen Generationen von »Ausländern« nicht gelehrt, sich selbst zu vertrauen und voranzukommen. Wer tagtäglich als betreuungsbedürftiger Problemfall angesehen, bemitleidet und bevormundet wird, entwickelt keine Eigeninitiative, sondern allenfalls eine wirklich problematische Persönlichkeit. Dieser Generation fehlten schlicht verantwortungsvolle, einigermaßen gebildete, selbstsichere Eltern.

All das geschah ohne jede böse Absicht. Die meisten deutschen Pädagogen und Helfer hatten selbstverständlich einen guten Willen, handelten oft aus einer religiös anerzogenen Menschlichkeit heraus. Sie versuchten den schweren Problemfällen, die die brutale Arbeitswanderung schuf, mit Aufopferung zu begegnen, bemühten sich um mehr Geld bei dem Staat, um Wohnungen, Krankenhausbetten, Therapieplätze, Nachhilfeunterricht. Sie versuchten, das Schicksal der heranwachsenden türkischen Generationen in Deutschland ernsthaft zu ändern, aber sie schufen zugleich neue Abhängigkeiten und Missstände. Solingen wurde zum Tropfen, der das Fass zum Überlaufen brachte. Das rechte Establishment bewies, nach der für die Deutschlandtürken größtmöglichen Katastrophe, dem Transport winziger, in türkische Fahnen gehüllter Kindersärge in die »Heimat«, eigentlich ins Niemandsland, nur so viel Anstand zu fragen, wie denn das »Türkenproblem« gelöst werden könne. Mancher Türke entschied in jenen Tagen, Deutschland den Rücken zu kehren, andere begriffen ihren Aufenthalt nur noch als vorübergehend. Wer konnte, wurde doppelter Staatsbürger. Aber nur den deutschen Pass in die Tasche zu stecken und sich auf Gedeih und Verderb von der Gnade dieses unberechenbaren »deutschen Volkes«, das gerade sich selbst wieder entdeckte, abhängig zu machen, war ein tollkühnes Unternehmen. Denn gerade die assimilierten Türken fühlten nach Mölln und Solingen, dass die Deutschen ihnen diese Brandanschläge niemals verzeihen würden.[16]

So erinnert jeder Ausländer, der heute über Diskriminierung in Deutschland klagt, unvermeidlich an die Juden. In seiner jüngeren Geschichte den

---

[16] Wer in Solingen lebte, wurde nach dem Brandanschlag am 29. Mai 1993 Zeuge vom Aufruhr in der Stadt. Brave Bürger ärgerten sich darüber, dass die betroffene Familie Genc ein neues Wohnhaus vom Staat zur Verfügung gestellt bekam, während redliche Deutsche immer noch auf eine Sozialwohnung warteten. Nach Solingen änderte die Polizei ihre PR-Strategie und erklärte fortan nach jedem verdächtigen Fall, dass »in alle Richtungen« ermittelt werde und es »keine Anzeichen für einen ausländerfeindlichen Hintergrund« gebe. Die offizielle Statistik der rassistischen Übergriffe sorgte in den 1990ern jedoch stets für eine Überraschung: Im Schnitt waren täglich zwei bis drei Anschläge oder Übergriffe passiert, aber man hatte nichts darüber erfahren.

schlimmsten Massenmord der Menschheit begangen zu haben, erlaubt den nichtjüdischen Deutschen kein unkompliziertes Verhältnis zu ihren heutigen jüdischen Nachbarn. Andererseits können viele Juden Kritik an der Politik Israels nicht von Antisemitismus trennen – zu Recht. Denn die allermeisten Kritiker Israels sind zugleich verdeckte Antisemiten, genauso wie sich hinter den schärfsten und unermüdlichsten Kritikern der Türkei oft schlichte Türkenhasser verbergen. Weder Türken noch Juden sind vollkommen. Aber ihre Fehltritte sind für manche schwieriger zu verzeihen als beispielsweise ihre eigenen.

Deutscher und Jude sein

Alle assimilierten Juden seit dem 18. Jahrhundert, die sich über diese Fragen den Kopf zerbrochen haben, sagten auf die eine oder andere Weise das gleiche: Das Maß der Dinge ist der Mensch. Wir sind keine Juden oder Deutsche: Wir sind Menschen und als solche wollen wir würdig unter den anderen Menschen leben. Die großartige Rahel Varnhagen, geboren in Berlin 1771, sagte vor ihrem Tod, es sei ihr größtes Unglück gewesen, als Jüdin auf die Welt gekommen zu sein; ihre jüdische Geburt sei »so lange Zeit meines Lebens mir die größte Schmach«. Wer sie am Ende ihres Lebens diesen resignierten Satz aussprechen ließ, waren keine finstren Mächte, sondern ganz nette, kluge und obendrein gebildeter Menschen als Rahel. Sie verkehrten im Salon dieser bewundernswerten Frau, lauschten ihrer intelligenten Unterhaltung, genossen ihre Aufmerksamkeit und bisweilen auch Zärtlichkeit, sie trafen bei Rahel auf andere Leute und Ideen, die in ihrem Leben eine wichtige Rolle spielten und sie vorwärts brachten – kurzum sie verdankten dieser Frau viel. Aber sie konnten den »Makel« nicht vergessen, ihr Jüdischsein war weder in christlichen Taufbecken auszuwaschen noch mit angeheirateten Adligen auszumerzen. Rahel war und blieb zeitlebens eine Jüdin, genauso wie heute ein aus Syrien stammender Akademiker in Deutschland Araber oder ein aus der Türkei stammender Arzt in Hamburg Türke ist und bleibt. Sie werden den »Unterschied« nicht tilgen und nicht leben können, ohne auf die permanente Fremdzuschreibung zu antworten: Sei es mit dem verzweifelten Mut der Assimilierung, sei es mit einem trotzigen, innerlichen oder tatsächlichen Abschied von dem Anderen, dem sie in einer krankhaften Hassliebe verfallen sind, oder sei es durch das Zulegen einer dicken Haut, die fast an

Emotionslosigkeit grenzt. Es gibt für sie kein Leben in Deutschland ohne ein großes Fragezeichen.

Jakob Wassermann, Sohn eines jüdischen Kaufmanns aus Fürth und erfolgreicher Schriftsteller der Weimarer Republik war einer der sensiblen Geister, die darunter gelitten haben. Seine 1921 erschienene Autobiographie »Mein Weg als Deutscher und Jude« beginnt mit der Feststellung: »Ohne Rücksicht auf die Gewöhnung meines Geistes, sich in Bildern und Figuren zu bewegen, will ich mir – gedrängt von innerer Not der Zeit – Rechenschaft ablegen über den problematischsten Teil meines Lebens, den, der mein Judentum und meine Existenz als Jude betrifft, nicht als Jude schlechthin, sondern als deutscher Jude, zwei Begriffe, die auch dem Unbefangenen Ausblick auf Fülle von Missverständnissen, Tragik, Widersprüchen, Hader und Leiden eröffnen.« Das Thema sei stets heikel gewesen, aber »heute (…) ein Brandherd«.[17] Wie viele andere sah auch Wassermann das Desaster kommen. Seine im Rückblick viel zu selbstkritische Bilanz beginnt er mit seiner Geburtsstadt Fürth, einer protestantischen mittelfränkischen Stadt mit einem Verhältnis der Juden zur übrigen Bevölkerung von 1:12 – gar nicht so gering. Was Jakob Wassermann für uns zusätzlich interessant macht, ist seine Abstammung von den aus Spanien vertriebenen Juden, die im 15. Jahrhundert das Osmanische Reich zu ihrer neuen Heimat machten. Diese *sephardischen Juden* verteilten sich auch im übrigen Europa. In den 1940ern konnten viele Juden in Griechenland und Frankreich durch einen türkischen Pass dem Holocaust entkommen. Aber über die türkischen Juden später.

Dreißig oder vierzig Jahrzehnte »hausten« die jüdischen Gemeinden in der niederdeutschen Region um Nürnberg. In Jakob Wassermanns Worten musste ihnen die »Beziehung zu Boden, Klima und Volk«[18] in Fleisch und Bein übergegangen sein, »obgleich sie diesen Einflüssen entgegenstrebten und als Fremdkörper vom Volksorganismus ausgeschieden waren«[19]. Bis in die Mitte des 19. Jahrhunderts litten sie unter Gesetzen wie dem Verbot der Freizügigkeit. »Dass finsterster Sektengeist, Ghettotrotz und Ghettoangst dadurch immer frische Nahrung erhielten«[20], versteht sich von selbst. Wer bedrängt wird, schließt sich zusammen.

Nennen wir ihn nun Jakob, der Kürze und emotionaler Nähe halber. Als Jakob geboren wird, ist der Deutsch-Französische Krieg gerade seit zwei Jah-

---

[17] Alle Zitate Jakob Wassermanns in diesem Text sind der dtv-Ausgabe seiner Autobiographie »Mein Weg als Deutscher und Jude« (Deutscher Taschenbuch Verlag, ungekürzte Ausgabe, 2. Auflage Juli 1999) entnommen. S. 7
[18] ebd. S. 9
[19] ebd.
[20] ebd.

ren vorbei, Bismarcks Traum von der deutschen Einheit vollzogen und für die deutschen Juden »der bürgerliche Tag längst angebrochen«. Die Liberalen im Parlament versuchen durchzusetzen, dass Juden auch für Staatsämter zugelassen werden, eine Anmaßung, über die Theodor Fontane in einem Brief an seinen Freund schreibt: »Ich liebe die Juden, aber regieren will ich mich von ihnen nicht lassen.«[21] Trotzdem gibt es eine spürbare Veränderung im Verhältnis zu den Deutschen, so dass Jakobs Vater einmal mit Genugtuung sagt: »Wir leben im Zeitalter der Toleranz!«[22].

Toleranz – dieses Wort flößt dem kleinen Jungen Respekt ein. »In Kleidung, Sprache und Lebensform«, erinnert er sich, »war die Anpassung durchaus vollzogen«[23], es gab keine Probleme mehr mit Äußerlichkeiten wie heute bei manchen Muslimen. Der kleine Jakob besuchte eine staatliche Schule, wohnte unter Christen, verkehrte mit ihnen und die »jüdische Gemeinde« wurde, zumindest für diese assimilierten Juden, immer mehr zu einer leeren Hülse. Jakob erinnert sich an seinen Vater als einen Kaufmann, der keine glückliche Hand mit Geschäften hatte, von großem Gewinn träumte, doch keine Reichtümer erwarb. Obwohl es bereits 1860 in Berlin doppelt so viele jüdische Privatbanken gab wie nichtjüdische, obwohl jüdischer Unternehmergeist beim Aufbau der deutschen Eisenbahn und großer Firmen in Strom und Chemie, im Kohlebergbau und in der Schwerindustrie eine entscheidende Rolle spielte, waren eben nicht alle Juden reich und nicht alle Juden trieben den gemeinen Kapitalismus in Deutschland voran, der vielen Romantikern, auch jüdischer Abstammung immer verhasster wurde. Die Geistesrichtung des Vaters war ein »sentimental-freiheitliches, laues Nachzüglertum der Märzrevolution«[24]. So stritt er sich einst mit einem Vetter über Ferdinand Lassalle, »von dem er wie von Gottseibeiuns sprach«[25], manchmal sang er rührende Lieder zur Gitarre, liebte Schiller und Gutzkow. Der Vater gründete eine kleine Fabrik, mit der er bald Bankrott machte, wurde Versicherungsagent, war später als Sechsundfünfzigjähriger ein paar Wochen Gast bei seinem Sohn und meinte, das wären die ersten Ferien seines Lebens gewesen, um acht Tage später zu sterben.[26]

»Ein höhnischer Zuruf von Gassenjungen, ein giftiger Blick, abschätzige Miene, gewisse wiederkehrende Verächtlichkeit, das war alltäglich«[27], sagt

---

[21] ebd. S. 10
[22] ebd.
[23] ebd.
[24] ebd.
[25] ebd.
[26] ebd. S. 11
[27] ebd. S. 12

Jakob, aber die Anfeindungen galten, so empfand er sie, nicht ihm selbst, sondern der Gruppe, aus der er stammte, den Juden. Wenn niemand merkte, dass er Jude war, »die Beziehung nicht mehr gewusst«[28] wurde, blieb er von Sticheleien verschont. Er hatte keinerlei Probleme mit der deutschen Sprache und eine andere Überlebensstrategie entwickelt: »Mein Gesichtstypus bezichtigte mich nicht als Jude, mein Gehaben nicht, mein Idiom nicht. Ich hatte eine gerade Nase und war still und bescheiden.«[29] Im Nachhinein primitiv anmutende Argumente, aber wer diese Erfahrungen nicht am eigenen Leib gemacht hat, kann nicht ermessen, »wie primitiv Nichtjuden in der Beurteilung dessen sind, was jüdisch ist und was sie für jüdisch halten«[30]. Die Gehässigsten waren damals wie heute die Stumpfesten, wie Jakob Wassermann bemerkt. Die Gefahr kam von ganz anderer Seite, von denen, die sich ihre Hände und Zunge nicht schmutzig machen wollten. »Hatte nicht selbst die Freundlichkeit ihrer Freunde den Juden gegenüber etwas Gönnerhaftes?«[31], fragt der Historiker Christian Meyer. »Lief sie nicht darauf hinaus, dass man sie als Einzelne wohl annehmen wollte, zwar also als Abkömmlinge, kaum aber als Mitglieder der Gruppe, der sie so sehr zugehörten, ob sie es wollten oder nicht (…)? Nie konnten sie es einem, solange sie Juden waren, recht machen (…). Die Assimilation erregte die Abneigung, das Misstrauen, den Hass stärker noch als das Anderssein.«[32] Dabei erschien den deutschen Juden, vor allem im späteren 19. Jahrhundert, die Assimilation als einziger Ausweg. Viele mussten diesen Weg nicht mehr mühsam beschreiten, sie wuchsen in einer nichtjüdischen Umgebung auf und wurden wie selbstverständlich »eingedeutscht«, das heißt in zweiter, dritter Generation einer assimilierten, vielleicht auch konvertierten jüdischstämmigen Familie quasi zu Nichtjuden erzogen. Thomas Nipperdey schrieb über die Haltung der damaligen deutschen Liberalen zur »jüdischen Frage«, dass in ihren Augen die Emanzipation der Juden »die gänzliche Assimilation und das Aufhören aller spezifischen Gruppenmerkmale« bedeutete[33].

Die Moderne in Deutschland in ihrer besonderen, bildungsbürgerlichen Prägung verhieß jedem Einzelnen den gleichen Lohn, wenn er sich durch Bildung neu erfand und die Gabe besaß, aus dieser Erfindung heraus eine gesellschaftlich nützliche Biographie zu stricken. Der Lohn war die soziale An-

---

[28] ebd.
[29] ebd.
[30] ebd.
[31] in: Wolfgang Beck (Hrsg.), »Die Juden in der europäischen Geschichte – Sieben Vorlesungen«, München 1992, S. 13
[32] ebd.
[33] ebd.

erkennung: die Aufnahme in die Gemeinschaft, die Aufhebung des vermeintlichen Unterschieds und der »unsichtbaren Mauer«. Michael Blumenthal erzählt in seinem gleichnamigen Familienepos von der Entwicklung der Judenemanzipation, von der geistigen Erneuerung, der *Haskala*, und davon, mit welchem Eifer und welcher Wissensdurst sich Juden aus dem Ghetto auf das Leben stürzten, wie sie das Vorhandene absorbierten und sich neu erfanden, insbesondere auf den Gebieten der Kunst, Musik und Wissenschaften.[34] Zwei Bereiche blieben ihnen verschlossen: Militär und Verwaltung – das Herzstück des deutschen Staates, der sich weigerte, sie aufzunehmen.[35] »Der Weg zur Gleichberechtigung«, sagt Blumenthal, »war lang und beschwerlich gewesen, doch sie (die Juden) waren überzeugt davon, dass die Kluft sich immer mehr schließen, dass man sie mit der Zeit in ihrer Doppelidentität als Juden und Deutsche voll akzeptieren würde.«

Jakob Wassermann war nicht mehr mit der Gemeinschaft der Juden verbunden, obwohl natürlich eine solche, und zwar in verschiedenen Richtungen, existierte. Die Ungleichzeitigkeiten, in der türkischen Minderheit heute erst im Aufkeimen begriffen, waren schon längst Alltag der deutschen Juden; manche lebten vollständig assimiliert unter den Christen, während andere in ihren »Parallelgesellschaften« streng die Glaubensvorschriften einhielten. Viele waren seit Jahrhunderten in Deutschland, andere kamen gerade aus dem *Städtle* in die deutsche Metropole. Jakob erinnert sich an das Jüdische in seiner Kindheit wie an ein Relikt aus einer anderen Zeit: Ein seelenloser Mann, böse und eitel, erteilt den Religionsunterricht, bläut den Kindern Formeln und antiquierte hebräische Gebete ein, abseitig, realitätsfremd, absurd. Später, als Jakob ein privates Verhältnis zur Religion entwickelt, kann er die durch das Jüdische in und um ihn vermittelten »ewigen Bilder und Mythen« individualisieren, »im Sinne der Aufklärung geistig« machen, »oder im Sinne der Romantik stofflich.« Die Folge: Abschied von jeder Religion.[36]

Diese Ungleichzeitigkeiten hatten die jüdische Gemeinde in Deutschland, wie in der Literatur schon vielfach beschrieben, tief gespalten. Die »fortgeschrittenen« errichteten ihre eigenen, modernen Synagogen, Häuser »im quasi-byzantinischen Stil, wie man in den meisten deutschen Städten eines findet, und deren parvenühafte Prächtigkeit über die fehlende Gemütsmacht des religiösen Kultus nicht hinwegtäuschen« kann[37]. Jakob erschien die religiöse

---

[34] Michael W. Blumenthal, »Die unsichtbare Mauer«, München 2000
[35] Wie zufällig auch in der Türkei, wo Juden alles werden können nur nicht höhere Beamte und Offiziere!
[36] Wassermann, J., S. 13ff.
[37] ebd.

Feier wie Lärm, wie unbegründetes Lamentieren, »weil im Widerspruch mit sichtbarem Wohlleben und herzhafter Weltlichkeit stehend«[38]. Der assimilierte Junge sah die einzige Erquickung in den deutschsprachigen Predigten eines »sehr stattlichen blonden Rabbiners«[39], den er verehrte. Wie krass der Unterschied doch war zu den Talmud und Thora-Schulen der Altgläubigen in den verwinkelten Gassen der Altstadt, »da sah man noch Köpfe und Gestalten, wie sie Rembrandt gezeichnet hat, fanatische Gesichter, Augen voll Askese und glühend im Gedächtnis unvergessener Verfolgung.«[40] Vollbart und Gebetskette, würde ein assimilierter Yakub sagen, Männer mit langen Gewändern, ihre Frauen drei Schritte hinter ihnen hertrippelnd, verschleiert mit Sehschlitz, gezeichnet von Demut und Entbehrung, Bescheidenheit und Unterwerfung. Sehr unmodern, wie der Korankurs des ignoranten Hodscha, mit einem Holzlineal in der Hand für jeden Fehltritt bestens ausgerüstet: wiederholend, die Verse wiederholend, nur wiederholend bis in die Ewigkeit. Auch Jakob musste als Neunjähriger die Talmudschule besuchen, jeden Tag mit Sonnenaufgang, jeden Abend mit Sonnenuntergang, erzählt er uns, am Sabbat und an Feiertagen auch nachmittags, ein Jahr lang, um als Erstgeborener das *Kaddisch* zu singen und im Beisein von zehn erwachsenen Männer seine Initialisierung in die Gemeinde zu vollziehen. Aber welche Gemeinde? »Genau betrachtet war man Jude nur dem Namen nach und durch die Feindseligkeit, Fremdheit oder Ablehnung der christlichen Umwelt«[41], da war die Frage natürlich berechtigt: »Wozu war man also noch Jude, und was war der Sinn davon?«[42] Jakob tat sich mit der Frage viel schwerer, niemand konnte sie ihm zufrieden stellend beantworten, auch nicht der Gelehrte, bei dem er oft Gast war, mit den vielen Spinoza-Werken hinter der Glastür des Bücherschrankes. Ob er denn nicht eines davon einmal mit nach Hause nehmen durfte? »Wer diese Bücher liest, wird wahnsinnig«, lautete die Antwort seiner Frau.[43]

Jakob las Spinoza in seinem späteren Leben und stimmte sicherlich mit ihm darüber ein, dass Christentum und Judentum vorübergehende Phänomene seien – wie auch der Islam, könnte man heute hinzufügen, als eine der vielen Möglichkeiten der Hinwendung zu Gott, zu einem einzigen Schöpfer. Aber welch gehobene Fragestellungen im Vergleich zu den Banalitäten, mit denen man sich als »artfremder« Jugendlicher herumschlägt. Zum Beispiel mit der Frage: Wohin gehöre ich? Allein diese eine Frage ist imstande, einen

---

38 ebd. S. 14
39 ebd.
40 ebd.
41 ebd. S. 15
42 ebd.
43 ebd. S. 17

jungen, klugen und fleißigen Menschen Jahre seines Lebens zu kosten und unglücklich zu machen. Jakob hatte Glück, über diese Frage ganz alleine, mit dem Rüstzeug seiner humanistischen Bildung nachzudenken, ohne Sozialarbeiter und Pädagogen, die den »Ausländern« in Deutschland von Kindesbeinen an ein problematisches Dasein »zwischen den Kulturen« einreden, auch dann, wenn diese selbst ihr Leben gar nicht so widersprüchlich und tragisch empfinden.

Haben Christen einen anderen Gott als Muslime?

Nach dem frühen Tod seiner Mutter kam eine Magd zu Jakob. »Ich entsinne mich, dass sie einmal, als ich ihr besonders ergriffen gelauscht hatte, mich in den Arm nahm und sagte: ›Aus dir könnt‹ ein guter Christ werden, du hast ein christliches Herz!‹ Ich entsinne mich auch, dass mir dieses Wort Schrekken erregte. Erstens, weil es eine stumme Verurteilung des Judeseins enthielt und (...) zweitens, weil der Begriff Christ damals noch ein unheimlicher für mich war.«[44] Das viele Blut an den Gliedern Jesu‹, dieses mageren Mannes am Kreuz mit den schönen Locken und der sehr weißen Haut, mit den hässlichen Wunden am Körper, die Kerzen, der Altar am Ende des langen Raumes, das dunkle, feuchte Gemäuer der Kirchen, insbesondere der alten Kathedralen, ihre in den Himmel ragende und dennoch oft sehr dunkle, pessimistische Gestalt, der Wein, das Blut, das Brot, das Fleisch – für einen Nichtchristen sind diese Rituale und der sie hervorbringende Glaube fremd. Es ist zuweilen ein bedrückendes Gefühl, in der Kirche zu sein, denn sie wird nicht nur von Gott und seinem für einen strammen muslimischen oder jüdischen Monotheisten unakzeptablen »Sohn« bewohnt, sondern von gewöhnlichen Menschen in »heiligen« Gewändern, die den Nichtchristen ausschließen und behaupten, dass Erlösung nur durch die Akzeptanz des Mannes am Kreuz als der Sohn Gottes möglich sei – höchst blasphemisch in den Augen der Juden und Muslime.

Obwohl die christlich-westliche Welt zahlreiche Publikationen über die Sonderbarkeiten der jüdischen oder muslimischen Religion kennt, kommt es einem Bewohner dieser Hemisphäre kaum in den Sinn, dass sein Glaube und seine Rituale einem Außenstehenden auch sonderbar und zuweilen be-

---

[44] ebd. S. 18

drückend erscheinen könnten. Gott ist zwar nur Einer, aber wir Menschen lieben es offenbar zu trennen anstatt zu vereinen. Da ist es nur konsequent, dass der evangelische Bischof Wolfgang Huber, ohne Zweifel ein intellektueller Geistlicher, im Jahre 2005 gebietet, Christen hätten einen anderen Gott als Muslime[45]. Bischof Huber als Ratsvorsitzender der Evangelischen Kirche in Deutschland lässt seit den Terroranschlägen auf amerikanische Ziele am 11. September 2001 keinen Anlass aus, die Muslime »unmissverständlich« zu ermahnen, sie müssten sich von Terror und Gewalt distanzieren. Er sagt, dass er gerne mit muslimischen Verbänden in Dialog treten würde, aber: »Ich habe die Schwierigkeit einzuschätzen, mit wem ich zuerst reden soll«, denn es gäbe eben leider nicht nur einen Ansprechpartner. So wundert es nicht, dass in einem Zeitungsartikel folgende Sätze aneinandergereiht stehen: »Bischof Huber mahnt Muslime in Deutschland«, »Toleranz muss Grenzen haben«, »Die Muslime in Deutschland müssen sich deutlicher als bisher von islamistischer Gewalt distanzieren«, »Zugleich sollen die Christen sich offensiver zu ihrem Glauben bekennen«.[46]

In Zeitungsinterviews mit den geistlichen Oberhäuptern der Evangelischen oder Katholischen Kirche lassen Journalisten offenbar dem Christen in sich freien Lauf, denn stets wird der Interviewte in der »Wir«-Form gefragt und antwortet auf dieselbe Weise[47]. In einem anderen Gespräch sagt der Bischof: »Es ist zwar nicht sinnvoll, die Imame gesetzlich zu zwingen, auf Deutsch zu predigen. Allerdings hoffe ich, dass sie es aus eigenem Antrieb tun.«[48] Bischof Huber gebietet in den oben zitierten Gesprächen auch, dass das gewiss sehr problematische[49] Kopftuch kein islamisches Symbol und deshalb nicht mit dem christlichen Kreuz gleichzustellen sei. Damit will gesagt werden, dass das Kopftuch verboten werden kann, ohne das Kreuz aus den Schulräumen zu verbannen. Viele Musliminnen in Deutschland[50] bringen ihr Kind in katholischen Krankenhäusern zur Welt, unter einem großen Kreuz, das über ihrem Kopf hängt und durch die Hilfe der in ihren Ordenstrachten arbeitenden Schwestern. Dieselbe Toleranz erwarten diese aufgeklärten und moder-

---

[45] So geschehen im November 2004 bei einer Predigt in Speyer: »Wir haben als Christen keinen Grund zu sagen, wir würden uns zum gleichen Gott wie die Muslime bekennen.«. In: Berliner Morgenpost, 22. November 2004

[46] »Bischof Huber mahnt Muslime in Deutschland«, in einem Interview im Hamburger Abendblatt, 29. Mai 2004

[47] z.B. bei der Frage: »Müssen wir unser Toleranzverständnis klarer fassen? – Antwort (W. Huber): »Ja, das müssen wir.«, in: Hamburger Abendblatt, ebd.

[48] »Berliner Bischof Huber über Christentum und Moslems – Kirchen dürfen nicht in Moscheen umgewandelt werden«, in: BZ, 21. November 2004

[49] und von der Autorin selbst abgelehnte

[50] wie die Autorin auch

nen Menschen von den christlichen Kirchen in Deutschland – eine Toleranz, die schon Lessing gefordert hatte, die jedoch den Juden in Deutschland, wie man ja weiß, nicht zuteil wurde.

Objektivität ist ein ethisches Gebot des Journalismus. Aber wenn es um Muslime in westeuropäischen Ländern geht, wird dieses Gebot plötzlich unwichtig. Deutsche Medien führen nicht nur Interviews mit »ihren« Religionsmännern oder Politikern in »Wir«-Form, sie sprechen immer öfter und unüberhörbar abfällig von »Allah«, wenn sie »den Gott der Muslime« meinen.

Dem Anderen wird seine einzigartige Individualität abgesprochen, die man in westlichen Gesellschaften wie selbstverständlich für sich beansprucht. Als ob ein türkischer Student, Arzt, Bergarbeiter oder gar Imam den Terror stoppen könnte, wenn er wollte, wird er »in die Pflicht« genommen. Von wem? Von »uns«. Wirtschaftliche, politische, soziale Gründe des Terrors und Krieges werden ausnahmsweise einmal beiseite gelegt, und es werden mit Vorliebe »unsere« Bischöfe und Kardinäle interviewt, als ob sie unbefangene Bewertungen machen könnten. Ist es infam darauf hinzuweisen, dass die christlichen Kirchen nicht zu Unrecht befürchten, ihre Jahrhunderte alten Privilegien wie z.B. den automatischen Einzug von Kirchensteuern zu verlieren, je »multikultureller« Deutschland wird? Auf jeden Fall begegnen wir beispielsweise in Frankreich nicht demselben Bild von nationalen Kirchenmännern, die den Muslimen sagen, in welcher Sprache sie in ihren Moscheen beten sollen, um »Misstrauen abzubauen, die Integration zu fördern und Klarheit zu gewinnen darüber, was an den Freitagen in den Moscheen gesagt wird.«[51] »Die Muslime«, wer und wo sie auch sind, fühlen sich zu Beginn des 21. Jahrhunderts in christlichen westlichen Gesellschaften implizit zu einer großen und bedrohlichen, ignoranten Sekte mit primitivem Glaubensinhalt degradiert, wie einst die Juden. Aber ohne eine Gleichstellung und Versöhnung der großen Weltreligionen im kleinen deutschen Maßstab bleibt gesellschaftlicher Frieden Zukunftsmusik.

Wie viele im Westen aufwachsende muslimische Jugendliche aus besseren Kreisen war auch der junge Jakob Wassermann wachsender Ablehnung ausgesetzt, die ihn quälte. »In demselben Gefühl befangen«, sagt Jakob, »ging ich an Kirchen vorbei, an Bildern des Gekreuzigten, an Kirchhöfen und christlichen Priestern. Uneingestandenen Anziehungen strebten unbewußte Bluterfahrungen entgegen.«[52] Die Erwachsenen der jüdischen Gemeinde

---

51 Bischof Huber bei seiner Predigt in Speyer, natürlich in Deutsch abgehalten, und zitiert in der Berliner Morgenpost vom 22. November 2004
52 Wassermann, J. ebd. S. 18

mahnten, klagten, kritisierten und verwarfen die Christen. Diese stellten jedoch die Mehrheit für Jakob, sie waren das Wasser, in dem alle schwammen, ein Naturzustand, von der Taufe über die Konfirmation und Eheschließung bis hin zum Tod setzte der christliche Glaube, genauso wie heute, nicht nur den Rahmen für die wirklich Gläubigen in der deutschen Gesellschaft, sondern für »alle«; die wichtigsten Lebensabschnitte wurden kulturell damit eröffnet oder abgeschlossen. Außer bei den Nichtchristen, natürlich.

Ein deutscher Hass

Die Welt des Juden in Deutschland wurde für Jakob Wassermann immer verhasster, war sie doch in den Augen der Mehrheit, die ihn wie ein Magnet an sich zog, ebenfalls verhasst. Eine junge Seele strebte hier nach Einheit, nach Harmonie mit ihrer Umgebung. Aber »von der anderen Seite wieder genügte ein prüfender Blick, ein Achselzucken, ein geringschätziges Lächeln, abwartende Geste und Haltung sogar, um Vorsicht zu gebieten und an Unüberbrückbares zu mahnen(...) Wachsamkeit und Fremdheit blieben. Ich war Gast und sie feierten Feste, an denen ich keinen Teil hatte.«[53] Unüberbrückbar, der Abgrund, der sich erst vor den Füßen der deutsch-jüdischen Kindern öffnete und ein Jahrhundert später vor den deutsch-muslimischen Kindern.

Worin bestand das Unüberbrückbare, fragte sich Jakob zu Recht und erst ohne jeden Erfolg. Seine Natur strebte danach, »nicht Gast zu sein, nicht als Gast betrachtet zu werden, nicht als gerufener, nicht aus Mitleid geduldeter oder einfach nur ignorierter«[54]. Jude zu sein war schwer, Jude und arm zu sein verachtenswert, das erregte doppelte Geringschätzung, wie er während seines einjährigen Militärdienstes in der deutschen Armee feststellte. Dieser begann mit einem bezeichnenden Eklat: Das angeforderte *curriculum vitae* hatte Jakob mit einem schwermütigen Gedicht über die Vergeblichkeit des irdischen Strebens beendet, das der Feldwebel vor der ganzen Kompanie »unter allgemeinem Hallo«[55] vorlas und anschließend Jakob eine niederschmetternde Rede um die Ohren knallte, als ob er »das gesamte deutsche Heer verhöhnt«[56] hätte. Damit war sein Außenseitertum auch hier besiegelt.

---

[53]   ebd.
[54]   ebd. S. 19
[55]   ebd. S. 37
[56]   ebd.

Aber er fühlte in sich das ihm »angeborene Verlangen, in einer gewissen Fülle des ihn umgebenden Menschlichen aufzugehen«. Bald merkte er in der Armee, dass dieses Verlangen würde niemals gestillt werden können, »weil Absicht dawider«[57] war. »Ich merkte es an der verächtlichen Haltung der Offiziere, an der unverhehlten (sic!) Tendenz, die befriedigende Leistung selbstverständlich zu finden, die unbefriedigende an den Pranger zu stellen. Von gesellschaftlicher Annäherung konnte nicht die Rede sein, menschliche Qualität wurde nicht einmal erwogen, Geist oder auch nur jede originelle Form der Äußerung erweckte sofort Argwohn, Beförderung über eine zugestandene Grenze kam nicht in Frage, alles, weil die bürgerliche Legitimation unter der Rubrik Glaubensbekenntnis die Bezeichnung Jude trug.«[58] Dabei war das Verhalten der einfachen Soldaten für ihn weitaus quälender als die vielleicht auch herkömmliche Schelte der Offiziere. Hier kam der Jude Jakob wohl erstmals in seinem Leben mit »ganz normalen Deutschen« zusammen, und begegnete »jenem in den Volkskörper gedrungenen dumpfen, starren, fast sprachlosen Haß, von dem der Name Antisemitismus fast nichts aussagt, weil er weder die Art, noch die Quelle, noch die Tiefe, noch das Ziel zu erkennen gibt«[59]. Dieser Hass, erkannte Jakob Wassermann noch lange vor Auschwitz, hatte Züge eines Aberglaubens und der freiwilligen Verblendung angenommen, der »Dämonenfurcht wie der pfäffischen Verstocktheit, der Ranküne des Benachteiligten, Betrogenen ebenso wie der Unwissenheit, der Lüge und Gewissenlosigkeit wie der berechtigten Abwehr, affenhafter Bosheit wie des religiösen Fanatismus«[60]. Dieser Hass ging auf Gier und Neugier zugleich zurück, es steckte eine undefinierbare, aber dem assimilierten Juden wie ein heißer Atem im Nacken sitzende »Blutdurst« darin, eine Lust am Geheimnis und eine niedrige Selbsteinschätzung[61]. Lange vor dem Holocaust und noch länger vor den jüdischen Intellektuellen Daniel Goldhagen oder Henryk Broder sagte Jakob Wassermann über den Judenhass in Deutschland: »Er ist in solcher Verquickung und Hintergründigkeit ein besonderes deutsches Phänomen. Es ist ein deutscher Haß.«[62]

---

[57] ebd. S. 38
[58] ebd.
[59] ebd. S. 39
[60] ebd.
[61] ebd.
[62] ebd. Ist es ein spezifisch jüdischer Komplex zu behaupten, dass es vor dem und während des Nationalsozialismus einen besonderen Hass auf Juden in Deutschland gab? Mit dieser Behauptung würden wir uns in einen Teufelskreis des Antisemitismus begeben. Der Hinweis auf die jüdische Herkunft des Harvard-Soziologen und Politologen Daniel J. Goldhagen will z.B. nichts anderes als zu implizieren, dass er nicht objektiv sein könne und die Deutschen nur deshalb in seinem Buch »Hitlers willige Vollstrecker« pauschal »verurteilte«. Nach die-

Bei der Lust am Geheimnis lohnt es sich kurz zu verweilen, denn ihr begegnen wir auch heute im Zusammenhang mit dem Islam und den Muslimen. Es gibt Hunderte von Islam-Büchern, die den westlichen Markt überschwemmen und wundersame, exotische Geschichten von »dem Islam« erzählen, von denen ein gewöhnlicher Muslim weder in Deutschland, noch in einem anderen westeuropäischen Land, noch zu Hause je etwas gehört hat.[63] Der »Alte vom Berge« etwa, der ismaelitische Sektengründer Hasan-i Sabah mit seinen Assassinen, von dem renommierten Orientalisten Bernard Lewis 1967 in seinem gleichnamigen Buch[64] ausgiebig und exzellent behandelt, servieren eine willkommene Grundlage für allerlei Variationen: Hoch gewachsene Männer mit muskulösen Körpern und schönen, verwegenen Gesichtern, unter dunklen, samtig fließenden Stoffen verborgen, feurige Augen, fanatisch und vom Tod zeugend, flink in der Nacht, die ihnen gehört, hinterhältig und überwältigend. Schön und tödlich sind auch ihre Frauen, denn sie sind begehrenswert und heftige Begierde hat immer etwas mit dem Tod zu tun. Der Orient ist das Reich der Geheimnisse, der Orientale in Hollywood-Streifen ein Löwe, aber »unsere Türken«? Leider unerträglich. Dumm, ignorant, hässlich. Ihre Frauen laufen mit unästhetischen Kopftüchern und langen, unförmigen Mänteln herum. Ihre Mädchen sind zwar ansehnlich, aber desorientiert. Ihre Männer grob und auf ihre Ehre fixiert. Kurzum, sie entsprechen nicht dem Image, das der geheimnisvolle Orient versprach. Auf der anderen Seite sind und bleiben sie anders, »irgendwie undurchschaubar«, voller Geheimnisse, nur der negativen Art.

Pauschale negative Vorurteile, die zur Stigmatisierung einer ganzen Gruppe führen, die sie herabwürdigen und diskriminieren, die sogar zu tödlichen Angriffen führen können, nennt man Rassismus. Jeder einzelne von »uns« hat das Recht, sich das zu verbieten. Es geht nicht darum, sich von Gewalt und Terror tagtäglich zu distanzieren, um den Verdacht abzuwehren. Die Schuld eines jeden Muslims oder Türken, der in Deutschland oder in einem anderen westlichen Staat lebt und arbeitet, muss zuerst bewiesen werden. Aus

---

ser Logik können Muslime nicht über Muslime, Juden nicht über Juden, Türken nicht über Türken objektiv urteilen – dasselbe scheint jedoch nicht für Deutsche zu gelten, die sehr viel mehr über sich selbst und über Juden, Türken, Muslime und Andere schreiben. Wenn tatsächlich Befangenheit im Spiel ist, kann die Wahrheit am ehesten dialogisch erkundet werden.

[63]   1702 deutschsprachige und 5919 englische Titel zeigte der Internet-Buchversand Amazon (http://www.amazon.de) am 21. August 2005 an. Deutscher Bestseller war: »Ich klage an« von Ayaan Hirsi Ali; im englischen Bereich führte der Titel »The Politically Incorrect Guide to Islam (and the Crusades)« von Robert Spencer, den Amazon vor allem unter »Controversial Literature« anzeigte.

[64]   Bernard Lewis, »Die Assassinen«, Frankfurt a.M., 2001

einer repräsentativen Umfrage des Jahres 2005 geht hervor, dass nur jeder dritte Türke täglich betet und dass 80 Prozent der Türken in Deutschland nichts Anstößiges daran finden, wenn ihre Töchter in gemischten Gruppen Sport oder Ausflüge machen. »Im Alltag vieler Türken in Deutschland spielt die Religion eine untergeordnete Rolle«, kommentierte die Nachricht eine deutsche Lokalzeitung im April 2005.[65] Aber auch wenn ein Muslim gläubig ist und sich fünfmal am Tag gen Mekka neigt, bedeutet das nicht, dass er ein Terrorist ist oder den Terror gutheißt. Über 3,5 Millionen Menschen in Deutschland klammheimliche Freude bei Attentaten auf Unschuldige zu unterstellen und sie unaufhörlich zur Beteuerung ihrer Unschuld aufzurufen, ruft nur Ärger hervor.

Rassismus ist niemals »rein« und lebt geradezu von Ereignissen, die die Zielgruppe belasten. So freuen sich nur die Antisemiten über eine Hardliner-Politik der israelischen Regierung oder einen von einem Schwarzen oder Muslimen verübten Mord. Die vom Rassismus oder Antisemitismus Betroffenen können aufgrund ihrer Erfahrungen meist sehr treffsicher feststellen, wie eine Aussage oder ein Verhalten ihres Gegenübers zu deuten ist. Sie besitzen nämlich quasi von Geburt an ein »Gespür« für den Rassismus oder Antisemitismus, das sie selten im Stich lässt, auch wenn sie sich oft genug wünschten, ein Leben fernab dieser Aufspür- und Abwehrarbeit zu verbringen. Wenn sich ein, sagen wir einmal ganz ohne negativen Unterton, deutscher christlicher Müllmann sozial »besser gestellt« und »angesehener« fühlt als ein türkischer Ingenieur, jüdischer Arzt oder ein schwarzer Hochschuldozent, dann stimmt etwas nicht. Entweder sind in dieser Gesellschaft die üblichen sozialen Hierarchien völlig durcheinander gekommen, was ja aus demokratischer Sicht nichts Schlimmes wäre, oder das Überlegenheitsgefühl unseres Müllmannes geht auf den herrschenden Rassismus in dieser Gesellschaft zurück, der ihn qua Geburt zum Herrenmenschen machte. Alle Türkinnen werden unterdrückt. Alle Türken sind Machos. Alle Muslime haben Probleme mit »unserer« Demokratie. Alle Juden sind »irgendwie komisch«. Israel ist immer im Unrecht und hätte gar nicht gegründet werden sollen. »Wir« sind zwar nicht immer, aber immer öfter besser. Die Zivilisation wurde in Europa erfunden. Das Muster ist primitiv, aber äußerst wirkungsvoll.

Wie von Zygmunt Bauman[66] exzellent beschrieben, kann der so pauschalisierte und zum »Anderen« Gemachte seinem Schicksal nicht mehr entkommen: Was er auch tut, wird gegen ihn ausgelegt, sogar von seinesgleichen,

---

[65] Antje Berg, »Nur wenige neigen sich täglich nach Mekka«, in: Heidenheimer Zeitung, 27. April 2005

[66] in: »Moderne und Ambivalenz – das Ende der Eindeutigkeit«, Frankfurt a.M., 1995

die als Assimilierte auf ihn herabschauen und sich seiner schämen. Als »redlichen und sich achtenden Juden«[67] bedauerte Jakob die »halb ghettohaften, handelsbeflissenen, wuchernden«[68] Juden in Unterfranken, die sich unter die katholische Bevölkerung mischten, all diese Krämer, Trödler, Hausierer und Viehhändler, die die Juden der Hetze preisgaben, »an Urbanität und natürlicher Gutherzigkeit weit unter benachbarten Stämmen«[69] standen und mit ihrer Erscheinung an die Märchen von Brunnenvergiftung und Blutrituale erinnerten. Wenn Jakob Wassermann sich mit einem Deutschen anfreundete und »die gewisse Enthüllung unvermeidlich«[70] wurde, zog der Bekannte sich entweder vorsichtig zurück oder gab sich erst unbefangen, um schließlich doch »ein schwer bekämpfbares Misstrauen durchblicken zu lassen«[71]. Oder er tat etwas, was jedem »guten Türken« in Deutschland, »gutem Araber« in Frankreich oder jedem »guten Juden« irgendwo in der Welt wohl bekannt ist: »(...) er ließ mich verstehen, dass er in meiner Person eine Ausnahme statuiere und sich seines begründeten Vorurteils zu meinen Gunsten entäußere«[72], kurzum, sein deutsches Gegenüber meinte, er sei als Jude nicht so wie alle anderen. »Das war dann das Beleidigendste von allem«[73], sagt Jakob dazu: »Eher noch können wir es ertragen, dass das Individuum in uns für minderwertig proklamiert wird als die Gattung; eher noch darf der Charakter verdächtigt werden, als die Geburt; gegen jenes kann man sich retten, man kann den Irrtum beweisen, oder sich wenigstens einbilden, ihn widerlegen zu können; gegen dieses sind alle Argumente und Beispiele machtlos, und der gehüteste innerste Spiegel des Bewusstseins trübt und befleckt sich.« Mit anderen Worten, dem Vorurteil und der Feindseligkeit einer ganzen Gruppe gegenüber kann man sich sehr schwer wehren, und alleine schon gar nicht.

Der Unterschied zwischen Jakob Wassermann und sagen wir einem türkischen Literaten im heutigen Deutschland liegt auch im Grad der Identifikation des Juden mit diesem Land: »...ich fühlte mich als Mitglied einer Nation, gleichgeordnet als Mensch, gleichberechtigt als Bürger...«[74] Davon sind die Türken weit entfernt, und wenn sie sich bis Anfang der 1990er Jahre in diesem Irrglauben der Gleichheit wähnten, wurden sie durch die mörderischen Attacken, die sich jederzeit wiederholen können, eines Besseren gelehrt.

---

[67] Wassermann, J., ebd. S. 39
[68] ebd.
[69] ebd.
[70] ebd.
[71] ebd.
[72] ebd. S. 39f.
[73] ebd. S. 40f.
[74] ebd. S. 45

Heute dürfte es in Deutschland keinen einzigen Deutschen türkischer Abstammung mehr geben, der sich eine baldige Akzeptanz durch die Mehrheit der deutschen Gesellschaft erhofft. Jakobs Leid aber entsprang gerade der Disharmonie zwischen dieser, seiner Selbstwahrnehmung und dem beleidigenden Blick, den er permanent auf sich spürte: »…da mich aber ein Beliebiger ohne zureichenden Grund, und ohne dass es möglich war, ihn dafür zur Verantwortung zu ziehen, als untergeordnetes Wesen behandeln«[75] durfte, fragte er sich, ob seine Identifikation mit diesem Land, das Gefühl, voll und ganz dazuzugehören, ein Irrtum seinerseits war oder eine deutsche Lüge.

Ein Freund, mit dem er darüber sprach, sagte, die Feindseligkeit habe nicht ihm gegolten, sondern nur seiner Abstammung, »der Zugehörigkeit zu einem Fremdkörper innerhalb der Nation«[76], ein Jakob wohl bekanntes Argument, auf das er »nur mit Scham und Empörung«[77] antworten konnte. Und er stellte diesem geliebten, nichtjüdischen deutschen Freund eine heute noch sehr aktuelle Frage: »Angenommen, diese sind eure Gäste, sagte ich, warum tretet ihr dann die Gebote der Gastfreundschaft, die zugleich Gebote der Menschlichkeit sind, mit Füßen? Angenommen aber, sie sind euch lästige Eindringlinge, warum duldet ihr sie und macht euch der Heuchelei humaner Verträge schuldig?«[78] Jakobs Fazit, ein einleuchtendes, lautete: »Besser offener Kampf als das Wohnen unter einem Dach in scheinheiligem Frieden und heimlichem Hass.«[79] Darauf antwortete sein Freund auf eine nur äußerlich verblüffende Weise: »Die Juden gehören nun einmal dazu, sagte er rätselhaft; wie es ist, sie gehören dazu.«[80] Wie, rief Jakob zurück, sie gehören dazu, aber ihr traktiert sie als Ratten und Parasiten? Nein, sagte der Freund, wer das tut, sind nur die Unheilstifter. »Die aufgeklärten Deutschen wissen, was sie den Juden zu verdanken haben und ihnen in Zukunft auch noch werden danken müssen.«

»Die Juden, die Deutschen, diese Trennung der Begriffe wollte mir nicht in den Sinn«, sagte Jakob seinem Freund. »Worin besteht das Trennende?«, fragte er. Jakob hatte nicht mehr den jüdischen Glauben und sein Freund war kein Christ. Im Blut? »Wer will sich anmaßen, Blutart von Blutart zu unterscheiden?«, fragte er, nur wenige Jahre vor der Machtergreifung Hitlers, und stellte solche Fragen wie: »Gibt es blutreine Deutsche? Haben sich Deutsche nicht mit französischen Emigranten vermischt? Mit Slawen, Nordländern,

---

[75] ebd.
[76] ebd. S. 46
[77] ebd.
[78] ebd.
[79] ebd.
[80] ebd. S. 46f.

Spaniern, Italienern, wahrscheinlich auch mit Hunnen und Mongolen, als ihre Horden deutsches Gebiet überfluteten?« Wären nicht vorbildliche Deutsche, Künstler, Dichter, Feldherren, Könige undeutscher Herkunft? Und: Sind die Deutschen von anderer moralischer Beschaffenheit, von anderer menschlicher Prägung? Der Freund antwortete: »Ja, es ist vielleicht so. Mir scheint, als seien sie von anderer moralischer Beschaffenheit, von anderer menschlicher Prägung. Das gerade ist vielleicht der kritische Punkt.« Jakob fragte ihn daraufhin aus ganzem Herzen: Bist du also wirklich der Meinung, ich sei von anderer menschlichen Prägung als du? »Statt einer Antwort fragte er mich ganz ernst, sehr feierlich, ob ich mich, Hand aufs Herz, wirklich als Jude fühle.«[81] Jakob zögerte. Er wollte wissen, worauf diese Frage hinauslief. Das reichte dem Freund als Antwort, er sagte, siehst du, es ist gar nicht so leicht, den Begriff Jude zu umgrenzen. »Sicherlich«, sagte Jakob, »genauso wenig wie den Begriff Deutscher«. Aber dann geschah etwas ganz anderes, etwas, was Jakob nicht erwartet hatte. Der Freund fragte ihn, ob in Jakobs Familie eine Kreuzung mit Christen stattgefunden hätte, ob seine Mutter zweifellos Jüdin gewesen wäre. Als Jakob sagte, dass er wirklich von Juden stammte, schüttelte der Freund den Kopf und sagte: Dein Fall ist außerordentlich interessant, es ist ein ganz besonderer. Jakob konnte die Rede natürlich nicht beenden, weil dieses, einmal nicht als Monolog, sondern als Zwiegespräch mit einem deutschen Freund geführte Gespräch, ein Genuss, ihm ein Bedürfnis war. Er erzählte seinem Freund, oder ist er nicht gar sein Alter ego gewesen, dass er bisher in aller Unschuld geglaubt hatte, dass er »deutschem Leben, deutscher Menschheit nicht bloß zugehörig, sondern zugeboren« war. »Ich atme in der Sprache«, sagte Jakob, »sie ist mir weit mehr als das Mittel, mich zu verständigen, und mehr als das Nutzprinzip des äußeren Lebens, mehr als zufällig Gelerntes, zufällig Angewandtes«. Das Wort und der Rhythmus dieser Sprache, sagte er, machen mein innerstes Dasein aus. Sie sei das Material, woraus eine geistige Welt aufzubauen er den Trieb in sich spürte. »Sie ist mir vertraut, als sei ich von Ewigkeit her mit diesem Element verschwistert gewesen. Sie hat meine Züge geformt, mein Auge erleuchtet, meine Hand geführt, mein Herz fühlen, mein Hirn denken gelehrt«, sagte er, war das nicht gültiger als das eingefleischte Vorurteil, das den »Juden« entgegengebracht wurde, die Fremdlingsrolle, die ihnen zugewiesen?[82]

Der Freund entsagte ihm die Absolution nicht, und doch: Ja und nein, sagte er, du magst mit all dem, was du sagst, recht haben, aber das bist nur du. Du allein. Das ist deine Besonderheit, deine einzigartige Situation, die ich

---

[81] ebd. S. 47ff.
[82] ebd. S. 48

nicht verstehen, nicht erklären kann, aber akzeptiere. Im Allgemeinen liegen die Dinge ganz und gar nicht so. Im Allgemeinen nämlich, begann er das, was wir aus unzähligen Erzählungen kennen, aufzurollen, haben sich die Juden nicht gänzlich mit den Interessen ihrer Wirtsvölker identifiziert. Sie seien niemals selbstlos für die Gemeinschaft eingetreten. Sie haben ihre Parallelgesellschaft gegründet: »Innerhalb des Staates haben sie sich in eine soziale und religiöse Isolierung zurückgezogen, ein starrer, erstarrter Block in der strömenden Bewegung.«[83] Solange diese Isolation nicht selbst gewählt, sondern erzwungen war, hätten sie den Schein des Martyriums gehabt; seit sie aufgehoben sei, liege »der Mangel an Willen und Fähigkeit« zutage. Ungeachtet des Käfigs aus Rassismus und Antisemitismus und der Vorurteile, die die Seele dieser sich auf eine tragische, aus heutiger Sicht fast ärgerliche Weise deutsch fühlenden Minderheit täglich in Stücke zerrissen und aus ihnen verwundete, sich selbst im Spiegel hassende Menschen machten, führte Jakobs Freund seine Tirade fort. Die Juden seien hochmütig, sie pochten immer noch auf einer angeblich nur ihnen offenbarten Lehre und hielten alles andere für einen Irrtum, für Aberglauben. Der Jude hasst den Christen, sagte Jakobs Freund, weil dieser in ihren Augen ein aus ihrem Schoße geborener Verräter sei, dieser Hass nur erklärte die jüdische Widerstandskraft, die »beispiellose Vitalität des Stammes«[84]. Er schrieb dem Juden nicht nur einen ewigen Hass gegen das Christliche zu, sondern auch ein unauslöschliches Rachegefühl, das in ihrem Zellgewebe wuchere, »dergleichen Instinkte wirken unterirdisch fort und sind durch keine Übereinkunft gut meinender Aufklärer, nicht durch den Schmerz der Abgelösten, nicht durch das Vorbild der Verwandelten aus der Welt zu schaffen«.[85]

Für Jakob war das bitter zu hören. Sein Einwand, dass dies alles doch Teil der allgemeinen Hetze gegen die Juden war, nutzte nichts. Der Freund meinte: Du bist wie so viele »das Opfer eines Kulturblendwerkes«[86]. Wie lange ist es her, fragte er, dass die Juden ihre niedrigen Lebensformen verlassen haben. Erinnere dich, welchen Stellenwert der Jude in den Augen Goethes hatte, nämlich »was dem Amerikaner heute der Nigger ist«[87], trotz Nathan des Weisen, trotz Spinoza und Moses Mendelssohn, trotz der jüdischen Einflüsse in der Romantik um den großen deutschen Dichter herum. Die Juden, sagte der Freund in unsere heutige Sprache übersetzt, haben doch wir zivilisiert,

---

[83] ebd. S. 49
[84] ebd.
[85] ebd.
[86] ebd. S. 50
[87] ebd.

wenn überhaupt. Sie klagen und jammern unaufhörlich über Diskriminierung und Unterdrückung, gefallen sich in ihrer Opferrolle. Dabei sind sie auch Täter gewesen und sind es immer noch: Die Räuberbanden, die zwischen 1750 und 1820 Mitteldeutschland und Niederrhein unsicher gemacht haben, waren Juden, ganz zu schweigen von den Wucherern und Aussaugern, den gewissenlosen Spekulanten.[88] Kein Jude ertrüge ein objektives Urteil über Juden, geschweige denn ein abfälliges, »auch über einzelne, auch über Entartete nicht, sobald das Judentum als solches im geringsten mitbelastet wird«. Dieser Fehler würde sich irgendwann rächen, weil zwischen schönfärbender Apologie und hässlicher Verleumdung kein Raum für einen Kompromiss bliebe.[89] Die Freunde der Juden redeten so, als ob kein Jude zu irgendeiner Zeit ein Wässerchen getrübt hätte. Es läge doch auf der Hand, dass das absurd sei. Aber der Freund, der seine Ansichten »mit einer beinahe imperativen Autorität verfocht«, hatte eine treffsichere Argumentation, die sogar einem so wortgewandten Mann wie Jakob die Sprache verschlagen musste: Die Juden sind zu seelischer Wandelbarkeit unfähig. Geistig seien sie ja schon wandelbar, sogar in verhängnisvollem Maße. »Seelisch sind sie in ihrer Gesamtheit, als volkhafte Figur, bis an diesen Tag geblieben, was sie in grauer biblischer Vorzeit waren.«[90]

Der Inhalt dieses Gesprächs, das in Wahrheit aus vielen Unterhaltungen bestand und von Jakob Wassermann in seinen Memoiren komprimiert und auf den Punkt gebracht wiedergegeben wird, kommt uns bekannt vor, so bekannt, dass er für eine Gänsehaut sorgt. Wer in Deutschland vor einhundert Jahren geistig zu liberal war, um zu behaupten, dass der Jude aufgrund seines Blutes zum Wandel unfähig ist, stützte seine Argumentation auf die »jüdische Seele«, undefinierbar aber dafür sehr einleuchtend, zumal vor dem Hintergrund der deutschen Romantik. Heute würden wir »Kultur« dazu sagen. Dass man den Juden nicht kritisieren konnte, ohne als Antisemit beschimpft zu werden, erinnert an die heutige Klagen im Feuilleton über die angebliche Unmöglichkeit, unbefangen über die »Probleme mit den Ausländern« oder das »Scheitern der multikulturellen Gesellschaft« sprechen zu können. Als ob es eines 11. September 2001 oder des Mordes an Theo van Gogh bedurft hätte, um frei und voll aus dem Herzen schöpfend über Muslime zu klagen, die multikulturelle Gesellschaft für tot zu erklären oder über die Nichtintegrierbarkeit von Türken zu lamentieren. Aber genauso wie damals liegt der

---

[88] In einem heutigen Gespräch hätte er gewiss die »Gräueltaten« erwähnt, die »die Israelis« an den Palästinensern durchführen.
[89] ebd.
[90] ebd.

sensible Punkt ganz woanders: Das Dilemma, über einen schlechten Mann nicht klagen zu können, nur weil er Jude ist, entsteht nur in einer Atmosphäre des Antisemitismus, des Rassenhasses.

Wenn es keinen Rassismus gebe, bräuchten wir keine *Political Correctness*, die uns mit der Zeit nur auf die Nerven gehen muss, weil sie unsere Natürlichkeit in Umgang mit Anderen untergräbt und uns künstliche Fesseln anlegt. Wenn die Zielgruppen nicht mit Antisemitismus oder Rassismus konfrontiert wären, würden sie niemals das Bedürfnis verspüren, sich sogar für einen ausgewiesenen Schuften einzusetzen. Das Prinzip »mitgefangen, mitgehangen« lastet auf den Schultern jeder Minderheit. Wenn diese gegen Diskriminierung und Rassismus zu kämpfen hat, dann verdirbt das auch ihre kollektive Psyche. Wieder einmal entsteht ein Teufelskreis.

So entstammte Jakob Wassermanns Einspruch nicht aus einer Verbundenheit mit den Juden, einer Zugehörigkeit zur jüdischen Gemeinde Deutschlands. Ganz im Gegenteil, es geht aus seinen Zeilen eine beträchtliche Dosis Verachtung gegenüber den traditionellen Juden hervor, die in der Vergangenheit erstarrt seien und keinen Zugang zur Moderne gefunden hätten. In den Rembrandtschen Figuren, den »Wucherern und Spekulanten« sieht Jakob einen fast berechtigten Grund für den deutschen Antisemitismus. Sein Einwand gilt der Pauschalisierung. Er kann seinen jüdischen Antisemitismus, seinen Selbsthass, wie Sander Gilman ihn trefflich geschildert hat[91], nicht so auf die Spitze treiben wie ein nichtjüdischer Deutscher, weil er zugleich davon schmerzlich betroffen ist.

Was sein deutscher Freund nicht verstehen will, ist, dass Jakob als Individuum anerkannt werden möchte, er fühlt sich anders als »die anderen Juden«. Dieses Anderssein, seine Verbundenheit mit Deutschland, seine absolute Identifikation damit, die vollkommene Assimilierung sind zugleich das beste Argument gegen den Antisemitismus, weil sie die Wandelbarkeit der »jüdischen Seele« beweisen. Jakob Wassermann war der lebende Beweis für die Ungültigkeit der antisemitischen Thesen seiner Zeit, genauso wie heute deutsche Regisseure, Schriftsteller, Journalisten oder Ärzte nichteuropäischer Herkunft die beschönigend »Ausländerfeindlichkeit« genannten rassistischen Einstellungen Lügen strafen.

Jakobs Haupteinwand gegen jede Feststellung seines Freundes war, dass man nicht verallgemeinern dürfe. »Warum nicht menschlich den Menschen sehen, nur den Menschen?«[92], ist eine Frage, wie sie junge Türken auf der Suche nach individueller Anerkennung heute wieder fragen. Jakob sagte:

---

[91] darüber gleich mehr
[92] ebd. S. 53

»Durch dieses Mäkeln werden Fehler oft überhaupt hervorgerufen. Man sollte den Juden Zeit lassen, viele sind sich ihres Rechts zu atmen kaum bewusst«. Später sah er die Ursache des »jüdischen Problems« darin, dass die Juden sich als das auserwählte Volk, zugleich aber als ewig verdammt und gebrandmarkt fühlten. Jakobs Mühen im Dialog mit dem nichtjüdischen deutschen Freund waren genauso umsonst wie das Streben heutiger Protagonisten um Anerkennung. Er schließt die Beschreibung des Gesprächs mit folgenden Bemerkungen: »Er war unerbittlich; ich, der auf den Grund der Dinge kommen wollte, liebte ihn um diese Unerbittlichkeit willen, obwohl ich dunkel empfand, daß er sich in unserem gemeinsamen Ringen um die Wahrheit über mich stellte, daß er die Herrschaft an sich riß, und daß die wesentliche Erkenntnis, zu der wir endlich gelangten, ihn nicht befreite und erlöste wie mich, dem sie ein Tor öffnete und ein Ziel zeigte, sondern, daß er in heimlichem Hader und dunkler Gespanntheit mehr und mehr mein Widersacher wurde.«[93]

Die Trauer über die Uneinigkeit geht weit über das Verhältnis zweier junger Männer hinaus, denn der Freund symbolisierte für Jakob Deutschland schlechthin; »es kam mir bisweilen vor«, sagte er, »als ob ich mit der ganzen Menschheit Frieden schlösse, wenn ich mit ihm Frieden schloß«[94].

Für Jakob Wassermann mündete die Rede seines Freundes in der zentralen Frage: Willst du Jude oder Deutscher sein? Beides ist gestern wie heute nicht gleichzeitig zu haben. Aber Jakob selbst war zu jung und fühlte sich unentschlossen, da er der Illusion nachhing, die Antwort hinge von seiner Wahl ab, was ja nicht der Fall ist. Er tat etwas, was alle in solchen Situationen tun, wenn sie sich vor eine schwere Entscheidung gestellt fühlen, die ihr weiteres Leben schicksalhaft prägen wird: Er suchte nach positiven Vorbildern, nach anderen Juden, die sich für das Deutschsein entschieden und damit volle Akzeptanz in der Gesellschaft gefunden hatten, die unter den Deutschen würdevoll als Deutsche lebten – eine vergebliche Suche. Es gab kein positives Beispiel, dessen Spur Jakob folgen konnte.

Da war natürlich Heinrich Heine. Alle Welt liebte ihn, den Juden, der in Frankreich so großes Ansehen genoss. Liberale, aufgeklärte Deutsche lasen ihn mit Bewunderung, Jakobs Freund eingeschlossen, der Dutzende von Gedichten Heines auswendig kannte – kein Grund für Jakob, den Dichter zum Vorbild zu nehmen: er verachtete ihn. Heine stellte in Jakobs Augen den Verlust des allseits interessierten Genies des späten 18. Jahrhunderts dar;

---

[93] ebd. S. 55
[94] ebd.

Heine verkörperte einen »Talentkultus«[95], er galt der »isolierten geistigen Leistung«[96], dem in Jakobs Augen allerdings die menschliche Dimension fehlte. Er war auch viel zu ernsthaft, um Gefallen in der beißenden Satire Heines zu finden; er maß ihn mit Goethe, Hölderlin oder Mörike und fand ihn zu spielerisch und »roh sentimental«[97]. Was ihm an dem Dichter nicht gefiel, fasste er selbst so zusammen: »Seine zeitbedingte Erscheinung war im zeitbedingten Sinn jüdisch, und das Auffallendste an ihr ist das schroffe Nebeneinander von Ghettogeist und Weltgeist, von jüdischem Kleinbürgertum und Europäismus, von dichterischer Imagination und jüdisch-talmudischer Vorliebe für das Wortspiel, das Wortkleid, das Wortphantom, welch letztere Mischung man nun fälschlich als romantische Ironie bezeichnet hat, während sie ein Ergebnis fabelhafter jüdischer Anpassung und dabei tiefer innerer Lebens- und Weltunsicherheit ist.«[98] Aus dieser Quelle speist sich für Jakob die journalistische Begabung Heines, der als Erfinder des Feuilletonismus betrachtet wird, dieses »unglücklichen Surrogats von Kritik, Betrachtung, Urteil und stilistischer Form«, für den Literaten »Narkotikum für eine niedergehende Gesellschaft und Mittel, Verantwortungen zu verschleiern«.

Aber zurück zu der Suche nach einem Vorbild, das das Jüdische und das Deutsche in sich und auch in den Augen der Gesellschaft, in der er lebt, vereint hatte. Jakob Wassermann schaute auch auf andere, auf Börne, Rahel, Felix Mendelssohn, Disraeli, Lassalle und Marx. Und Spinoza! »...nicht Jude mehr, herausgetreten aus dem engen Rahmen der Konfession und Sekte, Mensch an sich, Leuchte der Zeiten!« Aber Heine? Frei nach Villem Flusser sind nicht die Orte, das Gestein, die Bäume, Tresen, Schienen, der Asphalt oder Oleander es, nach denen wir uns sehnen. Es ist nur die Wärme eines Anderen, der uns den »Weltschmerz« vergessen lässt. Dem Wanderer sind andere Menschen Heimat und alle Klugen sind Wanderer in dieser Welt – würde Heine Jakob sagen, wenn sie sich getroffen hätten.

Uns vollkommen aufzulösen in einem Anderen, uns gänzlich zu vergessen, im Spiegel nicht mehr nur ins dasselbe Gesicht schauen zu müssen, nicht unter der Last unseres Gelebten, unserer Erinnerungen alt und müde dem unausweichlichen Ende entgegenzugehen. Neu geboren werden! War es nicht das, wonach Heine sich Zeit seines Lebens sehnte – eine Sehnsucht, die heute andere »nichtdeutsche« Deutsche verspüren. Welch eine wunderbare und zwangsläufig tragisch endende Vorstellung! Jeder Versuch endet in unserem

[95] ebd. S. 56
[96] ebd.
[97] ebd. S. 57
[98] ebd. S. 58

Spiegelbild, mit dem wir uns täglich identifizieren müssen, wir werden fortwährend auf uns selbst zurückgeworfen.

Eine andere Frage: Wie ist es, in einem relativ fortgeschrittenen Alter seinen Rufnamen zu ändern? Heine legte den Namen Harry ab und nannte sich fortan Heinrich. Damit stand er aber nicht allein; die Geschichte der Juden in Deutschland ist, wie wir wissen, vor allem die Geschichte der verzweifelten Suche nach Anerkennung und Liebe, danach, ohne Wenn und Aber dazuzugehören, angenommen, akzeptiert und geliebt zu werden. Diese Geschichte ist allen eigen, die sich vor und nach Heine, bis heute, in Deutschland niederließen und nach erfolgreicher Anpassung vergeblich auf die Aufnahme in dieser neuen Gesellschaft warteten. Nicht nur für Heine, sondern schon in der vorherigen Generation, zu der Rahel Varnhagen gehört, gab es auf die Frage nach dem »Entréebillet« in die deutsche Nation eine einzige Antwort: Geist, Kultur, Bildung. Es gab auch gar keine andere Möglichkeit: Jeder Jude musste von den Idealen der Französischen Revolution begeistert sein, beseitigten sie doch die schweren Steine auf dem Weg zur Anerkennung des Juden als Menschen.

An seinem Aussehen und an seiner Sprache war Heine nicht von »den Deutschen« zu unterscheiden; wie viele andere Juden hatte er durch seine akademischen Leistungen seine Fähigkeit zur Anpassung bewiesen. Mit dem Rufnamen Heinrich und einer Taufe mussten theoretisch alle Hürden beseitigt sein; Harry macht einen neuen Menschen, den Anderen, aus sich, ganz nach dem Muster, das ihm seine nichtjüdischen Zeitgenossen auf den Tisch gelegt haben. Heine stellte sich tapfer vor das Tribunal, wo Ankläger und Richter konspirativ zur selben Burschenschaft gehörten und das Urteil über ihn längst gefällt hatten. In dem Moment, als er von ihnen die Spielregeln empfing und sein Leben danach ausrichtete, diese zu erfüllen, hatte er verloren. Es dauerte lange bis er das akzeptierte.

Seine Umsiedlung nach Paris ist in diesem Sinne nichts anderes als die endgültige Ablehnung der Spielregeln; Heine zerreißt damit das Gesetzbuch, das man ihm schon in den Jugendjahren in die Hand gedrückt hatte: Sei ein Mitglied einer wohlhabenden Familie, studiere, sprich sehr gut Deutsch, sei gebildet und geistreich, ziehe dich stilvoll an, bewege dich in den kulturell gehobenen Kreisen – so wirst du dazugehören! Ein nicht erfülltes »Integrationsversprechen«, das Heine hat sehr schmerzlich empfinden müssen. Eine gewisse Genugtuung durch die Anerkennung seiner Werke wurde ihm natürlich zuteil. Aber er zog es vor, die Diskussionen um seine Person, nein, allgemein um die deutschen Juden herum, von Paris aus zu beobachten, aus der sicheren Distanz, in Begleitung von Freunden, die ihn wie einen neuen Menschen fühlen ließen. Die Antwort seiner Heimat auf die Ablehnung der Spielregeln durch Heine waren das Verbot seiner Bücher und die endgültige Ablehnung seiner Zugehörigkeit zur Gemeinde.

Wie kommt es, dass hunderte Jahre nach Heine und über fünfzig Jahre nach dem Holocaust vermeintlich kluge Köpfe sich von Verallgemeinerungen blenden lassen? Woher kommt es; dass sie wie Arthur Trebitsch mit seinem ewig gültigen jüdischen Charakter nach einem islamischen Charakter suchen, der für Millionen von Menschen unabhängig von ihrer Herkunft, Kultur und Geschichte gelten soll, unabhängig von ihrem Geschlecht und sozialem Status, unabhängig von ihren Wesenszügen, die ganz im Sinne Heines eine einzigartige Welt aus ihnen machen? Wird diese Suche zumindest für den Suchenden zufriedenstellend enden, wenn der »ewige Muslim« gefunden ist? Ja, es scheint wirklich so.

Was Jakob nicht ahnen konnte, ist, dass Heines Denken die Postmoderne, wie sie sich eigentlich hätte entfalten sollen, vorweg nahm. Die Postmoderne hätte die Relativität der Denk- und Lebensweisen auf unserem Planeten durch die kluge Nutzung der Möglichkeiten der Globalisierung ins Zentrum der neuen menschlichen Entwicklung setzen können. Die Ideale der Französischen Revolution wären erstmals wirklich global durchzusetzen gewesen. Die Postmoderne hat sich jedoch angesichts der niederen Instinkte der Bessergestellten und ihrem Gefühl der Bedrohung durch die Verlierer in temporäres Nichts aufgelöst. Die Unterschiede zwischen Rassen – jetzt durch Kulturen ersetzt -, Klassen und Religionen stehen heute, im Jahre 2005, stärker im Vordergrund als in der zweiten Hälfte des letzten Jahrhunderts. Menschen, die Tausende Kilometer voneinander entfernt leben, glauben den Anderen bis in die kleinste Zelle durchschaut, analysiert und klassifiziert zu haben. Mit Angst gepaarte Ignoranz richtet größeres Unheil an als jede intelligente Anfeindung. Mit jedem Tag macht sich bemerkbar, dass das viel gepriesene Informationszeitalter den Massen keine Bildung bringt, sondern sie in ihrer ignoranten Eitelkeit, mehr zu wissen als andere, bestärkt. Dieser Umstand fällt zudem mit der Politisierung der Religionen zusammen. Sowohl das Christentum als auch das Judentum und der Islam werden zu ideologischen Systemen umgebaut, die den Bedürfnissen der Einfältigkeit und Ignoranz gerecht werden. Das Ziel, ein Gefühl der Rechthaberei, wird mühelos erreicht, was den Trägern und Propagandisten dieser Ideologien Legitimität zu verschaffen scheint.

Was Jakob Wassermanns Autobiographie oder Heines Leben uns darlegen ist, dass die gelebte »Toleranz« als Achtung und Respekt vor dem Anderen auf einer besonderen menschlichen Erkenntnis ruhen muss: Weltsichten, Religionen, Lebensweisen und Traditionen sind relativ. Jeder mag glauben, dass seine Wahl die beste und einzig richtige sei. Ob das tatsächlich so ist, kann er jedoch nicht wissen. Absolute Gültigkit können nur die universellen Menschenrechte einfordern, solange die Menschheit noch keine besseren Texte geschrieben hat. Die Relativität der menschlichen Gedanken und Glaubensinhalte ist für die überwältigende Mehrheit von uns eines der am schwersten nachvollziehbaren Dinge unseres Daseins. Am leichtesten begreifen sie diejenigen, die in diese Relativität hineingeboren werden, das heißt, die in ihrem Leben von Anfang an mit andersartigen Menschen zusammenkommen und kommunizieren. Multikulturalität ist in diesem Sinne nicht tot, sondern ist die Grundlage der Zukunft der Menschheit. Der heutige »multikulturelle« Alltag unserer Kinder formt den künftigen Menschen, der in der ganzen Welt beheimatet sein wird und in der Lage, sich überall zu bewegen und wohlzufühlen. Das ist zugleich das Glück und das Unglück der Migranten und Minderheiten. Sie können sowohl aus sich selbst hinaus als auch in sich selbst hineinschauen. Sie sind die Vorhut der multikulturellen Welt von morgen.

Diese Situation ist jedoch für manche unmöglich zu meistern: Die Geschichte und Gegenwart ist voll der durchaus klugen Frauen und Männern, die daraus einen Selbsthass abgeleitet haben. Hier scheint die Maxime zu gelten: Je negativer der Blick von Außen, desto schizophrener und ungemütlicher das Ich. Das bringt beispielsweise den Juden Otto Weininger viele Jahre nach Heine dazu aufzuzeigen, dass dem Juden ein viel verderbterer Charakter innewohne als »dem Weib«. Die Tragik, die in Rahel Varnhagens Augen aus der jüdischen Geburt folgt, wird noch hundert Jahre später von deutschen Juden, die immer noch und vielleicht sogar stärker gegen Vorurteile zu kämpfen haben, schmerzvoll bestätigt. Auf der anderen Seite wird die Selbstleugnung für viele etablierte Juden des Dritten Reiches zum Verhängnis: Sie sterben lieber, als dass sie sich zum »ewigen Juden« bekennen, diese Schmach der Minderwertigkeit akzeptieren und das Land verlassen.

Ist Assimilation eine Rettung?

Assimilation ist immer praktisch und schmerzlich zugleich. Im Idealfall nutzt sie der Eingemeindung einer fremden Gruppe und beugt der Entstehung von Minderheiten und ihren Problemen vor. Nach gelungener Assimilierung sind die Unterschiede weitgehend ausgetilgt, die Fremden nicht von den Alteingesessenen zu unterscheiden, so dass sie nicht mehr benachteiligt oder diskriminiert werden. Der Preis ist meistens der Verlust der alten Kultur und Lebensweise, der eigenen Geschichte.

Genau diese Art der Assimilierung hat die Türkei nach der Republikgründung 1923 den Kurden angeboten, aber wegen des großen Ost-West-Gefälles im Land nicht durchgängig praktizieren können. Während in den abgeschiedenen Bergen des Ostens die kurdischen Stämme weitgehend intakt blieben und ihre Eigenarten beibehielten, haben sich kurdische Einwanderer im Westen, in Istanbul, Ankara oder Izmir, weitgehend assimiliert. Der gemeinsame Glaube, die physische Ähnlichkeit, die Affinität der Sprachen machte das möglich. Eine wichtige Voraussetzung der Assimilation, die gemischte Heirat, wurde in der Türkei unter Muslimen jeder Herkunft verbreitet praktiziert. Dass die Kurden untereinander keine Vereinheitlichung ihrer Sprache gefunden hatten und keine mit dem Türkischen vergleichbare Schriftkultur besaßen, vereinfachte die Assimilation vieler.

Aber die Türkei wurde von einem Ost-West-Gefälle geplagt. Die Modernisierung hatte im 19. Jahrhundert im westlichsten Teil des Osmanischen Reiches, in Saloniki, begonnen, und hat bis heute nicht den Osten erreicht. Da die türkischen Eliten stets gen Westen, nach Europa schauten, blickten sie auf Anatolien und seine Bewohner herab. Dazu gehörten auch die nicht assimilierten Kurden mit ihrer kehligen, mangelhaften Aussprache des Türkischen, ihren großen Clans, ihrer Praxis der Mehrehe und ihren vielen Kindern – alles Attribute, die einem modernen, europäischen Leben widersprachen. Die Eliten bezeichneten die »Bauern« und darunter auch die Kurden, als ungehobelt, provinziell und ignorant.

Solange die nicht assimilierten Kurden des Ostens da blieben, wo sie waren, und keinen Kontakt zu den westlichen Eliten und ihren Großstädten hatten, ging alles gut. Zuerst wanderten die wohlhabenden Kurden in den Westen: Kurdische Großgrundbesitzer, die über ihre landlosen Bauern herrschten, lebten lieber in Istanbul als in Diyarbakir. Ihre Söhne oder Töchter assimilierten sich und gingen in den türkischen Großstädten unter. Aber wer dann ab den 1970ern auf eine sehr radikale Art Anerkennung einforderte, waren die Spätankömmlinge. Die jungen Kurden, die sich dem Bildungsmarathon anschlossen und in den 1970ern und 1980ern ihre angestammten Kleinstädte oder Dörfer verließen, wurden in den Metropolen schockartig mit Vorurteilen und Diskriminierung konfrontiert. Ihr Kulturschock ist mit dem der türkischen Gastarbeiter der ersten Stunde in deutschen Metropolen zu vergleichen. Die kurdischen (aber auch andere türkischen) Migranten aus dem Osten konnten die sie stigmatisierenden äußeren Merkmale wie ihren etwas dunkleren Teint oder ihren ostanatolischen Akzent nicht abschütteln. Das Establishment sagte ihnen zudem, dass es keine Kurden im Land gab, sondern nur Türken. Sie wurden nicht nur durch die Verleugnungspolitik des damaligen türkischen Staates, sondern wegen ihrer gescheiterten Assimilation zu bekennenden Kurden.

Auch Abdullah Öcalan, Gründer der bewaffneten, separatistischen Kurdischen Arbeiterpartei PKK kam erst in den 1960ern in die Großstadt und wurde den »Makel« der kurdischen Herkunft nicht los, bis er entschied, sich auf eine stalinistische Weise dazu zu bekennen und seine Ideologie durch Mord und Totschlag zu verbreiten. Zu seinem Fußvolk (»Guerillas«) wurden die jungen Kurden im abgeschiedenen, wirtschaftlich unterentwickelten Teil Anatoliens, die all ihre Probleme auf ihre kurdische Identität zurückführten und den Staat beschuldigten, nichts für sie zu unternehmen. Dass sich in benachbarten Dörfern und sogar den westlichen Großstädten nichtkurdische Bürger des Landes mit denselben Problemen herumschlugen, wurde gern verdrängt. Ein kurdischer Nationalismus schlug sich somit Bahn.

Ein Hinweis darauf, dass in Istanbul ganze Wirtschaftssektoren wie der Transportbereich fest in kurdischer Hand sind, und das alte Konstantinopel die größte und reichste kurdische Metropole der Geschichte wurde, bewirkt heute leider keine Wunder. Wessen Herkunft, Hautfarbe oder Religion in einer Gesellschaft zweitklassig ist, entwickelt zuweilen den Automatismus, in jedem alltäglichen Problem Rassismus und Diskriminierung zu diagnostizieren. Wenn die Diagnose nicht manchmal stimmte, wäre sie leichter in Frage zu stellen. Der Rassismus gegen Kurden wird die Lösung dieses Problems in der Türkei noch länger erschweren – eines Problems, das seine Aktualität nicht so schnell einbüßt.

Eine Assimilation dauert in der Regel mehrere Generationen; der Wechsel der Kultur, Sprache und sogar des Glaubens ist für die Protagonisten äußerst schmerzlich. Dieser lange und schwierige Prozess muss unbedingt Aussicht auf Erfolg bieten, sonst würde ihn keiner beschreiten. Denn Assimilation geht immer mit der Geringschätzung der als »anders« angesehenen Merkmale des Fremden einher, weshalb die Assimilierten das Eigene, das Andersartige von dem Hauptcharakter der Gesellschaft Abweichende, ablegen müssen, um akzeptiert zu werden.

Türken erscheinen heute wie »die Juden« von damals als eine homogene Gruppe, die sich stur dem Fortschritt, dem stromlinienförmigen Verlauf der Geschichte sperrt. Vor einhundert Jahren galt zudem die christliche Moral und Tugendhaftigkeit als Voraussetzung der Universalität des Menschen – heute erleben wir, wenn auch schwach, eine Renaissance des Christentums.

Der Islam wird nicht in seinen vielfältigen Erscheinungsformen diskutiert. Ihm wird keine Tugendhaftigkeit mehr zugeschrieben, er ist als Glaube verpönt. Dass er, um es ganz banal auszudrücken, auch gute, beglückende Seiten hat, wird ignoriert.

Es ist ein Muster, das sich wiederholt: Minderheiten bringen Vertreter hervor, die sich völlig »integrieren«. Sie setzen sich mit der Situation der Minderheit zusammen, üben nach innen Kritik aus, versuchen Konservative in ihren Reihen davon zu überzeugen, dass Assimilierung Erfolg verspricht und dass der eingeschlagene Weg der einzige sei, um als Minderheit Akzeptanz zu finden. Wenn die Pioniere Erfolg haben, dann folgen ihnen viele, vor allem Jüngere. Die Konservativen, die den Verlust der eigenen Kultur befürchten, verstummen. Minderheiten sind per se ängstlich und vorsichtig. Wenn jedoch die Angepassten damit scheitern, d.h. von der Mehrheit nicht voll akzeptiert und respektiert werden, dann ist der Versuch gescheitert, der eingeschlagene Weg eine Sackgasse und der Versuch der Assimilation nur noch ein verzweifelter.

Das bedeutet nicht, dass sich die Mitglieder der Minderheit nicht anpassen oder verändern; sie haben sich schon so weit verändert, dass der gängige Lebensstil auch zu dem ihrigen wurde. Nur – ihre Illusionen sind gedämpft. Da sich bald jeder sein eigenes Milieu schafft, sind sie eher mit den Menschen zusammen, die ihnen ähneln, die ihnen wohl gesonnen sind, die sie verstehen, denen sie sich nicht unentwegt erklären müssen. Außerdem sind ja auch nicht alle Mitglieder der Mehrheit ihnen gegenüber feindlich eingestellt. Im Idealfall etabliert sich eine Indifferenz, ein Nebeneinander der Minderheit mit der Mehrheitsgesellschaft – das, was heute in Deutschland als »Parallelgesellschaft« beklagt wird, als ob den Angehörigen der Minderheit ein ernsthaftes, ehrliches »Angebot der »Integration« etwa in Form von vorübergehenden Quoten in den Medien oder der Politik gemacht worden wäre. Wenn man bedenkt, wie schwer es ein Anti-Diskriminierungsgesetz in Deutschland immer noch hat, kann niemand von dem Willen der »Deutschen« zur Gleichstellung von Benachteiligten sprechen.

Der Historiker Amos Funkenstein erklärt in einem Aufsatz über Juden, Christen und Muslime im Mittelalter[99], dass das Christentum und das Judentum im Mittelalter und in der frühen Neuzeit »Konfrontationskulturen« waren, wobei jede Seite die Werte und Ansprüche der anderen bewusst ablehnte. Diese »intensive Doppelbeziehung von Faszination und Aversion, Anzie-

---

[99] Amos Funkenstein, »Juden, Christen und Muslime – Religiöse Polemik im Mittelalter«, in: Wolfgang Beck, ebd. S. 33ff.

hung und Abstoßung«[100] sei nicht eine Folge davon, dass es sich um zwei monotheistische Religionen mit absolutem Wahrheitsanspruch handelte, denn das Judentum und der Islam beispielsweise waren weit weniger aneinander interessiert. Seit der Antike gäbe es Hunderte von Schriften christlich-jüdischer Polemik, wohingegen jüdisch-islamische Streitschriften kaum ein Dutzend ausmachten. »Judentum und Islam betrachteten sich gegenseitig mit einer Gleichgültigkeit, die an Verachtung grenzte«, sagt Funkenstein, »sie waren eben keine Konfrontationskulturen.«[101] Die christlich-jüdische Konfrontation erweist sich jedoch nach den Studien Funkensteins weit weniger theologischer Natur, als gemeinhin angenommen wird. Der Historiker kommt zu dem Schluss, dass sie eine historische eher denn eine ideologisch-dogmatische war. Auch heute wird die Debatte um den »Kampf der Zivilisationen« weniger mit theologischen als echten Waffen geführt.

Dennoch zeigen sich Parallelen zwischen den historischen christlichen Vorurteilen gegen das Judentum und der heutigen Attacke gegen den Islam. »Gerade weil es der Kirche misslang, die Juden zur nova lex zu bekehren, wurde deren Existenz zu einem theologischen Paradox, zu einem Skandalon, welches erklärt werden musste. Juden und Judentum waren und blieben ein *mysterium tremendum et fascinosum,* und als solches von beträchtlicher Anziehungskraft für eine Kultur, in der alles Alte ehrwürdig war und alles Neue verdächtig – während die Christen sozusagen nach eigenem Erkenntnis *homines rerum novarum cupidi* waren.«[102]

Die Juden werden »Israel im Fleische« genannt – beide Religionen betrachteten sich als Nachfahren Abrahams. Die Kirche sagte aber, der Status des auserwählten Volkes sei von »Israel im Fleische« auf »Israel im Geiste« verlagert worden. Die Juden wurden als Menschen bezeichnet, denen ein tieferes Verständnis der Heiligen Schriften entging. Ihnen fehlte die *spiritualis intelligentia* und deshalb waren sie »blind«. Sie weigerten sich der Zeit anzupassen. So nennt zum Beispiel Arnold Toynbee die Juden »ein Fossil«[103]. Ihr Gesetz sei nur gut für ihre Zeit gewesen. Das war also die offizielle Version, während im Volke »übertriebener Hass, übertriebene Faszination oder eine Kombination aus beidem«[104] tobte.

Im 12. Jahrhundert wandelt sich das Bild vom Juden, der bedrohliche Geheimnisträger entsteht. Seit Petrus Venerabilis wusste man vom Talmud und

---

[100]   ebd. S. 33
[101]   ebd.
[102]   ebd. S. 36
[103]   ebd.
[104]   ebd.

konnte nicht mehr behaupten, die Juden folgten der Bibel schrifttreu und verständnislos. Sie gaben nur vor das zu tun, im Grunde genommen hatten sie sich dieser menschlichen und teuflischen Schrift verschrieben. Nach Petrus wurden diese Anschuldigungen auch von Raymundis Martini vorgebracht. Das Judentum wurde dämonisiert. Aber der Antisemitismus, sagt der Gelehrte, ist nicht eine einfache Fortsetzung des Antijudaismus. Dieser sah den Kampf für beendet an, wenn der Jude konvertierte. Für den Antisemiten musste der Jude erkennbar bleiben, damit er nicht im Volk unterging und somit unbemerkbar Schaden anrichtete.

Diese »Dialektik von Anziehung und Abstoßung« ist heute noch gültig; davon wie die Deutschen zwischen Anerkennung und Geringschätzung schwanken, kann jeder angepasste, integrierte Nichtdeutsche ein Lied singen. Außerdem legt der Angepasste großes Selbstbewusstsein an den Tag, weil ihm der mühsame soziale Aufstieg enorm viel Kraft kostet. So fühlen sich »Integrierte« den Einheimischen oft überlegen, auch weil sie das Wissen um eine andere Welt und der Relativität der Werte besitzen. Zum Beispiel beherrschen sie in der Regel eine zusätzliche Fremdsprache, sind bilingual, sie wenden dieses Können untereinander an, was sie in den Augen der Mehrheit geheimnisvoll macht und Neid erweckt. Ist der Fremde nun ein Freund oder ein Feind? »Der Fremde kommt in die Lebenswelt und lässt sich hier nieder«, schreibt Zygmunt Bauman, »und folglich wird es (...) relevant, ob er ein Freund oder ein Feind ist. Er hat seinen Weg in die Lebenswelt uneingeladen gemacht, wodurch er mich auf die Empfängerseite seiner Initiative gestellt, mich zum Objekt des Handelns gemacht hat, dessen Subjekt er ist: All dies ist (...) ein notorisches Merkmal des Feindes.«[105] Aber so wie Jakob Wassermanns Freund ihm bei ihren langen Unterhaltungen gestand, dass die Juden aus Deutschland nicht wegzudenken waren, so sind heute die Türken oder türkischen Deutschen auch keine Fremden mehr. Die deutsch-türkische Freundschaft, von der in Sonntagsreden die Rede ist, ist längst eine Realität. Jetzt geht es darum, das Miteinander gleichwertig und auf der Basis eines ehrlichen Dialogs zu gestalten. Diese Beziehungen können jedoch nur freiwillig und individuell erlebt werden. Denn: Es gibt keine kollektive Integration.

Die jüdische Emanzipation vollzog sich in Deutschland, genauso wie heute die Diskussion um die »Integration der Ausländer« unter staatlicher Aufsicht und mit der dominanten Einmischung der Deutschen in jeder Etappe, wobei diese und jene, wahre oder vermeintliche Mängel der Juden verallgemeinert auf die ganze Gruppe übertragen wurden. Die angebliche Befrei-

---

[105] Bauman, Z., ebd. S. 80f.

ung der deutschen Juden führte somit zwangsläufig nicht zu einer Wahrnehmung des Juden als Individuum und zu seiner Anerkennung, sondern zur Produktion und ständiger Reproduktion von Stereotypen und Vorurteilen, wie wir sie heute in Bezug auf Türken kennen: Dass manche Türken ihre Töchter mit aus der Türkei kommenden Männern verheiraten, dass manche arbeitslos sind, dass manche ein Kopftuch tragen, dass manche kein Deutsch gelernt haben, summiert sich zu einer Vorurteilsliste, die nunmehr auf jeden Türken angewandt wird. Es gibt kein Entrinnen: entweder passt der Türke jetzt zu diesen Vorurteilen, oder er hat ihnen einst entsprochen, bevor er durch die Deutschen geläutert wurde. Jeder Türke, der perfekt Deutsch spricht, erntet über vierzig Jahre nach der Ankunft der ersten türkischen Gastarbeiter Lob und Staunen. »Wo haben Sie so gut Deutsch gelernt?«, lautet die stereotype Frage. Aus dem Rahmen des Vorurteils »arm, ignorant und unzivilisiert« herausfallende Türken werden mit Staunen und Unbehagen beäugt anstatt als »Integrierte« umarmt. Wenn assimilierte, perfekt Deutsch sprechende, gut ausgebildete Deutsche türkischer Abstammung »echten Deutschen« die ersten Arbeitsplätze wegzunehmen, wird sich zeigen, wie gut Deutschland im dritten Jahrtausend sein Integrationsversprechen halten kann.

Fast jedes Land hat eine Geschichte der Minderheiten und Diskriminierung. Aber obwohl kein Land von Antisemitismus befreit war und ist, wurden und werden Juden nicht überall in die Zwangsjacke des ewigen, minderwertigen Andersseins gezwängt. In England beispielsweise bekamen Juden im 17. Jahrhundert ein Ansiedlungsrecht. Nach 1688 konnten sie ihre bürgerlichen Rechte wahrnehmen. In Frankreich des *Citoyen* identifizierten sich die Juden mit den Idealen der Revolution, die ihnen Gleichstellung gebracht hatte. Nicht so in Deutschland, denn hier wurde man durch die »Kultur« anerkannt, die dem Staat übergeordnet war und das Volk einte. Das Naturrecht ging von einem unmittelbaren Verhältnis zwischen dem Staat und seinem Bürger aus, die Aufklärung sorgte für ein universelles Menschenbild. Dennoch nahmen die Aufklärer in Deutschland eine zwiespältige Position gegenüber Juden ein. Sie wollten zwar auch eine universelle Moral etablieren, die über den Glauben hinausging und die »Tugend« zum Eintrittsbillet in die Nation machte. Das Problem bestand jedoch darin, dass sie starke Zweifel an der Tugendhaftigkeit der Juden hatten. Die christlichen Vorstellungen von der theologischen Minderwertigkeit des Juden gingen in die säkulare Vorstellung von einer moralischen Minderwertigkeit der Juden über. Der Jude sei nicht imstande, in der Gemeinschaft aufzugehen, denke nur an sich und seine Geschäfte, die er skrupellos und auf Kosten anderer führe, er sei undurchschaubar, hinterhältig, listig, kurzum kein moralischer Bürger.

Während die einen daraus die schlimmste Hetze folgerten, sahen die Gutmeinenden die Lösung in der moralischen Erziehung des Juden. Ihre Emanzipation wurde als ein »soziales Angebot« betrachtet. Wenn sie sich in Bildung, Berufswahl und Religion »verbesserten«, stünde ihnen die gleichen Rechte wie den Deutschen zur Verfügung. Die meisten Aufklärer zogen diese »etappenweise Emanzipation« vor, »so vollzog sich die jüdische Emanzipation in Etappen als ein Wandlungsprozess unter staatlicher Kuratel. Die Folge war, dass die Wandlung der Juden zum öffentlichen Thema wurde, das in der ersten Hälfte des 19. Jahrhunderts im Hinblick auf die Emanzipation, im letzten Jahrhundertdrittel und während der Weimarer Republik in Gestalt der sogenannten Judenfrage erörtert wurde. Das Thema ließ also die Deutschen und die deutschen Juden von der Epoche der Aufklärung bis zum bitteren Ende nicht mehr los.«[106]

Jüdischer und türkischer Selbsthass

Der amerikanische Kulturhistoriker Sander Gilman gehört zu den ersten, die den jüdischen Selbsthass untersucht haben.[107] Von der Annahme ausgehend, dass »die von außen Definierten unweigerlich auf das Bild reagieren mussten, das von ihnen entworfen wurde«, verfasste Gilman eine Studie über die Juden in Deutschland und wie sie auf das Stereotyp reagierten, die ihre Sprechweise, das angebliche »Mauscheln«, betraf[108]. Er wählte diese Menschengruppe, weil diese sowohl von der Gesellschaft als auch durch sich selbst als »anders« bezeichnet wurde.[109] Im Zuge seiner Untersuchungen über die Geschichte des Selbsthasses wurde Sander Gilman bewusst, dass der Antisemitismus eine vollständige Kontinuität zeigt und »dass die Periodisierung judenfeindlicher Verhaltensweisen von Grund auf falsch« sind. Die Unterscheidung zwischen »christlichem Anti-Judaismus«, »wissenschaftlichem« und »volkstümlichem« Antisemitismus lenkten von der Kontinuität gegenüber dem »Andersartigen« ab.

---

[106]   siehe Shulamit Volkov, »Juden und Judentum im Zeitalter der Emanzipation – Einheit und Vielfalt«, in: Wolfgang Beck (Hrsg.), ebd. S. 86

[107]   Sander L- Gilman, »Jüdischer Selbsthass – Antisemitismus und die verborgene Sprache der Juden«, Jüdischer Verlag, Frankfurt a. M. 1993

[108]   Mauscheln ist eine deutsche Wortbildung, die von dem jüdischen Namen Moishe / Moshe abgeleitet ist.

[109]   ebd. S. 7

»Wenn man sich mit der Geschichte der Verhaltensweisen gegenüber den Anderen in der westlichen Welt beschäftigt, erscheint der Ausdruck ›jüdischer Selbsthass‹ (oder ›Selbsthass der Schwarzen, ›Selbsthass der Homosexuellen‹) an sich schon als sarkastisches Oxymoron. Warum sich selbst hassen, wenn so viele andere begierig sind, es zu tun?«[110], fragt Gilman. Eine berechtigte Frage, die die Antwort bereits in sich birgt. Gerade, weil so viele den Juden hassten, wollte dieser keiner mehr sein.

Der jüdische Antisemitismus oder Selbsthass, sagt Gilman, entstünde dadurch, dass die Außenseiter das gesellschaftlich entworfene Wahnbild von sich selbst als Wirklichkeit annehmen und auf sich selbst beziehen. Diese Übernahme des Wahnbildes liefere die Grundlage für die Mythenbildung, die dem Selbstbild jeder Gemeinschaft zugrunde liegt. Anders ausgedrückt, die Stigmatisierten übernehmen das Vorurteil gegen sie und beginnen sich selbst durch die verzerrende Brille des Anderen zu sehen. Dieses Wahnbild ist oft das Negativ des Selbstbildes einer Gesellschaft, die sich durch die Negation des Anderen definiert: Sie sind dumm, wir sind intelligent; sie sind faul, wir sind fleißig; sie sind zurückgeblieben und archaisch, wir sind fortgeschritten und modern; wir sind aufgeklärt, sie leben noch im Mittelalter; unsere Frauen sind emanzipiert, ihre Frauen sind unterdrückt. Natürlich entbehren die Stereotype nicht jedweder Grundlage: Es gibt Menschen mit diesen Eigenschaften in der Zielgruppe. Das bedeutet jedoch nicht, dass auch *alle* qua Geburt und unabänderlich minderwertig und zurückgeblieben sind. Das Stereotyp dient nicht nur der Pauschalisierung, sondern auch der Unterwerfung, denn es »erklärt« die Überlegenheit des Definierenden. Der Selbsthass, das heißt die Übernahme des Wahnbildes durch die Zielgruppe lässt die Mehrheitsgesellschaft erst recht als eine homogene Machtgruppe erscheinen. Sie denkt und fühlt sich dadurch in ihrer »verdienten Überlegenheit« bestätigt. So entsteht ein Teufelskreis von Rassismus und Antisemitismus: Die Definitionshoheit der einen wird von den »Opfern« selbst zementiert.

»Auf der einen Seite steht die liberale Verheißung«, sagt Gilman über die Integration von andersartigen Minderheiten, »jeder könne grundsätzlich an der Macht der Bezugsgruppe teilhaben, vorausgesetzt, er unterwirft sich den Regeln dieser Gruppe« – erinnert sei hier an die deutsche Leitkultur. »Aber eben diese Regeln bestimmen auch die Definition des Anderen. Und die Anderen, das sind genau jene, die von der Teilhabe an der Macht innerhalb der Gesellschaft ausgeschlossen werden.«[111]

Das ist ein unauflöslicher Gegensatz. In anderen Worten: Die Türken, die

---

[110] ebd. S. 11
[111] ebd. S. 12

»Deutsche« werden wollen, lösen erst einmal die Hierarchie zwischen Deutschen und Türken nicht auf, sondern bestätigen sie. Denn es ist offenbar nichts Gutes, Türke zu bleiben, um Deutscher zu sein. Das Dilemma endet nicht, sondern beginnt damit. Die Regeln, denen sie sich unterwerfen, erlauben ihnen keinen Zutritt in die deutsche Gesellschaft und verweisen sie auf die Stehplätze an der Seite. Gleichzeitig dienen die Assimilierten als Alibi für die angebliche Möglichkeit der Integration. Diese kann jedoch nur dann gelingen, wenn sich die Regeln ändern, sprich die Selbstdefinition des Deutschen. »So gaukelt die Phantasie dem Außenseiter eine Lösung seines Problems vor: Werde wie wir, höre auf, dich von uns zu unterscheiden, und du wirst zu uns gehören.« Aber der konservative Fluch steht bereit, um dem Außenseiter zugleich zu verdeutlichen: »Je mehr du versuchst, so zu sein wie ich, um so klarer wird mir der wahre Wert der Macht, die du mit mir teilen willst, und um so deutlicher wird mir bewußt, dass du nichts bist als ein Emporkömmling, ein Abklatsch, ein Außenseiter.«[112] Ein gutes Beispiel dafür sind die »muslimischen Frauen«, die in Deutschland der 2000er Bücher über die Unterdrückung der Türkinnen und allgemein Musliminnen veröffentlicht haben.[113] Nicht alle (z.B. nicht die Bücher der Rechtsanwältin Seyran Ates), aber die meisten stigmatisieren *alle* Türkinnen und Musliminnen und damit auch sich selbst, was die Frage des Selbsthasses aktuell werden lässt. Dass durch die Emanzipierung der Türkin das Integrationsproblem gelöst werde, ist ohnehin ein Trugschluss. Damit drängen neue Konkurrenten auf den Arbeits- und Heiratsmarkt.

Es wird noch komplizierter: »Die privilegierte Gruppe, jene Gruppe, die der Außenseiter als Maßstab für seine eigene Identität betrachtet, wünscht tatsächlich, den Außenseiter zu integrieren und so das Sinnbild ihres eigenen, potentiellen Machtverlusts zu beseitigen. Zugleich aber will sie den Außenseiter außen vor halten, um sich ihre Macht durch die Existenz des Ohnmächtigen immer wieder zu bestätigen.«[114] Einerseits die liberale Verheißung, andererseits der konservative Fluch bilden so »den Abgrund, der den Außenseiter von der Welt der Privilegierten trennt«.[115] Das ist ein klassisches *double-bind*, das heißt, eine Situation, in der man gezwungen wird, sich für

---

[112] ebd. S. 12f.
[113] siehe Necla Kelek, »Die fremde Braut« – über dieses neu entdeckte Thema der »Importbräute« erschien bereits 1978 »Die verkauften Bräute Türkische Frauen zwischen Kreuzberg und Anatolien« von Andrea Baumgartner-Karabak und Gisela Landesberger (rororo aktuell); Serap Cileli, »Wir sind eure Töchter nicht eure Ehre«; Seyran Ates, »Große Reise ins Feuer« oder Ayaan Hirsi Ali, »Ich klage an«
[114] ebd. S. 13
[115] ebd.

die eine oder andere Möglichkeit zu entscheiden, obwohl beide gleich attraktiv sind. Das ist auch der psychologische Grund, weshalb Türken so lange auf einer doppelten Staatsbürgerschaft gepocht haben. Der handfeste Grund für einen Doppelpass war und ist jedoch, dass es in Deutschland eines Tages zu brenzlig werden könnte.

Ein türischer Deutscher, der sich nach seiner Einbürgerung in Deutschland auf illegale Weise wieder den türkischen Pass holte, und der wie Zehntausende von anderen Türken Anfang 2005 vom Innenministerium um Offenlegung seiner Staatsbürgerschaften aufgefordert wurde, beschreibt seine Gefühle anonym in einem im Internet verbreiteten Schreiben mit der Überschrift »Ich bin sowohl deutscher Staatsbürger als auch türkischer, denn ich habe Angst«:

»Ja, ich bin Doppelstaatler. Ich besitze zwei Pässe. Der eine gehört meinem Herkunftsland Türkei, der andere Deutschland, dem ich mich zugehörig fühle. Ja, ich bin bikulturell. Mit dem, was ich aus der Türkei mitgebracht habe, bin ich Türke, mit dem, was ich hier mitnehme, bin ich Deutsch. Ja, ich bin sowohl Deutscher als auch Türke. Da ich Deutschland liebe, es als mein Vaterland ansehe, bin ich Deutscher. Aber da mich Deutschland trotz meiner deutschen Staatsbürgerschaft immer noch als Türke ansieht; da ich das Gefühl nicht loswerde, dass ich hier nicht geliebt und nicht erwünscht bin, bin ich zugleich auch Türke. (...)

Da ich begriffen habe, dass mein Deutschsein nichts an meinem Status als ›Ausländer‹ ändert, und weil mir die Parolen auf den Häuserfassaden wie ›Türken raus‹ ›Ausländer raus‹ oder ›Deutschland gehört den Deutschen‹ Angst machen, bin ich sowohl Deutscher als auch Türke. Da mir das Gefühl gegeben wird, nicht wirklich hierher zu gehören, und da ich befürchte, jederzeit vor die Tür gesetzt werden zu können, bin ich sowohl Deutscher als auch Türke.

Da ich mich jeden Tag zwanghaft an die Barbarei erinnere, die den Menschen vor 60 Jahren in diesem Land widerfuhr, die seit Jahrhunderten hier gelebt hatten, sich als Deutsche begriffen, für Deutschland arbeiteten und für Deutschland ihr Leben ließen; und da ich mich vor Solingen und Mölln fürchte, bin ich sowohl Deutscher als auch Türke. Ich bin deutscher Staatsbürger, um mit den Deutschen, mit denen ich im selben Schiff verreise auch gleichberechtigt auf demselben Deck zu sitzen. Ich behalte meine türkische Staatsbürgerschaft aus Angst, jeden Moment ins Meer geworfen zu werfen, als einen Rettungsring. Da ich mich in Deutschland nicht sicher fühle, bin ich zugleich auch Türke.«

So beginnt man sich also zu fragen, ob man nicht tatsächlich anders ist! Lesen wir bei Sander Gilman weiter: »(...) je mehr man versucht, sich jenen anzugleichen, von denen man als anders klassifiziert wird, je mehr man die Werte, die sozialen Formen, die Verhaltensweisen der jeweils tonangebenden Gruppe akzeptiert, umso weniger akzeptabel erscheint man dieser in Wirklichkeit. Denn während man sich so den Normen annähert, die diese Gruppe aufgestellt hat, zieht sie ihre Billigung zurück. Selbst glaubt man dann zwar, der Definition eines akzeptablen Mitglieds der Gesellschaft endlich zu entsprechen, akzeptiert wird man aber immer noch nicht. Denn eigentlich wünscht man, niemals der Andere gewesen zu sein – ein unerreichbarer Zustand.«[116] Hierin liegt der Grund für das Leid vieler assimilierter Juden von Rahel bis Jakob und vieler integrierter Türken heute.

Diese Reflexionen gehören selbstverständlich in einen gebildeten Kopf. Die von Bildung abgeschnittenen Türken in Deutschland können sich zwar nicht artikulieren, teilen aber doch dieselbe Erlebniswelt wie ihre Eliten. Sie reagieren auf ihre eigene Weise auf die unmögliche Assimilierung, mit dem, was man gemeinhin mit »Rückzug« bezeichnet. Sie verkehren untereinander, bilden formelle und informelle Netzwerke, fahren manchmal mehrere Male im Jahr »nach Hause«. Die eingeschränkte Kommunikation mit den Deutschen ist eine nicht ausschließlich selbst gewollte, auch wenn es ganz selbstverständlich ist, dass Menschen mit gleichen Interessen und kulturellen Eigenschaften gerne miteinander verkehren. Der »Rückzug« ist vor allem eine rationale Antwort auf die Zurückweisung durch die deutsche Gesellschaft, mit der man seine Würde und Selbstachtung bewahrt.

Wie wir bei den Juden gesehen haben und heute bei integrationswilligen Türken beobachten können, versuchen die Stigmatisierten die Eigenschaften abzulegen, die zu dieser Stigmatisierung geführt haben; mit Sander Gilman zu sprechen, versuchen sie »die Essenz der Andersartigkeit« von ihrer Selbstdefinition abzukoppeln.[117] Bei den Türken scheint das ein unmögliches Unterfangen zu sein: Auch wenn sie viel Ballast abwerfen – Sprache, Kleidung, Verhalten – etwas bleibt doch zurück: Die »undeutsche« Physiognomie (dunkle Haare, olivfarbene Haut, relativ kleine Körpergröße), der Name, die Religion. Um alle drei Eigenschaften abzulegen und sich den nichtjüdischen Deutschen anzugleichen, brauchten Juden fünfzehn Jahrhunderte. Wie Schiffsbrüchige, immer weiter Ballast abzuwerfen, garantiert nicht die Rettung. Schwimmt man dann wirklich oben? Wie viel Kraft kostet das? Wird man gerettet und muss man seinen Rettern unendlich dankbar bleiben?

Sander Gilman wurde bei seiner Untersuchung der deutschen Juden pessimistisch. Er kommt zu dem Schluss, dass diese Integration »so gut wie nie«

---

[116] ebd. S. 13
[117] ebd. S. 14

gelingen kann. Denn »so ist da doch immer noch die Stimme der Machtgrup-
pe, die flüstert: Du kannst dich nicht verstecken, ich erkenne auch in dir den
Anderen! Die Persönlichkeitsspaltung, die daraus resultiert, äußert sich in
Selbsthass.«[118]

Die »Andersartigkeit« ist für den Integrationswilligen auch deshalb
schwer abzulegen, weil sie permanent neu definiert wird. In der Anfangspha-
se der Migration waren die Fremden laut, dumm, aßen Spaghetti und Knob-
lauch und waren Messerstecher. Später waren die Essgewohnheiten von den
Deutschen übernommen, die Messer verschwanden offenbar in der Tasche
und nach der Familienzusammenführung belästigten die Junggesellen die
deutschen Frauen nicht mehr, jedenfalls wurde ihre Zuneigung nicht mehr als
Belästigung empfunden. Dann kam die Asyl- und Betrugsdebatte. Anfang der
1990er wurden die Türken als Nationalisten und Fundamentalisten wieder
entdeckt. Heute sind sie zusätzlich noch zu Frauenunterdrückern und gefährlichen Islamisten geworden. Sander Gilman sagt: »Jedes Stereotyp ist janusköpfig. Es enthält ein positives und ein negatives Element, wobei keines von
beiden die geringste Ähnlichkeit mit der komplexen und vielgestaltigen
Wirklichkeit hat.«[119]

Was die Außenseiter machen ist, die positiven Elemente für ihre Selbstdefinition heranzuziehen. Der Italiener sieht seinen Vorteil darin, ins Gastro-
nomiegeschäft zu gehen. Er behält seinen italienischen Akzent lieber bei und
ruft »Prego!«, weil das zu seinem positiven Image gehört. es sind die Eigenschaften, von denen er annimmt, dass er sie zum Mitglied der privilegierten
Gruppe macht. Rahel Varnhagen setzte auf Bildung. Japanerinnen lassen ihre
Augen operieren, Afrikanerinnen bleichen mit speziellen Nivea-Cremes ihre
Haut auf, Türkinnen färbten früher ihre Haare blond, bis sie merkten, dass
langes dunkles Haar besser ankommt, weil es exotischer aussieht. Aber was
ist mit den schlechten Eigenschaften, die janusköpfig zu dem Andersartigen
gehören? »Die Antithese dazu, die Eigenschaften, die sie als ›anders‹ kenn-
zeichnen, werden den neuen Anderen zugeschrieben, einer Untergruppe jener
Gruppe, welche die Privilegierten zuerst als die Anderen definiert hatte: Zu
jedem ›Edlen Wilden‹, wie ihn sich der Kolonialist vorstellt, gibt es auch den
entsprechenden ›Bösen Wilden‹. In der Welt der Anderen, die in den Augen
der mächtigen Mehrheit eine homogene Gruppe darstellen, gibt es in Wirklichkeit die gleiche Zweiteilung: Auch dort wird zwischen edleren Wilden
und noch wilderen unterschieden.«[120]

---

[118] ebd. S. 14
[119] ebd. S. 15
[120] ebd.

Das hat in der türkischen Minderheit in Deutschland Tradition. Die Arrivierten zeigen mit dem Finger oder noch praktischer, mit meist verkauften Büchern, auf die »Rückständigen« und sagen: Nicht ich, das sind die Anderen. Als nach dem türkischen Militärputsch von 1980 Tausende von Asylbewerbern nach Deutschland kamen, empfanden dies die ansässigen Türken als einen herben Rückschlag, denn sie hatten seit Jahren versucht, das türkische und damit eigene Image zu verbessern, welches die neuen mit wahren oder auch erfundenen Aussagen über die türkischen Zustände zerstörten. Die islamistischen Organisationen sorgten in den 1980ern und 90ern weiter für die Verschlechterung des türkischen Images. Der Nachschub der ›schlechten Wilden‹ hörte nie auf. In den 1990ern schließlich, nach Mölln und Solingen, zogen sich weite Teile der ›edlen Wilden‹ aus der Türkei resigniert zurück und überließen das Feld endgültig den Scharfmachern auf beiden Seiten. Heute schreien die Edlen auf und zeigen wieder mit dem Finger auf die Bösen, und verlangen lauthals deren Abführung. Aber wer glaubte, das Etikett des Wilden abmachen zu können, wurde etwas anderes belehrt: Der Blick von außen macht keinen Unterschied. »Allahs entrechtete Töchter« sind wir alle und Geiseln des Krieges, der im Irak, in Falludscha, in Bagdad, aber auch in Istanbul, Madrid und London weiter geht. Es gilt das Prinzip, mitgefangen, mitgehangen. Da nutzt es niemandem, zu beteuern, dass er besser sei als die anderen.

Zu akzeptieren, dass Integration im Sinne einer Assimilierung unmöglich ist und seine Wurzeln zu entdecken wie der erfolgreiche türkischstämmige Regisseur Fatih Akin[121], sind nicht zu unterschätzende psychische Befreiungsprozesse. Durch einen inneren und wirklichen Marsch »back to the roots« erblicken heute viele junge Türken in Deutschland neue Würde im Alten. Sie tauschen sich lebhaft in Clubs, Vereinen oder im Internet aus und begründen eine neue Identität der türkischen Minderheit in Deutschland. Das alles geschieht unter dem liberalen Motto der individuellen Freiheit, sich selbst fortlaufend neu zu definieren und zu »erschaffen« – durch Bildung, Reisen, Erfahrungen sammeln.

Diese neue Identität gibt das Türkische nicht auf und repräsentiert sich doch größtenteils als eine deutsche. Die jüngeren türkischen Deutschen sprechen untereinander immer mehr Deutsch. Die deutsche Sprache und deutsche Umgangsformen gewinnen sichtlich an Dominanz. Auf der anderen Seite bleibt die Türkei in Reichweite. Die Modernisierung Istanbuls als eine Welt-

---

[121] Akin drehte 2005 einen musikalischen Film über Istanbul namens »Crossing theBridge – The Sound of Istanbul«, und wurde nach seinem Welterfolg »Gegen die Wand« (2004) zum Mitglied der Filmfestspiele in Cannes 2005 gewählt.

metropole zwischen Orient und Okzident, das neue, gehobenere Image dieser jungen, dynamischen Stadt vermittelt den Türken in Westeuropa ein ganz neues Selbstwertgefühl. Während sich die Türken früher überwiegend für ihr »zurückgebliebenes« Land geschämt haben, fühlen sich heute viele junge türkische Deutsche in Berlin, Köln oder München stolz auf die moderne Ost-West-Synthese in der Heimat ihrer Eltern oder Großeltern. Die Modernisierung der Jüngeren verläuft oft über den Umweg Türkei: Türkische Moden, türkischer Pop, türkische Literatur werden ausgiebig rezipiert, um daraus ein neues Selbstbewusstsein zu schöpfen und zu lernen.

Weg mit dem Selbsthass

Jean-Paul Sartre sagte einmal über das Judentum: »Aufrechter Jude zu sein bedeutet, sich als Jude bekennen und das jüdische Los auf sich nehmen. Der aufrechte Jude entsagt dem Traum des Weltbürgers, (...) er flieht nicht mehr vor sich selbst und schämt sich nicht mehr der Seinen. Er weiß, daß er abseits steht, unberührbar, geächtet, und dazu bekennt er sich.« Genauso verhält es sich mit dem Selbsthass der türkischen Eliten nicht nur in der Türkei, sondern auch in Deutschland, Großbritannien oder den USA. Ohne in einen plumpen Nationalismus zu verfallen, ohne die Minderwertigkeitskomplexe wegen ihrer Diskriminierung und Stigmatisierung mit übersteigertem Stolz zu übertünchen, müssen gerade die gut ausgebildeten, aufgeklärten, sich lieber als Weltbürger als Türken oder Muslime bezeichnenden Eliten einen neuen Zugang zu sich selbst und ihrer gleichen finden. Sie müssen sich der Probleme ihrer »armen Verwandten« annehmen statt zu beteuern, dass sie selbst nicht so sind wie sie oder statt mit gut Kasse machenden Selbsthass-Tiraden hausieren zu gehen. Es ist anno 2005 billig und verkauft sich gut, in die allgemeine Hetze gegen Muslime und Türken einzustimmen. Wer den Islam per se als Ursache des »Übels« anzeigt, nachdem er nicht zu leugnende Phänomene wie die fehlenden Rechte der Frauen verallgemeinert hat, bricht selbst den Kontakt zu denen ab, die er angeblich verändern will. Diese Protagonisten, die heute mit verleumderischen Büchern Bestsellerlisten erobern, die auf ihren Tourneen durch Talkshows empört über den Islam sprechen, sind eigentlich nicht auf Reformen und Veränderungen aus. Sonst würden sie sich nicht von der Gemeinschaft, aus der sie gekommen sind, auf diese Weise abkoppeln.

Wirklich schwer, aber umso notwendiger ist es, den Krieg selbst zu hinterfragen und aufzuzeigen, dass die Front »Westen« gegen die Front »Muslime« eine Konstruktion ist. Wer von den »Doppelstandards des Westens« spricht, muss auch mutig in den Spiegel sehen und die eigenen Fehler zugestehen. Wir brauchen nicht nur neue Inhalte, sondern auch neue Formen des Gesprächs, des Umgangs miteinander, die humaner und solidarischer sind. Das ist nicht nur schwer, sondern klingt auch nicht so aufregend wie die meistverkauften Pamphlete. Wer von Besonnenheit, Vernunft, Skepsis und langsamen Veränderungen spricht, ist langweilig. Der landlose kurdische Bauer im Südosten der Türkei ächzt unter dem Joch des kurdischen Großgrundbesitzers, erhebt jedoch seine Waffen gegen den türkischen Staat in Ankara. Brasilianische Bauern leiden genauso unter den vom Westen diktierten Regeln des Freihandels wie türkische Bauern. Zehntausende von Arbeitern der globalen Konzerne in über die ganze Welt verteilten Standorten sind denselben Ausbeutungsmechanismen unterworfen. Von den deutschen Schritten zum Abbau des Sozialstaats, den so genannten Hartz-IV-Maßnahmen der Jahre 2004/05, sind Türken genauso, vielleicht sogar stärker betroffen wie Deutsche. Der Krieg und sein Begriffskanon spalten, verschleiern und dienen allein dem Kampf. Wir brauchen jedoch aufrechte Menschen, die ohne ihre Unterschiede zu vergessen, für dieselben Interessen kämpfen können.

Exkurs: Türkische Juden

Einmal erzählte der jüdisch-türkische Schriftsteller Mario Levi auf einem Symposium in Berlin von seinem Großvater. Dieser hatte in den 1960ern in Istanbul, als die ersten Züge mit den türkischen Gastarbeitern gen Deutschland abfuhren, sehr weise gesagt: »Ich freue mich, dass sie auswandern. Denn die Türken waren noch nie in einem anderen Land Minderheit. Bald werden sie unsere Gefühle besser verstehen.« Auch die Türkei hat bekanntlich ihre Minderheiten, und zwar nicht nur die lautstarken Kurden, sondern auch stille Juden. Ein Glück. Herr Levi hatte Recht: Welche Türken können ihre Probleme besser verstehen als diejenigen, die selbst in einem anderen Land zur Minderheit geworden sind? Anstatt der ethnisch-völkischen Sicht in der deutschen Sozialanthropologie werden die türkischen Minderheiten nach einem ein Jahrtausend alten Selbstverständnis nicht nach Blut, sondern nach Religionszugehörigkeit geordnet. So bilden die Juden eine nach dem Lausanner Vertrag von 1924 definierte Minderheit in der Türkei.[122]

»In der Nacht vom ersten auf den zweiten August des Jahres 1492, als Columbus mit seiner Flotte sich auf den Weg machte, für eine Entdeckungsreise, die später seine berühmteste sein wird, fuhr er von dem relativ unbekannten Hafen von Palos ab«, erzählt Naim Güleryüz[123], einer der wichtigsten türkisch-jüdischen Persönlichkeiten unserer Zeit und Präsident der »Stiftung zum 500jährigen Jubiläum der Einwanderung der Sephardischen Juden in das Osmanische Reich«. Columbus musste von Palos auslaufen, weil »die Ausfahrt von Cadiz und Sevilla verhindert war durch die sephardischen Juden, die durch das Ausweisungsedikt der Königin Isabella und des Königs Ferdinand von Spanien, vertrieben wurden«. Die Juden wurden von den Katholiken Spaniens und Portugals gezwungen, entweder zum Christentum überzutreten oder das Land zu verlassen, unter der Androhung: »Sie wagen ja nicht zurückzukommen... nicht einmal einen unbefugten Schritt zurückzutreten, auf welche Art und Weise es auch sei.« Sie mussten ihr Land, ihr Eigentum und ihre persönlichen Sachen zurücklassen. Sultan Bayezid II war es, der ihnen die Tore seines Reiches öffnete und der angeblich gesagt hat, wer diese fleißigen und gut ausgebildeten Leute vertriebe, würde sich selbst den größten Schaden anrichten.

Die Juden der Iberischen Halbinsel kamen und vermischten sich mit den schon seit vorbyzantinischen Zeiten in Anatolien lebenden kleinen jüdischen Gemeinden. Die wenigen Historiker der türkischen Juden wie Moshe Sevilla-Sharon weisen darauf hin, dass die Juden des Balkans, Ungarns oder Jemens, alles in der Blütezeit des Osmanischen Reiches türkisches Gebiet, nicht zum »türkisch-osmanischen Kulturkreis« zählen, da sie ihre lokalen Eigenschaften beibehalten haben[124]. Die größten und blühenden jüdischen Gemeinden des Reiches lebten in Saloniki (türkisch: Selanik), Istanbul, Izmir, in Safed im nordisraelischen Galiläa, und in Jerusalem. Auch die jüdische Gemeinde von Damaskus wird zu dem türkisch-osmanischen Kulturkreis gezählt. Die sephardische Sprache Ladino[125], eine eigene Geschichte, Küche, Literatur und Musik bilden den Rumpf der jüdisch-türkischen Kultur, die bis heute überdauert hat.

---

[122] Für eine aktuelle und umfassende Untersuchung der Minderheiten in der Türkei siehe (leider nur auf Türkisch): Prof. Baskin Oran, »Türkiye´de Azinliklar – Kavramlar, Teori, Lozan, Ic Mevzuat, Ictihat, Uygulama« (Minderheiten in der Türkei – Begriffe, Theorie, der Vertrag von Lausanne, Gesetzgebung, Rechtssprechung, Praxis), Iletisim Yayinlari, Istanbul 2004.

[123] http://www.yenivatan.com/tuerkei-oesterreich/Geschichte-der-Tuerkischen-Juden.html

[124] Moshe Sevilla-Sharon, »Türkiye Yahudileri«, Istanbul 1993

[125] Das Sephardische oder Ladino wird auch Judäo-Spanisch, Judenspanisch, Spanyol oder in Marokko Hakitia genannt.

Über die Situation der Juden des Osmanischen Reiches sagt der Musiker Davod Kamhi aus Sarajewo: »Juden waren eine mit Sonderrechten und - pflichten Bevölkerungsgruppe. Sie genossen eine Religionsautonomie, welche durch Dekrete (*Berat*) gewährleistet ist. So werden die *Hahambasi* (Oberrabbiner) ausgewählt und in ihrem Amt bestätigt.« Im Berat steht, dass nur der Hahambasi die Befugnis hat, mit Hilfe der niedrigeren Religionsbeamten die religiösen Zeremonien (den Gottesdienst) im Rahmen seiner Religionsgemeinschaft zu leiten, wie auch dass allein die Hahambasi beauftragt sind, jüdische Glaubensschulen und Synagogen zu leiten und über die Güter der jüdischen Glaubensgemeinschaften zu bestimmen. Das Berat sichert dem Hahambasi zu, eheliche und familiäre Angelegenheiten der Juden in voller Eigenständigkeit zu betreuen und verbietet den osmanischen Organen strikt, sich in diese und andere Angelegenheiten – wie die Bestattungen von Juden, das Zubereiten von Essen und Getränken nach Vorschriften der jüdischen Religion (koscheres Essen) – einzumischen. Aus all dem geht hervor, dass Juden im Osmanischen Reich eine Sicherheit der Person und des Eigentums genossen wie auch, dass ihnen Schutz vor einem Missbrauch seitens der Organe der Osmanischen Regierung, hätten diese sie berauben wollen, geboten wurde. In solchen Situationen haben auch Nachbarn den Juden geholfen. Juden waren im Unterschied zu anderen nichtmuslimischen Bevölkerungsgruppen verpflichtet, bestimmte Abgaben allein und direkt an den Osmanischen Staat zu entrichten. Diese Abgaben nannten sich die Kopfsteuer (türkisch *cizye* und *harac*).«[126]

Genauso wie im Deutschen Reich an einer Karriere in Verwaltung und der Armee behindert, übten die osmanischen Juden lange Jahrhunderte handwerkliche Berufe aus und trieben Kleinhandel. Als ab der Mitte des 19. Jahrhunderts der europäische Handel mit den osmanischen Landen neue Dimensionen erreichte und Geldgeschäfte gefragt wurden, wuchs auch die Zahl der Juden, die sich auf diese Wirtschaftsbereiche konzentrierten. Als Nichtmuslime in ihren inneren Angelegenheiten frei, lebten die Juden des Osmanischen Reiches in bestimmten Stadtteilen, in denen sie aber niemals nur selbst, sondern mit Christen und Muslimen zusammen wohnten. Ghettos haben bei den Osmanen nicht existiert, es gab so gut wie keine Pogrome auf Juden, schon gar nicht solche wie in Osteuropa.

Wie auch Naim Güleryüz erzählt, hat sich über die Jahrhunderte eine zunehmende Anzahl von europäischen Juden, die der Verfolgung entfliehen wollten, im Osmanischen Reich niedergelassen, zum Beispiel im Jahre 1537

---

[126] http://www.gfbv.it/3dossier/eu-min/jued-saraj.html

die Vertriebenen von Apulia oder 1542 Juden aus Böhmen. 1840 erließ Sultan Abdulmecid seinen berühmten *Ferman* (Erlass) bezüglich der »Blutverleumdung«, in dem er sagte:»...und aufgrund der Liebe, die wir für unsere Untertanen haben, können wir nicht erlauben, dass die jüdische Bevölkerungsgruppe (*millet*), die der angeblichen Verbrechen offensichtlich unschuldig ist, weiters geplagt und gepeinigt wird wegen den Anschuldigungen, die in der Wahrheit nicht das geringste Fundament haben...« [127]

Die Modernisierung ihrer Gemeinde nahmen auch im Osmanischen Reich die Juden selbst in die Hand, die in ihren schulischen Angelegenheiten ohnehin autonom waren. Im frühen 19. Jahrhundert gründete der jüdische Geschäftsmann Abraham de Camondo, einer der berühmtesten sephardischen Juden des Reiches, dessen Verwandten über ganz Europa verteilt waren und vor allem in Paris lebten, eine moderne Schule:»La Escola«. Nach Güleryüz verursachte diese Schule »einen ernsthaften Konflikt zwischen den konservativen und den säkularen Rabbis, der nur durch die Intervention von Sultan Abdülaziz 1864 geschlichtet werden konnte. Im selben Jahr wurden *Takkanot haKehilla* (›Die Grundsätze der jüdischen Gemeinde‹) veröffentlicht, die die Strukturen der Gemeinde definierten.«

Eines der wichtigsten Ereignisse im Leben der osmanischen Juden mit weit reichenden Folgen war die Abspaltung einer größeren Gruppe von der Gemeinde im 17. Jahrhundert. Sie wurde von Sabetay Sevi (Sabbatai Zwi, 1626-1676) aus Izmir angeführt. [128] Der jüdische Mystiker erklärte sich mit 39 Jahren zum Messias und bildete sich in seiner Heimatstadt an der Ägäis eine relativ große Gemeinde. Er begann in Synagogen glühende Predigten zu halten und rief alle dazu auf, ins Heilige Land aufzubrechen. Von Jemen bis nach Hamburg reichte sein Ruf, wie uns die Handelsfrau Glückel von Hameln in ihren Memoiren erzählt. [129] Viele der damals von Pogromen besonders heimgesuchten Juden Mittel- und Osteuropas sahen in Zwi den wirklichen Messias. Glückels Onkel packe seine wertvollsten Sachen in ein Fass und schickte es zu seinen Verwandten nach Altona, weil er jeden Moment damit rechnete, ins Heilige Land zurückzukehren.

Die neue Bewegung wurde den gesetzten jüdischen Gemeinden zu einem Dorn im Auge und verursachte auch unter den Muslimen heftige Dispute.

---

[127] Vor allem die osmanischen Griechen beschuldigten die Juden, christliche Knaben zu entführen und aus ihrem Blut Brot zu backen – eine auch im mittelalterlichen Europa sehr verbreitete »Blutlüge«, siehe http://www.yenivatan. com/tuerkei-oesterreich/Geschichte-der-Tuerkischen-Juden.html.

[128] Die wichtigste Quelle über den jüdischen Mystiker und Häretiker Zwi in deutscher Sprache ist das Buch von Gershom Sholem, »Sabbatai Zwi – der jüdische Messias«, Berlin 1999.

[129] Bertha Pappenheim (Hrsg.), »Die Memoiren der Glückel von Hameln«, Weinheim 2005

Nach einer Erzählung versammelte Zwi seine Anhänger zu einem gefährlichen Marsch nach Istanbul, nach einer anderen Interpretation beschwerte sich der Oberrabbiner des Reiches im Namen der traditionellen Juden über den aufrührerischen Häretiker. Auf jeden Fall wurde er verhaftet. Die lang andauernde Verhandlung soll Sultan Mehmet IV hinter einem Vorhang mitverfolgt haben, weil sie zu interessanten geistigen Auseinandersetzungen führte. Am Ende des Gerichtsverfahrens wurde Zwi nur eine Alternative gelassen: Entweder würde er seine Behauptungen zurücknehmen und zum Islam konvertieren, oder er würde getötet werden. »Solange diese Seele in diesem Körper wohnt, bin ich Muslim«, sagte Sabbatai daraufhin und trat zum Islam über. Er nahm den Namen Aziz Mehmet Efendi an. Das trieb manche seiner Anhänger zur Verzweiflung und gar zum Selbstmord; andere jedoch folgten ihm auf seinem neuen Weg und konvertierten ebenfalls. Ihnen wurde der türkische Name *Dönme* oder *Avdeti* verliehen, die als *Konvertit* übersetzt werden können. Ein anderer gebräuchlicher Name ist *Selanikli* (aus Saloniki Kommende), weil die größte Konvertien-Gemeinde in der bis zum Ersten Weltkrieg türkisch gebliebenen Stadt existierte. Nachdem die Türken die griechischen Armeen im Unabhängigkeitskrieg 1919-1923 aus Anatolien vertrieben und Saloniki offiziell an Griechenland geschlagen wurde, wanderten die Dönme-Familien in die neu gegründete Türkische Republik aus. Sie ließen sich vor allem in Izmir und Istanbul nieder, auch wenn manche in östlichere Städte wanderten.

Die Sevi-Gemeinde behielt trotz ihres Übertritts zum Islam manche ihrer Glaubensinhalte und Rituale über die Jahrhunderte bei. Da sie jahrhundertelang indogam lebte, war ihr das möglich. Sie wurde immer wieder beschuldigt, nur zum Schein muslimisch zu sein und im Hintergrund ihre jüdisch-häretischen Eigenschaften beibehalten zu haben. Da sie vorwiegend in Saloniki und später nach Gründung des griechischen Staates zu Beginn des 19. Jahrhunderts in Izmir ansässig war, hatte sie regen Kontakt zu den westlich lebenden, modernen und säkularen Schichten des Reiches.

Sabbatai Zwi starb 1676 in seinem albanischen Exil. Die »*Sabetaycilar*«, »*Selanikliler*« oder »*Dönme*« engagierten sich, wie auch die Juden, stark an der jungtürkischen Reformbewegung der Jahrhundertwende und an der Gründung der modernen Türkischen Republik. Großes Aufsehen erregte ein populär-historisches Buch des Publizisten Soner Yalcin im Jahre 2004, in dem er die Geschichte einer Dönme-Familie aus Izmir erzählt und die Behauptung aufstellt, dass die Türkische Republik von »jenen Menschen gegründet sei, die keine andere Heimat zu gehen hatten«, das heißt von Muslimen, Dönme und Juden. [130] Diese sind die einzige nichtmuslimische Minderheit, die sich heute als »Türken« (*Türk*) bezeichnet, während beispielsweise viele Armenier und Griechen diese Bezeichnung ablehnen und als »Armenier aus der Türkei« (*Türkiyeli Ermeni*) oder »Griechen des Osmanischen Reiches« (*Rum*) gelten wollen.

Die Stellung der türkischen Juden verbesserte sich bereits im Zuge des 19. Jahrhunderts. 1856 wurde das erste große Reformpaket *Hatti Humayun* von Gülhane unter dem Kürzel *Tanzimat* bekannt, verkündet. Auf Grund europäischen Drucks wurden alle osmanischen Staatsbürger, Muslime, Juden und Christen, vor dem Gesetz völlig gleichgestellt. Das führte zu einer langsamen Säkularisierung der jüdischen Community. Die entscheidende Modernisierung im Leben der osmanischen Juden brachte jedoch die Gründung der sogenannten *Alyans*-Schulen durch die *Alliance Israélite Universelle* aus Paris, die sich vornahm, die »rückständigen« orientalischen Juden zu aufgeklärten, mündigen und gut ausgebildeten Bürgern zu erziehen. Der Schub aus Frankreich machte Französisch unter den osmanischen und später türkischen Juden zur ersten Fremdsprache. Nach der Gründung der Türkischen Republik 1923 wurde den Juden genauso wie den Armeniern und Griechen der Status einer offiziell anerkannten Minderheit angeboten. Nach heftigen innergemeindlichen Disputen entschieden sich die Juden 1926, am Vorabend der Adaptation des Schweizer Zivilrechts, den Minderheitenstatus zugunsten einer vollen Gleichberechtigung als türkische Staatsbürger abzulehnen. Wie allgemein bekannt, fanden während des Nationalsozialismus Hunderte von jüdisch-deutschen Gelehrten Zuflucht in der Türkei. Sie trugen entscheidend zum Aufbau des türkischen Universitätssystems und Bibliothekswesen bei. Während die jüdischen Gemeinden von Griechenland beinahe gänzlich von den Nazis ausgerottet wurden, blieben die türkischen Juden größtenteils unversehrt. In Paris und anderen Orten versuchten türkischstämmige Diplomaten Juden zu retten, indem sie ihnen türkische Pässe ausstellten. Salahattin Ülkümen, Generalkonsul auf Rhodos während der Jahre 1943-1944, wurde im Juni 1990 im *Yad Vashem* als ein »Gerechter unter den Völkern«, *Hassid Umot ha' Olam*, verewigt.

Aber der »Hexenkessel« der 1940er, wie sie der 1993 durch Islamisten ermordete kemalistische Journalist Ugur Mumcu nannte, beeinträchtigte auch das Leben der Juden in der Türkei. Eine besondere Vermögenssteuer, die am 11. November 1942 mit dem Argument, Kriegsgewinnler zu bestrafen, erlassen wurde, betraf hauptsächlich nichtmuslimische Geschäftsleute und darun-

---

[130] Soner Yalcin, »Efendi«, Dogan Yayincilik, Istanbul 2004

ter auch viele Juden, die dadurch ihr Vermögen verloren. Kritiker sprachen von einer »Umverteilung des Reichtums« und beklagten die Begünstigung muslimischer Geschäftsleute, die weit niedrigere Steuern zahlen mussten, während die Befürworter der Sondersteuer behaupteten, dass Kriegsgewinnler häufiger nichtmuslimisch waren. Auf jeden Fall verloren viele unbescholtene Nichtmuslime durch diese Sondersteuer in den 1940ern ihr Hab und Gut und mussten ihr Leben neu beginnen. Wer die Summe nicht aufbringen konnte, wurde in ein Arbeitslager in Ostanatolien geschickt. Einige verloren damit ihren Glauben an ihre Gleichstellung als türkische Staatsbürger. Gad Franko, Jurist und eine herausragende, intellektuelle Persönlichkeit der jüdischen Gemeinde des Landes, gehörte 1942 zu den nach dem Osten verbannten Juden. Der Rechtsanwalt hatte seine Sondersteuer über 375 000 (nach anderen Angaben 420 000) Lira, für die damaligen Verhältnisse ein ungeheurer Betrag, trotz der Konfiszierung und Zwangsversteigerung seines gesamten Eigentums nicht aufbringen können. Wie der Chronist der türkischen Juden, der Publizist Rifat N. Bali, recherchierte, litt Franko, der sich immer für eine Assimilierung in der Türkei und gegen den Zionismus ausgesprochen hatte, sehr unter dieser Behandlung. Er nahm innerhalb der wenigen Monate im Arbeitslager 70 Pfund ab und musste nach seiner Rückkehr stationär behandelt werden. »Er war physisch zerstört, fertig, materiell erledigt«, beschrieb die Tochter die Folgen dieser Sonderbehandlung ihres Vaters in den Kriegsjahren.[131] War das eine Folge der antisemitischen Atmosphäre in Europa, oder eine Art Rache der muslimischen Türken für die untergeordnete Rolle, die sie in der letzten Phase des Osmanischen Reiches gegen die aufgestiegenen, erfolgreichen jüdischen und anderen nichtmuslimischen Geschäftsleute und Unternehmer inne hatten? Auf jeden Fall wollte die neue türkische Republik die alte, nichtmuslimische Oberschicht entmachten und durch ihre eigene Bourgeoisie ersetzen.

Eine Kampagne während der Kriegsjahre hieß schlicht »Mitbürger, sprich Türkisch!« *(Vatandas, Türkce konus!)* und rief unter anderem Juden dazu auf, zu Hause und in der Öffentlichkeit nicht mehr Ladino oder Französisch, sondern Türkisch zu sprechen. Was heute an deutsche »Integrationsaufforderungen« an türkische Mitbürger erinnert, wurde damals von den Juden als ein Angriff auf ihr Gemeindeleben und eine Hetze empfunden. Der Antisemitismus, der von Europa überschwappte und durch Berlin und seine gekauften Handlanger in der Türkei in der Presse und Politik übernommen wurde, machte das Leben auch für die türkischen Juden schwer. Es kam sogar in

---

[131] Rifat N. Bali, »Devlet'in Yahudileri ve ›Öteki‹ Yahudi« (Die Hofjuden und der ›andere‹ Jude), Iletisim Yayinlari, Istanbul 2004, S.129 ff.

Thrazien an der türkisch-griechischen Grenze zu einigen tätlichen Übergriffen, nach denen die Angegriffenen sofort evakuiert und die Verantwortlichen ermahnt wurden. Die türkische Regierung stellte sich, trotz einiger prodeutscher und offenbar antisemitisch eingestellter Politiker, hinter ihre Juden. Gegen Ende des Krieges, als der Sieg der Alliierten feststand, wurden mit einer großen Verhaftungswelle die extrem rechten Antisemiten verhaftet und verurteilt. Zur unvergesslichen Tragödie wurde das Flüchtlingsschiff »Struma« aus Konstanz, die im Dezember 1941 trotz ihres kaputten Motors und ihrer schlechten Beschaffenheit mit 779 jüdischen Passagieren auslief und im tiefsten Winter 70 Tage lang in Istanbul vor Anker lag. Die britische Kolonialverwaltung in Palästina erlaubte den Juden nicht die Einwanderung, die Türkei hatte Angst, durch die Aufnahme der nicht eingeladenen Passagiere jüdischer Immigration Tür und Tor zu öffnen. Nachdem die »Struma« zwangsläufig wieder mit Kurs zurück nach Konstanz ins Schwarze Meer auslief, explodierte sie mit einem fürchterlichen Knall. Ein vermutlich sowjetisches U-Boot hatte das Schiff offenbar für ein feindliches gehalten und torpediert. Außer einem Jugendlichen namens David Stolar überlebte keiner der über 770 Juden das Unglück.[132] Das Elend der europäischen Juden, die Armut der Türkei und der neue türkische Nationalismus, der den Juden nicht als Ebenbürtigen zu betrachten schien, ließ viele jüngere Juden nach 1948 nach Israel auswandern. Der Zionismus, der Aufbruch in ein neues, besseres Zeitalter beflügelte auch viele türkische Juden, von denen einige aus Enttäuschung über die harten Lebensbedingungen in Palästina wieder nach Istanbul oder Izmir zurückkehrten.

Güleryüz schätzt die gegenwärtige Größe der jüdischen Gemeinde in der Türkei auf 26 000. Die größte Mehrheit lebt in Istanbul. Ungefähr 2500 Juden leben in Izmir, und andere kleinere Gruppen in Adana, Ankara, Bursa, Canakkale, Iskenderun und Kirklareli. Die Sepharden machen 96 Prozent der Gemeinde aus, der Rest besteht aus Ashkenasim. Die Zahl der türkischen Juden ist deshalb so niedrig, weil viele seit dem späten 19. Jahrhundert zuerst in die USA, dann nach der Gründung Israels ins Heilige Land ausgewandert sind, wo sie heute noch versuchen, ihre türkische Kultur zu pflegen. Die türkischen Juden werden immer noch von ihrem *Hahambasi*, dem Oberrabbiner, vertreten, der seinen Sitz in Istanbul hat. Er wird von einem religiösen Beirat, bestehend aus einem *Rosh Bet Din* und drei *Hahamim*, Rabbinern, unterstützt. Fünfunddreißig Rechtsberater kümmern sich um die säkularen Angelegenheiten der Gemeinde und ein Führungskomitée von vierzehn Männern

---

[132] siehe http://www.sephardicstudies.org/struma.html

beschäftigt sich mit den alltäglichen Problemen. Die türkischen Synagogen werden als religiöse Stiftungen (*Vakif*) klassifiziert, deren rechtlichen Probleme bis heute nicht gänzlich beseitigt sind. Nach den Reformen der 2000er Jahre verbessert sich die Situation der nichtmuslimischen Minderheiten deutlich.

Es existieren sechszehn Synagogen in Istanbul, die heute noch gut besucht werden. Lange Zeit hatten die Juden ihre eigene Presse. »La Buena Esperansa« und »La Puerta del Oriente« erschienen 1843 in Izmir. Zehn Jahre später kam »Or Israel« in Istanbul dazu. Von all den jüdischen Zeitungen hat nur eine überlebt: »Şalom« (Shalom), eine achtseitige Wochenzeitschrift mit sieben Seiten auf Türkisch und einer Seite auf Ladino. Ein Gemeindekalender (*Halila*) wird jedes Jahr vom Oberrabbinertum gedruckt und allen gratis verteilt, die ihren Beitrag (*Kisba*) zu Wohltätigkeitsorganisationen gezahlt haben. Die Gemeinde darf keine Steuern erheben, aber um Spenden bitten. Es gibt in der Türkei auch zwei jüdische Krankenhäuser, *Or haHayim* in Istanbul mit 98 Betten und *Karatas* in Izmir mit 23 Betten. In beiden Städten existiert eine jüdische Infrastruktur mit Altersheimen (*Moshav Zekinim)* und verschiedenen Wohltätigkeitsorganisationen, die sich um die Armen, Kranken, Bedürftigen und Waisen kümmern. Soziale Klubs mit Bibliotheken, Kultur- und Sportangeboten und Diskotheken geben den jungen Juden die Chance, sich kennen zu lernen und dienen als Treffpunkte der Gemeinde. Es gibt zahlreiche jüdische Professoren an türkischen Universitäten in Istanbul und in Ankara.

Die meisten jüdischen Kinder besuchen staatliche Schulen oder private türkischsprachige oder fremdsprachige Gymnasien. Zusätzlich betreibt die Gemeinde eine Volksschule mit 300 Schülern und eine Mittelschule mit 250 Schülern in Istanbul, sowie einen Kindergarten mit 140 Plätzen in Izmir. In den jüdischen Schulen ist die Unterrichtssprache Türkisch, was zu einer beinah vollkommenen sprachlichen Assimilierung der Juden geführt hat. Hebräisch wird aber auch 35 Stunden pro Woche unterrichtet. Während junge Juden Türkisch als ihre Muttersprache sprechen, spricht die ältere Generation zu Hause ein Gemisch aus Französisch, Türkisch und Ladino. Heute sprechen türkischen Juden davon, ihr Kulturerbe und ihre Muttersprache bewahren zu müssen. Das bedeutet nichts anderes, als dass in der Türkischen Republik innerhalb von drei Generationen die kulturelle Eingliederung von Juden gelang, die im Osmanischen Reich in Jahrhunderten ausgeblieben war – ein »Verdienst« des Nationalstaates?

»Ich respektiere ihre Feste, und sie achtet meine«

Den Türken in Deutschland fehlen also die Merkmale, die ein essentieller Bestandteil des Deutschtums sind. Ist es notwendig, Christ zu sein, um als Deutscher zu gelten? Wohl kaum. Die eifrigsten Verfechter des Deutschtums, Hitler und seine Schergen, waren alles andere als überzeugte Christen. Blond und blaue Augen, hoch gewachsene nordische Gestalt? Es gibt genug Beispiele für das Gegenteil. Könnte also ein Ahmet Müftü sich in Alfred Müller umbenennen und Deutscher werden? Es klingt möglich, vorausgesetzt, er spricht akzentfrei Deutsch und ihm ist äußerlich seine türkische Herkunft nicht anzumerken. Und seine Religion? Wichtig ist, dass er nicht mehr Muslim ist. Was er sonst sein will, ob Buddhist, Anhänger der Scientology-Sekte, ein Zeuge Jehowas oder schlicht ein Agnostiker – es ist egal. Hauptsache, er ist kein praktizierter Muslim. Also definiert sich das Deutschtum eher über den Ausschluss bestimmter Eigenschaften als über eine positive Leitkultur.

Das ist in der Türkei nicht anders. Nur Äußerlichkeiten spielen in dem Staat, der Erbe eines multikulturellen Großreiches ist, keine Rolle. Von mongolisch aussehenden Türken bis hin zu Nachfahren blonder Albaner oder Polen ist die türkische Palette der Physiognomie sehr breit. Aber da hört auch die »Toleranz« schon auf. »Türke« definiert sich aus jahrhundertealter Tradition als muslimisch, und das trotz der Beteuerung der Gründungsväter, allen voran Mustafa Kemal Atatürks, dass »Türke sei, wer sich als solchen definiert«. Im Glauben an diese neue Maxime sind auch die Juden, die die Muslime in ihrem Befreiungskampf tatkräftig unterstützt hatten, enttäuscht worden. Ein Mann wie Moiz Kohen, der sich in Tekin Alp umbenannte und zu den ersten Theoretikern eines neuen, über dem Glauben stehenden, völlig säkularen Türkentums sein wollte, musste Jahrzehnte nach der Republikgründung resigniert feststellen, dass die Nichtmuslime doch nicht als vollblütige Türken zählten.

Die verbliebenen Juden gehören heute im Vergleich zu der türkischen Unterschicht in Deutschland weitgehend der oberen Einkommensklasse an, auch wenn sich unter ihnen genug Arme und Bedürftige befinden. Was denken sie über eine Gesellschaft, die ihre Identität seit dem Erstarken der islamistischen Bewegungen in den 1980ern über das Muslimsein definiert? Was empfinden sie, wenn extremistische türkische Zeitungen antisemitische Tiraden publizieren, wenn Israels Existenzrecht bestritten wird, wenn Juden nicht als Türken betrachtet werden, was geht ihnen, die seit über 500 Jahren hier leben, durch den Kopf? Wollen sie immer noch dazugehören oder haben sie sich mit ihrem Minderheitenstatus abgefunden?

»Als ich in die Grundschule kam, habe ich meinen Eßbeutel aufgemacht«, erzählt eine 24jährige Jüdin in Istanbul, »die anderen Kinder haben auf etwas darin gezeigt und gefragt: Was ist das? Ich sagte es auf Judäo-Spanisch und sie verstanden es nicht. Sie riefen, ›Hey, guck mal, sie weiß nicht einmal wie ihr Essen heißt!‹ Kinder können sehr grausam sein. So habe ich ab einem bestimmten Alter von meinen Eltern verlangt, dass sie Türkisch mit mir sprechen. Ich wollte es ja lernen, konnte es aber nicht, weil es bei uns nicht gesprochen wurde.«[133] Als Kind besuchte sie auch die Synagoge, wo mit ihnen Theaterstücke ohne religiösen Inhalt eingeübt wurden. »Ich wusste, dass meine Freunde im Viertel nicht mitkamen. Aber das machte das Ganze nicht irgendwie besonders für mich. Ich wusste, jeder hat eben seine Religion, ich habe qua Geburt diese.« Die junge Frau arbeitet selbstständig und hat nie ernsthaft überlegt, Beamtin, Polizistin oder Offizierin zu werden, weil diese Berufe miserabel bezahlt sind, sagt sie. Aber gleichzeitig ist ihr bewusst, dass Minderheitenkinder keine solche Laufbahnen einschlagen sollten, auch wenn nirgendwo geschrieben steht, dass sie als Nichtmuslime von bestimmten Berufen ausgeschlossen sind. Die junge Jüdin hat viele muslimische Freunde; tatsächlich gibt es in den türkischen Eliten sogar eine judeophile Haltung; Israel genießt durchaus Ansehen und Juden gelten als weltoffen, gebildet und wohlhabend. Auf High-Society-Parties sind Mitglieder vieler alteingesessenen jüdischen Familien anzutreffen, es gilt als chic, diese Familien zu kennen. Da sich viele türkische Juden durch Generationen einen Platz im Geschäftsleben erarbeitet haben, als fleißig und ehrlich gelten und man vermutet, dass sie im Ausland Kontakte haben, sind sie auch beliebte Partner für türkische Geschäftsleute. Viele Juden haben zwei Vornamen, einen jüdischen, der traditionell von den Großeltern stammt, und einen türkischen. Aber vom Nachnamen sind sie in der Regel von muslimischen Türken zu unterscheiden.

Wegen ihrer jüdischen Identität fühlte sich diese junge Jüdin nie benachteiligt. Einmal sagte ihr eine Kundin am Freitagabend: »Bist du nicht Jüdin? Du solltest doch jetzt schon längst zu Hause bei deiner Familie sein.« Die Minderheiten der Türkei, seien es Griechen, Juden oder Armenier, haben eine den muslimischen Türken sehr ähnliche Lebensweise und setzen die Familie

---

[133] Nicht alle, aber viele der Zitate aus diesem Abschnitt über die jungen türkischen Juden in der Türkei stammen aus dem Buch von Yahya Kocolu, »Azinlik Gencleri Anlatiyor« (Junge Mitglieder von Minderheiten erzählen), Metis Yayinlari, Istanbul 2001. Einige der Aussagen gehen auf Gespräche der Autorin mit Freunden und Bekannten in ihrem Geburtsort Istanbul zurück.

ins Zentrum. Nach Jahrzehnten endogamen Heiratsverhaltens beginnen die Juden seit einer Generation auch Nichtjuden, das heißt muslimische Türken zu heiraten. Aber noch kann man nicht von verbreiteten Mischehen sprechen. »An der Universität trafen viele meiner Kommilitonen zum ersten Mal einen Juden. Sie guckten nach, ob mein Blut grün fließt, ob ich hinten einen Schwanz habe.« Die Jüdin wurde mit vielen Fragen konfrontiert. »Das störte mich nicht, war aber schon heftig. Es war aber aus reiner Neugierde« – der erste Schritt zum Kennenlernen. Ob sie in den Medien auf antijüdische Publikationen stößt: »Natürlich, und wie!«, sagt die junge Frau, »aber ich habe noch nie einen Leserbrief geschrieben oder einen Anruf getätigt. Es gibt ja welche, die das machen. Außerdem bin ich sehr daran gewöhnt, nicht zu reagieren. Ich würde mich eher wundern, wenn jemand sagt, wie wunderbar die Juden sind. Aber ich ärgere mich über eines: Wenn einer jemanden tötet, heißt es, Ahmet hätte jemanden ermordet. Wenn es ein Josef ist, heißt es, der Jude Josef. Das gefällt mir nicht.« Diese Klage ist absolut identisch mit dem Unbehagen der Türken in Deutschland, die sich über solche Zusatzinformationen bei kriminellen Delikten ärgern. Wenn jemand in ihrer Nähe etwas Schlechtes über die Juden sagt, dann verbessert sie ihn nur, wenn sie ihn kennt, sonst hütet sie sich davor, weil sie Angst vor Ärger hat. »Mein Leben ist mir kostbar«, sagt sie dazu schlicht.

Ein anderer türkischer Jude, männlich und 29 Jahre alt, definiert sich wie viele andere Juden in der Türkei offensiv als »Türke«. Er fühlt sich türkisch, nur im Glauben anders. Außerdem hat er auch mit seiner Religion nicht mehr viel zu tun. Er hat eine muslimische Freundin. »Ich respektiere ihre Feste und sie meine«, sagt er. Die Familie weiß zwar davon, wäre aber nicht glücklich, wenn er sie heiraten wollte. »Meine Eltern würden eine Jüdin vorziehen, nicht so sehr wegen mir, sondern wegen der Kinder und Enkelkinder. Sie würden sich fragen, mit welchem Glauben diese aufwachsen werden.« Wenn seine Schwester einen Muslim heiratet, wären sie nicht so dagegen, weil »im Judentum Religion durch die Mutter übergeht«. Die Männer hätten es deshalb schwerer. Ihre Kinder von einer muslimischen Mutter würden von der Gemeinde nicht akzeptiert. Als jüdischer Geschäftsmann hat er in der Türkei keinerlei Probleme, im Gegenteil: »Die Leute vertrauen mir mehr und denken, gut, er ist Jude, er ist gewieft, fleißig, was weiß ich, aber er betrügt bestimmt nicht. Ich treibe Handel mit sehr gläubigen muslimischen Kunden in Konya, die fünfmal am Tag beten, es gibt keine Probleme.« Auch er beschwert sich am meisten über das Anhängsel »jüdisch« in Zeitungsmeldungen: »Dann soll man auch schreiben, der muslimische Täter, das ist gegen meine Auffassung von Gleichheit«.

Er gibt auch sehr aufschlussreich Informationen über seine Gefühle zur Türkei und zu der türkischen Identität: »Da ich in diesem Land geboren und aufgewachsen bin und Atatürks Werk überall verspürt habe, mit der Liebe zu ihm groß geworden bin und mir das einen Nationalismus eingeimpft hat, sage ich, dass ich stolz darauf bin, Türke zu sein. Wenn ich im Ausland gefragt werde, woher ich komme, sage ich, ich bin Türke. Aber manche aus unserer Gemeinde sagen, sie seien türkische Juden. Wenn man mich nach meiner Religion fragte, würde ich mit dem gleichen Stolz antworten: ›Ich bin Jude‹. So wie ich mich mit der Geschichte der Türkischen Republik auskenne, weiß ich auch die Geschichte der Juden. Wie die osmanische Geschichte, kenne ich auch die Geschichte der Juden im Osmanischen Reich. Wenn ich einem Juden begegne oder wir uns in einem religiösen Umfeld befinden, sage ich, dass ich türkischer Jude bin. Der Spruch ›Glücklich ist der, der sich Türke nennt‹ ist für mich sehr bedeutungsvoll. Sehr aufregend. Das erinnert mich daran, wie viel man arbeiten muss. Atatürk ist überall präsent und da ich das fühle, bin ich gern dabei. Das ist ein Spruch, den ich gern aufsage.«

Eine 29jährige jüdische Dolmetscherin mit Hochschulabschluss erzählt: Sie ist unter Muslimen aufgewachsen. Ihre Familie sagte ihr im Grundschulalter: »Wir sind Juden und leben in der Türkei«. Das war alles. Sie haben sie nicht belehrt, was sie machen und lieber sein lassen sollte. Ihre Mutter trägt einen jüdischen, sie einen türkischen Namen. Ihr Vater hatte auf dem Papier einen türkischen Namen wie viele andere Juden, aber auch einen jüdischen, mit dem er gerufen wurde. Die neue Generation, sagt sie, hat oft nur noch türkische Namen. Denkt sie, dass Juden nach außen hin sich eher abschirmen, in Parallelgesellschaften leben? »Ja, natürlich sind sie eine geschlossene Gesellschaft. Sie fragen ja, ob Juden in der Türkei Diskriminierung erfahren. Ich denke, eher ist es umgekehrt. Die Juden sind sehr in sich geschlossen. Sie wollen keine Muslime unter sich haben. Als ich heiratete, stellte sich meine Familie gegen meinen Mann. Auf der anderen Seite hat mich seine Familie nicht abgelehnt, weil ich Jüdin bin. Anfangs waren sie zwar nicht begeistert, aber sie haben mich akzeptiert. Meine Familie sagte: ›Du kannst ihn nicht heiraten.‹« Diese Jüdin war jedoch stur und heiratete doch, worauf ihre Familie sie verstieß und nicht zu ihrer Hochzeit erschien. Aber sie haben dann doch nachgeben müssen. Nachdem das Enkelkind kam, haben sie begonnen, mit ihrem Mann zu verkehren.

»Ich habe in der Türkei keine Diskriminierung erfahren«, sagt sie, »auch wenn ich Muslim wäre, wäre ich hier, wo ich jetzt bin.« Sie weist darauf hin, dass zum Beispiel an den Universitäten die Juden immer eine Clique für sich bilden, stets zusammenhängen. »Wer über Diskriminierung klagt, sollte das bedenken.« Hat sie denn nun überhaupt keine Diskriminierung erfahren? Sie erinnert sich an ein Kind auf der Grundschule, das sie mal »feige Jüdin« genannt hat. »Das war ein Klischee, das dieses Kind irgendwo aufgeschnappt haben muss. Vielleicht wusste es gar nicht mal richtig, was ein Jude ist.« Sie fühlt sich jedoch am meisten gestört, wenn die israelische Fahne auf einer Demonstration verbrannt wird. Ein Freund sagte einmal in ihrer Anwesenheit über jemanden anderen: »Dieser Typ ist wie ein Jude, ein echtes Schlitzohr«. Sie mischte sich ein: ›Du meinst wohl einen wie mich.‹ Ihre Freunde hatten einfach vergessen, dass sie Jüdin war und mit am Tisch saß. »Der Freund war völlig konsterniert und hat sich die ganze Nacht bei mir darüber entschuldigt.« Aber das sei nicht immer so. Auf ihre Auskunft, Jüdin zu sein, erntet sie auch oft positive Reaktionen. »Die Leute denken, ich bin gebildet, meine Familie kommt aus Istanbul, ich habe einen gehobenen Lebensstandard und einen guten Lebensstil, gehe ins Kino und Theater.«

Weil ihr durchschnittlicher Lebensstandard und ihr Bildungsniveau höher sind als bei Muslimen, haben die türkischen Juden im Arbeitsleben oft gute Chancen, es sei denn, es handelte sich bei ihrem Gegenüber um einen ausgesprochenen Antisemiten. Es war auch ein Überlegenheitsgefühl der Juden gegenüber Muslimen im Osmanischen Reich, das unter anderem dazu führte, dass sie Jahrhunderte lang kein oder wenig Türkisch lernten. Ihr gutes Image steigert ohne Zweifel das Selbstbewusstsein der türkischen Juden. In Deutschland ist das anders: Ein ähnliches positives Image hätten zum Beispiel Amerikaner oder Engländer, aber nicht die Muslime, egal woher sie auch kommen und wer sie sind. Jeder Türke müsste täglich beweisen, dass er »anders« ist als seine Landsleute, die als Gruppe stigmatisiert werden.

Ein 31jähriger jüdischer Mann, Händler, erzählt: »Ich definiere mich als Jude. Wenn ich nach meiner Staatsbürgerschaft gefragt werde, sage ich, dass ich Türke bin.« Früher konnte er Hebräisch, aber er hat es wieder vergessen. Außerdem hätten sie in der jüdischen Talmud-und-Thora-Schule wie im Korankurs nur das Heilige Buch auswändig zu lesen gelernt und nicht die Sprache zu sprechen. Da er kein Sepharde ist, sondern ein georgischer Jude, spricht er kein Ladino. Es gibt nur ca. 500 georgische Juden in Istanbul. Er trug anfangs einen jüdischen Namen, den er vor seinem Militärdienst gerichtlich geändert hat, »damit es beim Militär keine Probleme« gibt. »Allgemein lebe ich als Minderheit sehr angenehm hier«, sagt er, »ignorante Menschen gibt es, sie reden oder handeln bestimmt mal verkehrt, aber insgesamt leben wir Juden doch ganz bequem. Früher plagten uns schon Identitätskrisen, die haben wir hinter uns.« Er hat muslimische Freunde, darunter auch gläubige, praktizierende. Er hat sich von einer muslimischen Frau scheiden lassen. Seine Familie war von vornherein gegen diese Heirat und hat mit dem Paar den Kontakt abgebrochen.»Ich habe damals meine Eltern als fanatisch abgetan. Aber wenn heute ein Freund dasselbe machen wollte, wäre ich der erste, der ihn vorwarnt. Das hängt nicht mit Religion, sondern den Sitten und Gebräuchen zusammen. Diese können nicht überwunden werden. Das zweite Problem ist das Kind, das hin und her gerissen ist und nicht weiß, wohin es gehört. Ich glaube, es wird nicht gut laufen. Aber unser Scheidungsgrund war rein materieller Natur. Ich hatte mich vor der Scheidung mit meinen Eltern versöhnt, aber wir hatten ein kühles Verhältnis zueinander. Jetzt habe ich eine jüdische Verlobte.« Nicht nur seine jüdischen, auch ihre muslimischen Eltern hatten sich gegen diese Heirat gesträubt.

Auf Ämtern gebe es keine Diskriminierung. Manchmal hob ein Beamte den Kopf, wenn er den Ausweis sieht, schaute interessiert, sagte aber in der Regel nichts. Wenn es bei einer Unterhaltung um Religion geht, sagten dann Muslime:»Eure Religion ist falsch, unsere ist die richtige«, aber niemand sagte je:»Lass' doch mal diesen Glauben und tritt zu unserem über!«. Beim Militär hatte dieser Mann keine Probleme,»weil niemand wusste, dass ich ein Nichtmuslim bin. Ich ließ meinen Ausweis zu Hause und nahm nur meinen Führerschein mit, in dem die Religion nicht eingetragen ist.« Es gab in seiner Einheit einen armenischen Jungen, um den haben sie sich immer geschart und gefragt, was denn nun armenisch sei. Die Juden erzählen, dass beim Militär vor dem Antritt des Nichtmuslimen dem zuständigen Offizier ein Schreiben vorausgeschickt wird:»In Ihre Einheit kommt ein Nichtmuslim, bitte darauf achten, dass er nicht diskriminiert wird.«

Eine 31jährige jüdische Akademikerin erzählt, dass sie sich als »ethnisch türkisch und religiös jüdisch« bezeichnet.»Das ist meine Heimat. Ich habe nie gedacht, dass ich anders bin. Meine Kollegen sagen zu mir, ich sei eine muslimische Jüdin. Wir leben alle hier und sind denselben Gesetzen unterworfen. Wir leben sehr dicht zusammen. Diese Integration verwischt alle Unterschiede. Wenn Sie nicht unbedingt anders bleiben wollen, gibt es keine Unterschiede mehr.

Wie wahr. Der Austausch hebt immer auch die Gemeinsamkeiten hervor. Man fühlt sich gleich, als Bürger desselben Landes, als Menschen, die am gleichen Strang ziehen. Das war in Deutschland von Anfang an nicht so und ist es heute immer noch nicht. Viele Deutsche denken, dass eine Vermischung unheilvoll wäre. Sie halten am Anderssein fest. Wenn sie sagen:»Sie sind anders«, dann meinen sie eigentlich, dass die Deutschen selbst »anders«, nämlich besser und überlegener sind.

»Bei den Kindern eines Paares unterschiedlichen Glaubens gibt es Probleme«, sagen fast alle jüdischen Türken.»Diese Kinder fühlen sich nicht zugehörig. Wir haben für unsere Kinder, die Jugendlichen, Klubs, um sie beieinander zu halten. Diese Kinder (aus gemischten Ehen) werden diese Klubs nicht besuchen dürfen. Wenn sie 30 werden, ist das kein Problem mehr, aber für 8-9jährige ist das ein Riesenproblem. (...) Bei uns werden die Jungen mit sieben Tagen beschnitten. Manche gemischten Familien sagen, wir machen das (wie bei den Muslimen) mit 8 Jahren. Nach einer Zeit scheint der Chauvinismus ohnehin durch«. Eine 36jährige Jüdin, PR-Expertin, ist froh, dass sie einen Juden geheiratet hat:»Ich habe Freunde, die gemischte Ehen eingegangen sind. Ihre Kinder sind in ernste Identitätsfragen gestürzt. Sie haben sich die Frage gestellt: ›Was bin ich?‹, und keine Antwort darauf gefunden. Die Muslime denken, dass sie keine Muslime mehr sind, und die Juden sehen sie nicht als Juden an. Man darf das seinem Kind nicht antun.« So akzeptiert sie gemischte Ehen nur, wenn diese kinderlos bleiben:»Denn jeder zieht das Kind in eine andere Richtung.«

Ihre Familie hätte sich ohnehin dagegen gewandt, wenn sie einen Muslimen heiraten würde. In der Jugend würden Unterschiede nicht auffallen, aber im Alter immer mehr. Familien kommen ins Spiel. Die große Liebe reicht dann nicht mehr aus.

Die türkischen Juden erzählen immer wieder, dass ihr Name von muslimischen Türken oft falsch geschrieben wird, ihr Nachname kodiert werden muss, dass sie in ihrer Heimat für Ausländer gehalten werden. Eine 37jährige Jüdin erzählt, dass sie ihren Namen stets buchstabieren muss.»Ich habe mich daran gewöhnt. Zum Beispiel in der Bank, wenn ich in der Schlange stehe und mein Name aufgerufen wird, drehen sich alle um und gucken mich an. Das ist natürlich nicht schön. Die Menschen müssen allmählich begreifen, dass es ganz unterschiedliche Namen gibt. Ich werde dann sofort gefragt: Woher kommen Sie? Ich sage, ich bin Istanbulerin. ›Gut, aber woher kommen Sie wirklich?‹, fragen sie dann weiter. Ich sage dann aus Ärger: ›Ich komme aus Spanien!‹, oder ›Ich bin nicht von dieser Welt, ich stamme aus dem All‹. Je nachdem, wie ich mich in dem Augenblick fühle. Aber ich versuche ruhig zu bleiben. Es ist verständlich, dass sie den Namen nicht gleich verstehen; es kann tatsächlich ein Name sein, den sie noch nie gehört haben. Aber wenn ich diese bewusste Haltung fühle, die besagt, ›Aha, der Name ist jüdisch, die mache ich jetzt mal klein‹, dann reagiere ich natürlich auch.«

Die Unfähigkeit der meisten Deutschen, türkische Namen richtig auszusprechen, kennen Türken in Deutschland ja auch zu genüge. Mit einem schiefen Lächeln im Gesicht sagt das Gegenüber, ohne sich vorher die geringste Mühe gemacht zu haben:»Oh, diesen Namen kann ich aber nicht aussprechen!« Es ist eine entschiedene Verneinung, eine, die nicht in diesem Augenblick erdacht worden ist, sondern viel früher, die im Grunde genommen mit der Muttermilch übergegangen zu sein scheint. Den Unterschied zwischen einem echten Missverständnis und einem vorgespielten, können die Betroffenen sofort feststellen. Wenn der deutsche Grenzbeamte auf dem Flughafen beim Anblick des deutschen Reisepasses des Türken diesen Satz sagt, gewinnt er einen noch pikanteren Zug. Das deutsche oder türkische Nicht-Aussprechen-Können von »fremden« Namen spricht Bände. Es sagt: Du bist fremd, du bleibst fremd, auch wenn du dir unsere Staatsbürgerschaft erschlichen hast. Du gehörst nicht zu uns.

In beiden Ländern wird also die nationale Zugehörigkeit nicht über die Staatsbürgerschaft definiert. Worüber denn? In Deutschland sind es trotz der modifizierten Einbürgerungsgesetze, die Ausländern nun per Geburt eine Option auf den deutschen Pass geben, das Blut, und damit verbunden die »Kultur«. So zählten Hunderttausende von »Aussiedlern«, die von vor Jahrhunderten nach Russland ausgewanderten Deutschen stammen, als Deutsche und bekamen ohne Komplikationen die Staatsbürgerschaft. Andererseits werden Türken, die sich einbürgern lassen, nicht als Deutsche angesehen. Manche betrachten diesen Akt als einen Fehler, weil aus Türken eben nie Deutsche werden kann. Andere wollen diesen Akt mit Auflagen verbinden: Nur wer Deutsch spricht und sich mit dem Wissen um das Deutschtum gewappnet hat, soll den deutschen Pass bekommen. Aber wie viel dafür erforderlich ist, bleibt ein Rätsel. Angesichts der Tatsache, dass sogar türkischstämmige Universitätsprofessoren oder Fachärzte nicht als Deutsche gelten, macht skeptisch.

Für dieses Problem gibt es zwei Lösungen: Entweder verändert sich mit zunehmender Zahl türkischer Deutschen die Definition des Deutschtums, so dass nunmehr jeder, der in der Bundesrepublik lebt und dieses Land seine Heimat nennt, ein Deutscher ist; oder das althergebrachte Selbstverständnis der Deutschen bleibt bestehen und die Türken, die sich einbürgern lassen, bleiben Außenseiter. Das bedeutet nichts anderes, als dass sie zu einer Minderheit werden und ihre Rechte einfordern müssen.

Dasselbe gilt nämlich für die türkischen Juden. Obwohl sie seit über 500 Jahren auf dem Gebiet der heutigen Türkei leben und sich sprachlich, physisch oder kulturell kaum von den muslimischen Türken unterscheiden und selbstverständlich alle türkische Staatsbürger sind, sagen viele »Wir und die Juden«. Sie gelten einfach nicht als Türken, auch wenn sie sich so definieren. Das türkische Selbstverständnis als muslimisch versperrt ihnen den Weg in die Mitte der Gesellschaft – unvorstellbar etwa, einen jüdischen türkischen

Ministerpräsidenten zu haben. Es gibt zwar, wie in Deutschland, einige wenige jüdische Abgeordnete in der Geschichte der Türkischen Republik, aber sie sind nie zu Ministern geworden. Sie werden, genauso wie die türkischstämmigen Mandatsträger im Bundestag, gern als Vermittler zwischen ihrer Gemeinde und dem Staat eingesetzt oder beispielsweise auf Reisen nach Israel mitgenommen. Werden die türkischen Juden verdächtigt, eine doppelte Loyalität zu besitzen und werden sie deshalb nicht zu Ministern oder Generälen gemacht? Gilt dasselbe nicht auch für die Türken in Deutschland und ist das nicht der Grund, warum die doppelte Staatsbürgerschaft der Türken auf eine so heftige Ablehnung stößt? Hier tritt wieder Jakobs und unser aller Problem auf: Wie kann man es den Anderen recht machen?

Einmal wurde im türkischen Fernsehen von jemandem der »Witz« erzählt, wie gut es doch gewesen sei, dass Hitler die Juden zur Seife verarbeitet hätte. Die Juden und gegen diesen Antisemitismus empörten Türken starteten sofort eine Faxkette, es wurden Unterschriften im Internet gesammelt. Die Juden sind glücklich festzustellen, dass nunmehr »auch Türken« von sich aus gegen den Antisemitismus protestieren und Kampagnen starten. »Ich habe als Jude ein Recht darauf hier zu leben, sogar mehr als 90 Prozent der Türken, denn meine Ahnen sind seit über 500 Jahren hier«, sagt ein anderer Istanbuler Jude – genauso wie Türken in München oder Berlin, die darauf hinweisen, dass sie seit drei Generationen in der Bundesrepublik leben im Gegensatz zu den »Ossis«, die »erst gestern« gekommen sind. Aber dennoch bleibt das Ich-war-zuerst-da-Argument ohne Wirkung. Viele Türken antworten darauf: »Aber meine Ahnen waren es, die deine Leute hierher gelassen haben«. Also Gäste seit fünf Jahrhunderten? Warum? Weil sie keine Muslime sind. Und wer war davor hier, die Hethiter? Und wer zuerst? Eine Kette, die bei den Urmenschen endet.

Die Türken, die zu Hause die Juden nicht als zugehörig betrachten, weil diese keine Muslime sind, müssen sich damit abfinden, dass das deutsche Selbstverständnis sie in ihrer neuen Heimat immer noch als ethnisch und religiös fremd definiert. Integration und Assimilierung dauern Generationen und verlaufen in jedem Land anders. Anstatt sofort die absolute Gleichstellung als deutsche Staatsbürger zu erwarten, müssen sie sich erst einmal mit den Gegebenheiten arrangieren und versuchen, das Beste daraus zu machen. Sie müssen viel Geduld und Ehrgeiz an den Tag legen, um voranzukommen, ihre Kinder zu höherer Bildung anhalten und den Aufstieg von Generation zu Generation zum Ziel nehmen. Vor allem die jungen Deutschtürken dürfen sich nicht mit der vergeblichen Mühe einer sofortigen absoluten Anerkennung als »Deutsche« aufhalten, nicht resignieren und bleibende Minderheitenstrukturen aufbauen, weil sie auf lange Sicht in Deutschland eine Minderheit bleiben werden. Diese türkisch-deutsche Minderheit wird sich noch lange Zeit »sowohl-als auch« fühlen und eine doppelte Identität behalten. Sie wird Deutschland zu ihrer Heimat machen, ohne ihr türkisch-muslimisches Erbe zu vergessen. Die deutsche Gesellschaft darf ihre Loyalität genauso wenig bezweifeln wie die türkische die Loyalität ihrer jüdischen Bürger. In der zukünftigen globalisierten Welt werden immer mehr Menschen »hybride« Identitäten aufbauen, die permanent als »works in progress« mutieren werden. Das bedeutet nicht, dass diese Menschen unvollkommen sind oder »Fünfte Kolonnen« anderer, feindlich gesinnter Staaten.

Die jüdische Identität hat es heute entgegen der geläufigen antisemitischen Urteile nirgendwo in der Welt leicht. Die muslimischen Türken, die die moderne Republik aufbauten und ihr Gesicht gen Westen wandten, um die besten Seiten der europäischen Demokratien anzueignen, ohne ihr eigenes kulturelles Erbe zu vergessen, sind seit jeher die Freunde der Juden und nicht deren Feinde. Die Jahrhunderte lange Toleranz der muslimischen Osmanen gegenüber den Juden ist eine Quelle des Stolzes und verpflichtet die heutigen Türken, nicht die fürchterlichen Fehler westlich-christlicher Gesellschaften zu übernehmen.

Der bekannte amerikanische Schauspieler Mel Brooks sagt darüber, Jude zu sein, folgendes: »Ich bin sicher, dass ein Großteil meiner Komik auf Zorn und das Gefühl zurückgeht, angefeindet zu werden. Sie basiert auf meinem Gefühl, dass ich als Jude und als Person nicht in das Mainstream der amerikanischen Gesellschaft hineingehöre. Sich anders fühlend, entfremdet und diskriminiert bleibt einem als einzigen Ausweg das Lachen. Wenn du nicht darüber lachst, musst du nämlich weinen und zwar nie aufhören zu weinen. Das ist wohl der Grund, weshalb die Juden einen so ausgeprägten Sinn für Humor entwickelt haben.«

Mel Brooks weist uns noch einmal darauf hin, dass es weltweit nur 13 Millionen Juden gibt, also so viel wie die Bevölkerung des Großraums von Istanbul, dass jedoch 21 Prozent aller Nobelpreisträger jüdisch gewesen sind. Juden seien nun einmal »smart«, schlau, intelligent. Die Gründe seien die Weltlichkeit des jüdischen Glaubens[134], die stetige Herausforderung durch die Umwelt und die Schriftkultur, die auf Bildung großen Wert legt. Mel Brooks erzählt von Tevye, dem »Fiddler on the roof« des jüdischen Schriftstellers Shalom Aleichem. Tevye sagt, die Juden würden immer einen Hut tragen, weil sie nicht wüssten, ob sie nicht bald zur Reise gezwungen wür-

---

[134] im Gegensatz zum Christentum, das Enthaltsamkeit und Askese predigt

den. Mel Brooks ergänzt, dass sie auch immer darauf achten müssten, unter dem Hut, im Kopf, viel angehäuft zu haben, denn materiellen Besitz konnten sie oft nicht mitnehmen. Aber was die Juden in ihrem Kopf hatten, war stets ihr wertvollstes Gut. Davon hat denn auch die ganze Menschheit stets profitiert.

Kapitel 3

Moorsoldaten und Kumpel

Die Ursprünge der Türken in Deutschland
oder: Wie aus anatolischen Bauernsöhnen Steiger
im deutschen Bergwerk wurden

D iplomaten gehören immer zur Elite ihres Landes. Sie stammen von guten Familien ab, genießen eine ausgezeichnete Bildung, ihre Karriere beginnt in der Regel schon mit der Geburt. Für Außenministerien haben bestimmte Schulen des Landes Kaderschmiedecharakter. Kurzum, man kennt und erkennt sich in diesen Kreisen. Das gilt selbstverständlich auch für türkische Diplomaten in Deutschland, die seit dem Anwerbeabkommen 1961 zunehmend mit den Problemen der Arbeitsmigranten konfrontiert wurden. Die hohe Schule der Diplomatie wird in der Türkei an der Fakultät für Politische Wissenschaften der Universität Ankara gelehrt, die Musterschüler kommen vom Galatasaray-Lyzeum in Istanbul. Deutschland ist führend in Technik und Wissenschaften, aber die Zivilisation spricht für die Diplomaten der Türkei immer noch Französisch.

Die diplomatischen Vertretungen in Deutschland zählen wegen der weltweit höchsten Zahl der hier gemeldeten türkischen Bürger als die am meisten beschäftigten. Gute Gesandte haben sich stets mehr um die Belange ihrer Staatsbürger gekümmert, manche sahen jedoch in ihnen die »Deutschländer«, Menschen niederer Klasse und Bildung, mit denen nichts anzufangen ist und die das Image der Türkei im Ausland vermasseln. Diese Bauernsöhne haben sich nach Europa gerettet, während ihresgleichen zu Hause im Kaffeehaus Däumchen drehen. Was wollen sie mehr?

Dass aufeinander folgende Regierungen in Ankara in den Türken in Deutschland und anderen europäischen Ländern seit den 1970ern nichts anderes gesehen haben als die berühmte Melkkuh, hat den Graben zwischen den Arbeitern und ihrem Staat, der zwar von ihnen profitiert, sich aber nicht für sie einsetzt, verbreitert. So leben die türkischen Arbeiter in Europa, sofern sie nicht die Staatsbürgerschaft ihres Wohnortes angenommen haben, de facto wie Staatenlose im Niemandsland.

Der junge Arbeitsattaché der Türkischen Botschaft in Bonn, Bekam Bilaloglu, gehörte zu den Idealisten. Er machte sich an einem regnerischen Tag im Jahre 1963 auf den Weg in den Norden, nach Schleswig-Holstein. Das Anwerbeabkommen mit der Türkei war gerade zwei Jahre alt, aber die Türken hatten sich bereits über das ganze Land verteilt. Von Kiel bis Koblenz erreichten die Türkische Botschaft, die bis dahin ein beschauliches Dasein in der kleinen, ruhigen deutschen Hauptstadt geführt hatte, die kaum leserlichen Briefe der unglücklichen, klagenden Arbeiter. Mal waren es die nicht bezahlten Überstunden, mal der fehlende Gebetsraum im Betrieb und immer wieder das Kantinenessen mit Schweinefleisch, das jeder bezahlen musste aber keiner zu sich nehmen wollte. Betriebsleitungen schrieben die Botschaft an und beklagten sich über die Türken, die das auf den täglichen Kalorienbedarf errechnete Essen nicht aßen und ihre Mahlzeiten unbedingt auf kleinen Elektrokochern in den Heimzimmern kochen wollten, was keine Versicherung zuließ.

Bilaloglu bekam auf dieser ersten Rundreise durch das türkische Gastarbeiterparadies Deutschland einiges zu sehen, aber das, was ihm bei Hamburg vorgeführt wurde, überstieg doch seine Vorstellungskraft. »Der Betrieb hieß Torfwerke. Sie suchten in der Tiefe der Erdschichten nach Torf, der sich erhalten hatte, um Brennstoff daraus zu machen. Unsere Leute arbeiteten im Moor. Es war unglaublich kalt.« Aber was den damals 30jährigen jungen Diplomaten so erschütterte, war, dass unweit von den Türken Strafgefangene im selben Moor dieselbe Arbeit verrichteten. »Hier waren unsere Jungs, auf der anderen Seite, hinter dem Stacheldraht die Gefangenen, die unter Aufsicht von Wachmännern mit angelegten Maschinenpistolen schufteten. Die Männer schnitten die gegrabene Erde in Stücke und fertigten Lehmteile daraus. Wenn ich mich richtig erinnere, gab es für jedes Stück Lehm 2 Pfennige.«

Torf zu stechen war eine der Zwangsarbeiten von Zuchthäusern, die in Deutschland erst mit der 1. Strafreform vom 25. Juni 1969 abgeschafft wurden. Die Hochmoore Schleswig-Holsteins waren nicht nur als Rückzugsraum von Libellen, Schmetterlingen oder dem Fleisch fressenden Sonnentau berühmt, sondern auch als Quelle für den billigen Brennstoff, der die traditionelle und teure Kohle ersetzte. In diesem nördlichsten Bundesland Deutschlands war ein Zehntel der Fläche von Moorböden bedeckt. Kein Deutscher wollte mehr diese Arbeit freiwillig machen. Es hatte Tote gegeben. »Die Männer unter den anatolischen Bauern, die ich hier sah, die nicht robust genug waren, verloren bei ihrer Arbeit nicht nur ihre Gesundheit, sondern auch ihr Leben. Nur die Gesündesten überlebten.«[135] Bilaloglu erfuhr, dass eine

---

[135] Metin Gür, »TKP'nin Avrupa Yillari« (Die Europa-Jahre der TKP), Günizi Yayincilik, Istanbul 2002

Schicht von sechs Uhr morgens bis sechs Uhr abends dauerte. Torf wurde im Frühjahr gestochen. Zunächst wurde die zu stechende Fläche abgebunkert, indem die oberste Vegetations- und Torfschicht zur Seite geschafft wurde. Mit dem Sticker wurde der Torf von oben eingeschnitten, um die Soden von der Seite her mit dem Jager zu stechen. Das so entstandene ca. zwei Meter breite und drei Meter lange Loche wurde als Pütte bezeichnet. Abhängig von der Feuchtigkeit des Bodens wurden zehn bis zwölf Schichten gestochen. Jede Schicht ergab ca. 170 ziegelförmige Soden, so dass in sechs bis sieben Tagen der gesamte Wintervorrat gestochen wurde. Die Soden wurden zum Trocknen bienenkorbförmig aufgeringt und im September eingefahren.[136] Der Attaché aus Istanbul, der so etwas noch nie gesehen hatte, war geschockt. Mittelalterliche Zustände im zivilisierten, aufgeklärten Europa, wo zweitklassige Ausländer und Strafgefangene im feuchten Biotop nach Torf stechen? Er wurde sofort bei dem zuständigen Abteilungsleiter im Kieler Arbeitsministerium vorstellig. Dieser zeigte sich mitfühlend aber ohnmächtig. »Schreiben Sie Ihrer Regierung, dass sie zu solcher Arbeit keine Männer schicken darf«, riet er dem jungen Diplomaten, »sie werden hier fürchterlich ausgebeutet, aber wir können es nicht verhindern«.[137]

Wann hat der letzte Türke in den schleswig-holsteinischen Mooren Torf gestochen? Hat die Inspektion des türkischen Diplomaten etwas bewirkt? Wohl nichts. Dabei hatten die türkischen Moorsoldaten regelrecht um Hilfe geschrien. Vielleicht waren sie die ersten, die bitter erfahren mussten, dass in dem kapitalistischen System, in das sie ahnungslos und voller Vorfreude aus dem anatolischen Dorf gekommen waren, jeder auf sich gestellt war. Niemand zwang sie zu dieser Arbeit, oder? Wem es nicht gefiel, der konnte ja wieder nach Hause gehen. Das war und ist die berühmte Freiheit: Die menschenverachtendste Seite des vom Westen her über den Globus – notfalls mit Waffengewalt – verbreiteten Wirtschaftssystems heißt die Lebenslage jedes Einzelnen auf dessen eigenes, fast natürliches, angeborenes Vermögen oder seine Unfähigkeit zurückzuführen, in der Gesellschaft weiterzukommen. Dies erfuhren die »Gastarbeiter« viel direkter und schneller als die deutschen Nachkriegsgenerationen. Während die jungen Deutschen ab den 1960ern infolge der Bildungsreform und anderer Segen des Sozialstaates die Handicaps ihrer Herkunft überwanden, aus vielen Arbeiterkindern eine solide, breite Mittelklasse und aus ehemaligen Mittelklassenkindern eine neue, liberale bürgerliche Oberschicht entstand, füllten die »freiwilligen Gastarbeiter« das

---

[136] Informationstafel, Zweckverband, Erholungsgebiet Tülsfelder Talsperre http://www.nord westreisemagazin.de/moor/moorlehrpfad-molbergerdose. htm
[137] Metin Gür, S. 16

unten entstehende Loch. Während die einen sich auf einen relativ kurzen Weg von einem kriegszerstörten Land über Marshall-Pläne zu mehr Freizeit, Bildung und Freiheit aufmachten, wurden die Ränge »ganz unten«[138] von jenen besetzt, die nicht dazugehörten und eigentlich auch nie dazugehören sollten. Wer sich dafür nicht zu schade war, aus seiner Heimat aufzubrechen, freiwillig und nicht unter Waffenzwang nach Europa zu kommen und hier die anfallende Drecksarbeit zu übernehmen, konnte nicht eines Tages in sauberen Kleidern vor seinen Herren treten und auf Augenhöhe dieselben Rechte verlangen wie die Deutschen. Vergleichbare Entwicklungen etwa wie die Emanzipation der Schwarzen in Amerika sind nicht ohne Kampf abgelaufen.

Aber von Integration in der deutschen Gesellschaft sprach in jenen Jahren niemand. Die in Waggons eingepfercht ankommenden, dunkelhaarigen, mager aussehenden, wild und verschreckt dreinschauenden Männer und die stillen, kleinen Frauen wollten nichts anderes als nur Geld zu verdienen – wie all jene aus Italien, Spanien oder Portugal vor ihnen. Die Gedächtnisprotokolle von Arbeitern des ersten Jahrzehnts bis in die siebziger Jahre zeigen, dass die Gastarbeiter im Bewusstsein der deutschen Gesellschaft eine Fortsetzung der Fremd- und Zwangsarbeiter in den deutschen Werken waren: Sie bewohnten oft dieselben Unterkünfte, waren genauso arm, genauso unterwürfig. Sie waren geholt worden, um den Deutschen, Franzosen oder Niederländer nicht nur mit der anfallenden Arbeit zu helfen, sondern auch den Aufstieg zu ermöglichen, denn wie uns viele Publikationen über unser Thema zum Überdruss erzählen, übernahmen die Fremdarbeiter in den 1950er und 60er Jahren fürwahr die Drecksarbeit, die schwerste Arbeit, die langweiligste Arbeit ohne Aufstiegschancen und schlecht bezahlt. Der Weg, den die türkischen Deutschen von heute zurücklegten, ist ein äußerst beschwerlicher. Es gilt, nicht nur durch persönlichen Aufstieg die Kelleretage der Gesellschaft zu verlassen, damit etwa neue Außenseiter nachrücken, sondern die Lebensbedingungen für alle auf eine gerechte Art und Weise zu verändern.

Eine andere Heimat-Trilogie

Die türkische Schriftstellerin Füruzan, selbst vom gesellschaftlichen Rand kommend und in den 1970ern mit sensiblen Romanen über die 68er Generation bekannt geworden, erzählt uns die Geschichte mit den Augen einer ehrli-

---

[138]   Günter Wallraffs Bezeichnung ist schlicht wie genial.

chen Chronistin. Füruzan fuhr Ende 1974 mit dem Zug vom Bahnhof Zoo in Berlin aus ins Ruhrgebiet. Begleitet wurde die erfolgreiche Autorin ihrer Zeit, die mit einem DAAD-Stipendium gekommen war, vom damaligen türkischen Oberdolmetscher der Ruhrkohle AG (RAG). Ihr Ziel waren die Arbeiterwohnheime der Zeche Lohberg.

Die türkischen Männer arbeiteten im Ruhrgebiet bzw. in Nordrheinwestfalen neben dem Bergbau in der Eisen- und Metallindustrie (Thyssen, Krupp, Klöckner und Mannesmann), der Bauindustrie (Hochtief), bei der Bundesbahn und in der Autoindustrie (Ford- und Opelwerke), während die türkischen Frauen in der Elektrotechnik und Textilindustrie beschäftigt wurden.

Die tägliche Kohleförderung betrug in Lohberg 10 bis 11 000 Tonnen, zwei Drittel davon waren Steinkohle. Es arbeiteten 589 Arbeiter an der Zeche über Tage, 2 531 unter Tage. Es gab neben den klassischen Gastarbeitern auch Südkoreaner, die aufgrund eines bilateralen Abkommens nach Deutschland gekommen waren, um zu Steigern und Facharbeitern ausgebildet zu werden.

Hier traf sie die Männer in den Heimen, saß mit ihnen beim Tee, teilte ihr Heimweh und ließ dabei ihren Rekorder laufen; die Schriftstellerin fuhr mit den Männern, die ihre fürchterliche Angst vor dem schwarzen Loch da unten, in tausenden Metern Tiefe, vor dieser zierlichen, blonden Frau kaum verbargen, in die Schächte hinunter; sie wurde somit Zeugin und Chronistin der Pionierzeit der Arbeitsmigranten, ohne die es heute in keinem europäischen Industriestaat türkische Minderheiten geben würde.

Es ist immer peinlich über die Ängste gestandener Männer zu lesen. Aber das Leben macht später aus Kindern die Eltern ihrer Mütter und Väter, und wer das versteht und lebt, wird erwachsen. Die Kinder der »Gastarbeiter« sind schon sehr früh erwachsen geworden, zum Beispiel als sie – halbe Kinder noch – in Ämtern für ihre hilflosen Eltern übersetzt, nachts ihren schrecklichen Alpträumen zugehört, tagsüber sie zu Ärzten begleitet haben, die ihre Leiden nicht kurieren konnten. Spätestens, als ihr Vater am Küchentisch zum wie vielten Male seine nicht mehr aufrechtzuerhaltende häusliche Überlegenheit zu erkämpfen versuchte und ihre Mutter sich heimlich ein anderes Leben in einer anderen Zeit wünschte und dafür betete, da wurden die Arbeiterkinder zwangsläufig erwachsen. Ein wichtiger Grund, warum heute die innerfamiliären Konflikte weder in deutschen noch in türkischen Familien lösbar sind, ist, dass die Kinder ihre Fähigkeit zur Reife verloren haben, Erwachsensein nicht viel bedeutet und ewig währendes Leben als Jugendliche das Ziel der Konsum- und Spaßgesellschaft ist.

»Als ich zum ersten Mal herunterfuhr, habe ich mich zu Tode erschrokken«, erzählt einer der Männer im kleinen Heimzimmer, wo sich acht Arbeiter bei Tee versammelt haben – wir schreiben das Jahr 1975. »Ein Wind! Wir steigen ein, vier Körbe, zu achtzehn Leuten. Als wir so im Wind herunterfahren, gehen auf einmal meine Ohren zu. Ich muss meinen Mund offen gehalten haben. Unten habe ich dann geguckt, es sah nicht schlecht aus, geräumig, staubig zwar, aber was soll's. Sieht aus wie ein schön gebautes Haus, sage ich mir, wie ein Tunnel. Ich sage mir, hab' keine Angst Mann, das ist ein Eisenbahntunnel in der Türkei, nimm' dich zusammen. Wir fahren weiter. Ein kleinerer Fahrstuhl, weiter runter. Da, haben sie gesagt, waren's 720 Meter. Davor hatten sie gesagt, 370 Meter. Aus dem zweiten Fahrstuhl heraus, kamen wir auf eine Ebene. Manche Stellen verfallen, andere sind proper. Na gut, dachte ich. An der Decke waren Stahlgitter, also fällt uns nichts auf den Kopf. Aber als wir dann dort ankamen, wo wir die Kohle heraushauen sollten, ein Stöhnen, ein Lärm! Ich gucke, das ist der Hobi, jetzt weiß ich es, damals wusste ich es natürlich nicht[139]. Der Strieb, in den ich kriechen soll, ist 90 Zentimeter hoch. Man muss auf allen vieren kriechen. Einer zieht den Stempel, der andere gräbt. Ich dachte, ich würde dabei sterben.«[140]

Er setzte sich einfach nur hin, irgendwohin, wo er sich sicher fühlte, vielleicht sackte er auch aus lähmender Angst auf der Stelle zusammen. »Ich sitze mit geschlossenen Augen auf dem Boden. Meine Freunde gehen auf und ab. Manche fragen: Was sitzt du da so? Ich sage, lasst mich bloß hier sitzen. Aus Angst zerspringt mir bald das Herz. Aber ich kann es niemandem sagen. Ich warte also, dass meine Angst mich verlässt. Ich bin sehr hellhörig, das leiseste Knistern wird in meinen Ohren zum Donnerschlag. Die Leute lachen mich aus. Natürlich die Älteren, Erfahrenen. ›Kumpel‹ sagen sie, ›du wirst hier arbeiten, du musst. Wenn du nicht anders kannst, dann grabe da, wo du sitzt.‹ Was ich dann auch mache. Ich habe an dem Tag beschlossen, das Bergwerk zu verlassen. Jetzt bin ich schon drei Jahre hier.«[141] Bei diesem Mann hielt der Angstzustand einen Monat an. Eintausend Meter unter der Erde hörte er Geräusche von oben. Manche verunglückten direkt neben ihm. Täglich wartete er auf seinen eigenen tödlichen Unfall. Er redete sich ein,

---

[139] Er meint den Kohlehobel, den die Türken Hobi nennen. Das Bergbaulexikon gibt Auskunft: »Ein zwangsgeführtes Gewinnungsgerät, das am Flöz entlanggezogen wird und mit Meißeln die Kohle aus dem Flöz herausschneidet. Als Widerlager und Zwangsführung dient der Kettenkratzerförderer. Der Hobelkörper wird von einer Kette in beide Richtungen bis zum Strebende gezogen. Entsprechend der Kohlenhärte und der geologischen Verhältnisse werden unterschiedliche Bauweisen eingesetzt, wie Gleit-, Reißhaken-, Kompakt- oder Gleitschwerthobel.« http://www.nrw-online.de/bergbau/lex_wahl.htm)

[140] Füruzan, »Yeni Konuklar« (Logis im Haus der Reichen), S. 293. Alle Übersetzungen sind aufgrund des fehlenden deutschen Exemplars von der Autorin selbst angefertigt worden.

[141] ebd.

dass er auch das arbeiten kann, was alle können. Er dachte unentwegt daran, wie er zuletzt in der Türkei mit 250 anderen Männern tagelang umsonst für die 30 freien Stellen in der nächsten Fabrik angestanden hatte. Man hatte zum Schluss einfach Lose gezogen. »Jemand wie ich«, schloss er sein Geständnis ab, »wissen Sie, der muss nun einmal in den tiefsten Grund.«[142]

Die Schächte Lohberg 1 und Lohberg 2 sind zu Beginn des 20. Jahrhunderts abgeteuft worden. Das dünn besiedelte Emschergebiet, heute eine der Hauptregionen des türkischen Lebens im Pott, bot bei weitem nicht die Belegschaft so großer Tiefbauzechen, so dass der Bergbau zum Magnet von Arbeitern wurde, die von überall her in das industrielle Herz Deutschlands, das Ruhrgebiet, strömten. Die Experten erzählen bis 1914 von drei Zuwanderungswellen: Für die Entwicklung des Bergbau an der Ruhr wurden zuerst im 18. Jahrhundert aus dem Erzgebirge und dem Harz deutsche Bergleute, also einheimische qualifizierte Kräfte angeworben. Um die Mitte des 19. Jahrhunderts, als die industrielle Entwicklung ungeahnte Maße und Geschwindigkeiten anzunehmen begann, kamen die ersten Armen. Das waren keine Bergleute mehr, sondern ungelernte Arbeiter, Handwerker oder vielfach nichterbende Bauernsöhne aus Hessen oder Westfalen, die ein Auskommen suchten und dies im Bergbau zu finden hofften. Die letzte Zuwanderungswelle begann im letzten Quartal des 19. Jahrhunderts und hielt bis zum Ersten Weltkrieg an. Aus dem Osten, den früheren preußischen Ostprovinzen Schlesien, Posen, Ost- und Westpreußen kamen neben Deutschen auch viele Polen, die so genannten »Ruhrpolen«. Ihre Zahl betrug vor dem Ersten Weltkrieg 500 000. Aber auch aus Österreich, Tschechien, Slowenien und Italien kamen Arbeitslose oder angelernte Bergleute ins Ruhrgebiet. Zwischen 1850 und 1914 stieg die Zahl der Bergarbeiter im Pott von 13 000 auf 440 000 an.[143]

Von den Polen kehrten nach der Wiederherstellung des polnischen Staates ein Drittel zurück, während ein weiteres Drittel in französische Kohlenregionen abwanderte. Der Rest blieb im Ruhrgebiet und assimilierte sich unter Zwangsmaßnahmen wie dem Verbot des Gebrauchs des Polnischen bei öffentlichen Versammlungen. In polnischen Kirchen musste Deutsch gepredigt werden – wohl eine der ersten Assimilierungsmaßnahmen, die in Deutschland den Behörden eingefallen sind und uns daran erinnern, dass die Reformjuden des 18. Jahrhunderts dieselbe Forderung an ihre eigenen Landsleute gestellt hatten, damit sich diese in Deutschland assimilierten. Die Polen standen privat und öffentlich, mit ihrer Religionsausübung und ihrem Ver-

[142] Füruzan, S. 294
[143] http://www.dinslaken-lohberg.de/Info/Geschichte/hauptteil_geschichte.htm

einsleben, unter strenger Kontrolle des Staates. Ihre Aktivitäten wurden von der 1909 in Bochum gegründeten »Zentralstelle für die Überwachung der Polenbewegung im rheinisch-westfälischen Industriegebiet« observiert.

Eine solche Bevölkerungsexplosion innerhalb von wenigen Jahrzehnten verursachte natürlich alle erdenklichen Probleme, allen voran eine große Wohnungsnot. So genannte »Mietskasernen«, und ab den 1840ern erbauten Bergarbeiterkolonien, sollten das größte Folgeproblem der enormen Zuwanderung lösen. Die deutsche Gartenstadtbewegung[144] stand Pate für die Bergarbeiterkolonie Lohberg, in der künstlich ein Gefühl von Natur und vorindustrieller Idylle erzeugt werden sollte. Die Großindustrie fasste hier Ende des 19. Jahrhunderts Fuß, als der Industrielle August Thyssen nach seinen Werken in Duisburg, Mülheim-Styrum und Hamborn-Bruckhausen das Landstädtchen Dinslaken zum Standort seines neuen Bandeisenwalzwerkes machte und den Bau einer Schachtanlage beschloss. Das Bergwerk nahm 1901 feste Gestalt an, und Ende Dezember 1905 wurde bereits die erste Gewerkschaft Lohberg gegründet. Die Förderung auf beiden Schächten für den Absatz begann 1913.

Das heute von vielen Türken bewohnte Lohberg bekam damals seinen Anteil von der Ostzuwanderung, den Schlesiern, Posenern und Polen, aber aus ganz Deutschland wanderten Arbeiter in das neue Industriegebiet ein. Weil die Zuwanderer aus Österreich, Jugoslawien, Holland oder Ungarn zahlenmäßig nicht so stark waren, wurde hauptsächlich zwischen Deutschen und Polen unterschieden wie heute zwischen Türken und Deutschen.

»Polacken« und »polnische Wirtschaft« waren nur zwei der abschätzigen Ausdrücke über Polen, die Vorreiter der heutigen Polenwitze, die im Internet kursieren und Polen als Diebe denunzieren. Vielfach kamen die Männer mit ihren Familien an; viele hatten sich schon hier und dort verdingt, so dass sie erschöpft waren. Zum Beispiel der Hauer (qualifizierte Bergmann) Franz H. aus dem Sudetenland. Er hatte sich mit fünf Kindern 1903 auf den Weg gemacht und war mit jeweiligen Arbeitspausen in den Zechen von Lothringen, Bochum-Gerthe, Moers und Neumünster 1909 nach Lohberg gekommen. Mit unterwegs geborenen drei Kindern war er schon achtfacher Familienvater geworden.

---

[144] Die städtebauliche Strömung entstand um 1900 als Reaktion auf die miserablen Wohnverhältnisse in den stark gewachsenen Städten. Die Gartenstädte am Rande der Städte mit dem Einfamilienhaus im Grünen wurde zum Ideal erklärt. Von dem Briten Ebenezer Howard wurde 1903 die erste Gartenstadt Letchworth bei Hertfordshire erbaut. Deutschland folgte 1908 mit Hellerau bei Dresden. Die Bewegung wurde von Vereinen getragen, die Flächen ankauften und im Sinne der Bewegung bebauten. Wichtig war die Mitbestimmung der Bewohner und lebenslanges Mietrecht.

Die Bergarbeiterkolonie in Lohberg verlor mit den Jahren ihren ländlichen Reiz. In den 1920ern und 30ern herrschte hier bittere Armut und Arbeitslosigkeit, was auch dazu führte, dass Lohberg zu einer Hochburg der Kommunistischen Partei wurde. Das menschliche Elend in der Kolonie zog sich über den ganzen Zweiten Weltkrieg hindurch. Ab 1941 war das Kohlerevier auf ausländische Arbeiter angewiesen, gegen Kriegsende waren 7,6 Millionen Ausländer im Land, davon 1,7 Millionen Polen und 2,8 Millionen Russen als Zwangsarbeiter.

Am 25. März 1945 kamen die Amerikaner. Die Flüchtlings- und Vertriebenenwellen erreichten auch Lohberg, man rückte zusammen, renovierte sein Haus, baute den Dachboden zum Wohnraum aus und errichtete Heime für die Bergleute, die jetzt mit der vierten Zuwanderungswelle nach Lohberg kamen. Es entstanden Mietshäuser mit gemeinsamen Toiletten, während Alteingesessene nach und nach in das südliche Neubaugebiet zogen, wo modernere Wohnungen mit eigenem Bad gebaut wurden. Wer aufstieg, verließ die Kolonie.

Überhaupt hatten Deutsche immer weniger Lust, die Schwerstarbeit in den Schächten auf sich zu nehmen, obwohl der Lohn zwar relativ gut war, aber Prestige und Aufstiegschancen unter Null waren. Sie wanderten zunehmend in bessere Wachstumsbranchen ab. Die Stahlkrise im Jahr 1957 und andere Entwicklungen ließen den Bergbau ohnehin weiter schrumpfen.

Zahlen, die die heutige Situation im deutschen Bergbau dokumentieren: Im Jahr 1957 waren 600 000 Bergleute in 173 Bergwerken beschäftigt, 1970 gab es nur noch 250 000 Arbeiter in 69 Werken und schließlich sollten die Zahlen 1990 auf 100 000 Beschäftigte sinken. 2001/2002 waren im Bergbau nur noch 50 000 Arbeiter übrig. Trotz einer geplanten Subventionierung von knapp 16 Milliarden Euro von 2006 bis 2012 soll die Belegschaft auf 20 000 reduziert und die Hälfte der heute noch aktiven zehn Zechen stillgelegt werden.

Trotz des steten Niedergangs der deutschen Steinkohleförderung oder gerade deswegen stieg ab Mitte der 1950er Jahre die Zahl der »ausländischen Arbeitnehmer« immer weiter an. Wer aufstieg, verließ die Zeche. Zurück blieben die Türken. In einem internen Papier der Gewerkschaft IG Bergbau und Energie (IGBE) sollen 1963 im Bergbau 5 286 Türken gewesen sein; 1964 stieg ihre Zahl schon auf 7 643. Ende 1968, als die Ruhrkohle AG (RAG) gegründet wurde, übernahm sie 13 900 Ausländer von den angeschlossenen Bergwerken. 1975 betrug die Zahl der Ausländer 23 558, stolze 85 Prozent davon waren Türken.[145] Noch Mitte der 1980er Jahre waren zum

---

[145] http://www.isoplan.de/aid/2003-4/arbplatz_d.htm

Beispiel in der Zeche »Consolidation« in Gelsenkirchen 37 Prozent aller Beschäftigten Türken.

Kurzum wurden Türken im deutschen Bergbau so unentbehrlich, dass ein IGBE-Vorstand in den 1980ern sagte: »Ein Bergbau ohne Türken wäre zur Zeit nicht mehr denkbar«. Ein Umstand, auf den niemand stolz sein kann, weil die Türken im deutschen Bergbau wie nirgendwo anders ausgebeutet worden sind, auch wenn sie in der Zwischenzeit einen oder zwei Acker im Heimatdorf erworben oder sich zu Hause ein Haus gebaut haben. Die deutsche Erde wird den allermeisten von ihnen nicht zur letzten Ruhestätte, weil sie nicht hier begraben werden wollen.

Ein Leben als Bergmann in den 1970ern, 1980ern oder gar bis in unsere Zeit hinein, unten in dunklen Schächten nach Kohle zu graben, trotz moderner Hilfsmittel eine gefährliche Schwerarbeit zu verrichten, seine Gesundheit aufs Spiel zu setzen und dadurch sein Leben »freiwillig« zu verkürzen, während die Anderen gesund leben und eher von Überalterung geplagt sind, das ist ein anachronistischer Umstand, dessen sich auch die Türken bewusst sind. Aber es ist offensichtlich nicht leicht für Türken, sich aus dem tiefsten Loch zu befreien. Nach der Fusionierung der RAG mit den Saarbergwerken zur Deutschen Steinkohlen AG (DSK) betrug 1998/99 ihr Anteil an allen Ausländern immer noch 95 Prozent, wobei die meisten unter Tage arbeiteten.[146]

»Wir haben auch Gebetsräume und Hodschas«

Der Heimleiter empfängt die türkische Schriftstellerin in seinem karg eingerichteten Gemach. Seinen Arbeitstisch schmücken ein koreanischer, ein Kalender der türkischen staatlichen Halkbank und einen dritter der Bergarbeitergewerkschaft. Daneben steht ein Aschenbecher, auf dem Piräus steht, mit einem Bild der Akropolis darauf, und nicht zuletzt ein ganz gewöhnliches deutsches Sparschwein. Er berichtet der türkischen Schriftstellerin von den vielen Aufgaben, die er zu erfüllen hat. Seine »Jungs« sind jedoch ausgewachsene Männer mit einem fertigen Charakter und vielfältigen menschlichen Bedürfnissen – für den Heimleiter sind es Fremde, die es zu verwalten gibt und laut anzuschreien, wenn sie etwas begreifen sollen. »Sie werden in den Heimen selbst sehen, wir tun alles, damit sie es bequem haben. (...) Wir

---

[146] http://www.isoplan.de/aid/2003-4/arbplatz_d.htm

haben auch Gebetsräume und Hodschas.« Deutsche Arbeitgeber nehmen diese religiösen Bedürfnisse sehr ernst, sie mischen sich nicht ein, haben alle nötigen Schritte unternommen. Nur wollen sie keine politischen Reibereien und keine Konfliktherde in den Heimen. Das Wohnheim, das die türkische Literatin besucht, ist im sogenannten Pestalozzidorf. Diese Siedlungen wurden nach dem Vorbild des Pädagogen Johann Heinrich Pestalozzi während des Zweiten Weltkriegs in der Schweiz erbaut, um die entwurzelte Kriegsjugend aufzunehmen. »Wer nicht in seiner Jugend in den festen Schranken eines ordentlichen Hauses gewandelt und nicht von seinen Eltern zu einem Nahrungserwerb angeführt, vorbereitet und ausgebildet worden ist, der wird sich mit allem Guten und allen Anlagen, die er haben mag, auf einen mißlichen Fuß in diese arme Welt hineingeworfen sehen«, hatte Pestalozzi einst gesagt und damit sein Projekt der Waisenheime in der Zeit der Napoleonischen Kriege begründet.

Bevor dort die entwurzelten Türkensöhne untergebracht wurden, standen hier Baracken für die Zwangsarbeiter des Zweiten Weltkrieges. Dann diente das Pestalozzidorf in Dinslaken-Lohberg, das mit dem in Bochum-Weitmar die ersten beiden seiner Art war und 1950 gebaut wurde, einfach als Bergarbeiterunterkunft. Bis 1957 sollten im Ruhrgebiet noch weitere 20 Pestalozzidörfer entstehen. Sie hielten anfangs die Kriegswaisen, die inzwischen halbwüchsig und orientierungslos waren, vom Abgleiten in die Kriminalität ab. Die Anlage bestand in der Regel aus Doppelhäusern, die sich um eine Wiese und an Straßen aneinanderreihten. Im Erdgeschoss waren neben Küche und Gemeinschaftsraum ein Schlafzimmer und ein »Kinderzimmer« für die so genannten »Pestalozzieltern« untergebracht, die je sechs Jungen betreuten. Die Jungbergleute schliefen oben unter dem Dach in Dreibettzimmern. »Mit eingebauten Schränken, fließendem Wasser, guten Betten, stabilen Tischen und Stühlen sind die Räume zweckmäßig ausgestattet«, berichtete die Werkszeitschrift 1953. »Die Eltern sorgen für die Wirtschaft und nehmen sich der kleinen und großen Nöte ›ihrer Jungs‹ an. Ein großer Wirtschaftsgarten bei jedem Haus, in dem die Jungen sich nach Feierabend betätigen können, ein Hühner- und ein Schweinestall sollen zur Wirtschaft beisteuern, zu der im übrigen die Werksleitung einen Kostgeldbeitrag leistet.« Eine sehr geringe Miete machte die Aufnahme von Berglehrlingen zusätzlich attraktiv.

Das Pestalozzidorf-Konzept liest sich tatsächlich als eine Art autoritäres Kommuneleben ohne Mädchen. Es gab einen »Hausvater«, der bei den Türken zum allgemeinen Heimleiter mutierte, die »Hausmutter«, die früher für die »Jungs« kochte, bügelte, Socken ausstopfte, fiel aus. Statt des »Dorfleiters«, der früher die Gesellen verwaltete, indem er auch ihren Lohn bekam und ihnen ein Taschengeld zahlte, sorgte jetzt der Heimleiter dafür, dass Wäsche gewaschen und das Gemeinschaftsessen verzehrt wurde und zog den Türken diese Kosten automatisch vom Lohn ab. Das »Dorfparlament«, das früher über gemeinsame Probleme und Themen debattierte, wurde durch die frühabendliche Sitzung der Männer ersetzt. Freizeitaktivitäten wie Paddelbootbau oder Foto-AG fielen selbstredend aus. Die Pestalozzidörfer, die in der Nachkriegszeit verwahrloste Jugendliche zu qualifizierten, verantwortlichen Bergarbeitern ausbildeten, beherbergten also jetzt die »Fremdarbeiter«, die sich von deutschen Meistern zur Arbeit anhielten ließen.[147]

In einer 1995 veröffentlichten Broschüre der »Revierarbeitsgemeinschaft für kulturelle Bergmannsbetreuung« (REVAG) werden die Sammelunterkünfte der Bergarbeiter so beschrieben: »Bis heute sind sie berüchtigt, die ›Bullenklöster‹ im Ruhrgebiet: Die Wohnheime und Lager für junge Bergleute, die nach dem Krieg im Schatten der Fördertürme aus dem Boden gestampft wurden. Die Stimmung dort war denkbar schlecht. Saufgelage und Schlägereien waren an der Tagesordnung. Als die Gastarbeiter angeworben wurden, herrschte praktisch eine ähnliche Situation wie Ende der 1940er Jahre. Auch die ausländischen Arbeiter wurden in den ›Bullenklöstern‹ untergebracht.«[148]

»Anstelle der Heime im Pestalozzidorf standen früher die dreckigen Wohnbaracken der Kriegsgefangenen, die in den Bergwerken geschuftet haben«, erfährt Füruzan von den Arbeitern. Kohle als wichtigsten Rohstoff der Kriegsindustrie Deutschlands in beiden Weltkriegen brauchte unaufhörlich Arbeiter, um die Produktion zu steigern. Im Jahre 1942 waren schon über 100 000 Kriegsgefangene und Zivilisten aus der besetzten Sowjetunion ins Ruhrgebiet gebracht worden. Tatsächlich stieg ihre Zahl bis Ende 1943 auf 220 000 im Steinkohlebergbau. Es wird von Hunger, rassistischer Diskriminierung und körperlicher Gewalt durch Vorgesetzte berichtet.[149] Wie die Untersuchungen zeigen, hatten es die ausländischen Zwangsarbeiter im Ruhrgebiet jedoch immer noch besser als unter dem Joch der deutschen Besatzungsmacht daheim.

Die neuen Arbeitssklaven, die in unserem zivilisierten Jargon »freiwillig« gekommen waren, erzählen. Nevzat zum Beispiel ist ein introvertierter Mann mit einem sensiblen Gesichtsausdruck und kindlicher Ausstrahlung. »Ich bin

---

[147] http://www.cliolink.de/denkmalliste/bezirk06/katernberg/00000095221 2ac997.html
[148] http://www.isoplan.de/aid/2004-1/arbplatz_d.htm
[149] Klaus Tenfelde und Hans-Christoph Seidel (Hrsg.), »Zwangsarbeit im Bergwerk. Der Arbeitseinsatz im Kohlebergbau des Deutschen Reiches und der besetzten Gebiete im Ersten und Zweiten Weltkrieg«, Klartext Verlag, 2005, http://www.rub.de/isb

in Zonguldak-Beycuma geboren, im Dorf Korucuk am 27. Tag des 4. Monats von 1945. Die Grundschule habe ich im größeren Ort in der Nähe besucht. Unser Dorf war zwei km von der Schule entfernt; wir gingen zu Fuß dorthin. Als die Schule fertig war, begannen wir wie alle anderen Kinder als Tagelöhner auf den Feldern zu arbeiten. Auf unserem eigenen Feld bauten wir Hirse, Weizen und Mais an. Bis zum Militär arbeitete ich in der Landwirtschaft. Wir sind eine 15köpfige Familie. Als mein Militärdienst fertig war, gingen wir in Zonguldak zum Bergbau. In die Zeche Kilimli. Im dritten Monat von 1969 habe ich mich im türkischen Arbeitsamt für Deutschland beworben. Zwei Jahre lang war ich schon im Bergbau. 1970 hatte unsere Regierung ein Gesetz erlassen, was Kündigungen im Bergbau betraf. Danach musste man der Zeche einen bestimmten Betrag zahlen um sie zu verlassen. Mein Lohn betrug 18 Lira, ich musste 160 Lira abdrücken.«

Viele der als Bergmann angeworbenen Türken im Ruhrgebiet waren in den Zechen von Zonguldak am Schwarzen Meer angelernt worden. Ganze Generationen waren im Bergbau beschäftigt in Zonguldak, dem türkischen Revier.

Schwarze Diamanten am Schwarzen Meer

Das türkische Bergbaugebiet Zonguldak im Osten Istanbuls wurde schon zu Zeiten der Seldschuken von den Byzantinern an die Muslime abgetreten. Die in den 1320ern unter Führung mystischer Derwische islamisierte Region zeigte schon immer einen relativ hohen Entwicklungsgrad im Vergleich zu Mittel- oder Ostanatolien. Vor fünfhundert Jahren bereits pflegten die Bewohner des Schwarzmeergebiets Handelsbeziehungen zu Ägypten. Zu Zeiten der Eroberung Istanbuls war Zonguldak eine blühende Hafenstadt mit reichen Wäldern im Hinterland, was den Schiffsbau besonders begünstigte. Der Legende nach soll 1829 »Mehmet der Lange« (*Uzun Mehmet*) die Steinkohle entdeckt haben, die »schwarzen Diamanten«, die das Schicksal der Stadt besiegeln sollten.

Die griechische Mythologie berichtet, dass die Argonauten auf der Suche nach dem Goldenen Flies mit ihrem Anführer Herakles den Eingang zur Hölle hier gefunden haben und hineingegangen sind. So wird die Stadt Heraklia genannt, später türkisiert in Eregli unbenannt. Zonguldak-Eregli und die Umgebung ist voller natürlicher Höhlen. Lange nennen die türkischen

Bergleute ihre Schächte einfach Höhle. Die Steinkohlereservate werden ab Mitte des 19. Jahrhunderts erschlossen. Aber während in Europa die Industrielle Revolution voll in Gang ist und für die Fabriken, Maschinen und Dampflokomotiven dringend und immer mehr Kohle benötigt wird, hat das Osmanische Reich keine größeren Verwendungsmöglichkeiten für diesen Rohstoff. Es ist das Zeitalter des Unternehmers, der »ausgestattet mit Mut und Geschick, handwerklicher Begabung und Risikobereitschaft, Verwaltungstalent und Flexibilität« wie Krupp oder Grillo, sich in einigen Jahren ein ganzes Imperium baut.[150] Im Osmanischen Reich, wo kein Kapitalmarkt entsteht, bleibt die Akkumulation des Gründungskapitals in den Händen der Muslime aus, während nichtmuslimische Handelsleute und Banker, die oft auch die Staatsbürgerschaft der westlichen Staaten übernehmen, mit dessen Firmen sie zusammenarbeiten, Joint Ventures eingehen oder direkt die türkischen Zechen aufkaufen. Während die europäischen Mächte, bei denen sich der Hof des Sultans hoch verschuldet hatte, mit der Zeit die osmanischen Zölle herunterdrücken und mit ihren billigen Produkten, darunter den berühmten Textilien aus Manchester, die erst im Entstehenden osmanischen Manufakturen vom Markt verdrängen, schließen sich in Deutschland die Kleinstaaten zum Deutschen Zollverein zusammen, die Grundlage für die Reichsgründung 1871. Die Ruhrzechen werden ausgebaut, neue Schächte kommen hinzu. In der Zeit von 1855 und 1871 werden im Ruhrgebiet auch die wichtigsten Bergwerksgesellschaften gegründet. Der preußische Staat zieht sich von der Verwaltung der Kohlegruben zurück und überlässt ab 1861 den Bergmann dem Unternehmer. Wer früher preußischer Beamter war, wird jetzt Industriearbeiter und verliert seine Privilegien. Die Entwicklungen führen letztendlich in Deutschland zur Überproduktion und Konkurrenzdruck; 1865 werden sogar einige ältere Zechen stillgelegt. Als sich die sozialen Konflikte infolge von Massenentlassungen verschärfen, gehen die Bergleute auf die Straße. So wird der Unternehmer gezwungen, zugunsten seiner Arbeiter Maßnahmen zu treffen wie 1836 die Einrichtung einer Krankenkasse, die zwanzig Jahren später zur Pflichtkasse wird.

Etwa zur gleichen Zeit wird im türkischen Zonguldak am Schwarzen Meer die erste Produktion der Steinkohle aufgenommen. Die Dörfler kennen »das schwarze Ding«, wissen aber nicht, was es ist. Da die Region dicht bewaldet ist, braucht man keinen anderen Brennstoff als Holz. Istanbul schickt jedoch irgendwann den Erlass, nach Kohle zu suchen und verspricht eine satte Prämie. Nachdem sie entdeckt wird, überschreibt der Sultan die Rechte für den

---

[150] http://www.routeindustriekultur-de/geschi/lang/ges00-htm

Kohlebergbau gleich den begierig darauf wartenden Briten, die in dieser Ära auch mit einem privilegierten Handelsabkommen einen festen Fuß auf das bald halbkolonisierte Osmanische Reich setzen. Die Steinkohleregion um Zonguldak herum wird 1849-1856 an England verpachtet. Das ausländische Kapital fließt. Auf Betreiben der jüdischen und armenischen Banker, die mittlerweile zu den Finanziers des Staates emporgestiegen sind wird die *Galatali Ingiliz Kumpanyasi* gegründet. Bis Anfang des 20. Jahrhunderts gehen in den Bergwerken russische, französische, englische und griechische Pächter und Käufer ans Werk. Was machen die muslimischen Türken? Nun, sie schlafen. Geschäfte machen, mit Geld hantieren, hier billig kaufen und dort für teureres Geld verkaufen, Kredite aufnehmen, Zinsen zahlen? Der Prophet selbst war zwar ein Handelsmann, aber für die türkischen Muslime bleibt bis zum bitteren Untergang des Reiches das höhere Beamten- und Soldatentum das höchste Karriereziel und das Geldgeschäft verpönt.

Während im Ruhrpott Krankenversicherung und 1853 die »Consum-Bäckerei« eingeführt wurden, durch die die Krupp-Arbeiter mit Lebensmittel versorgt und die Bergleute für gute Zusammenarbeit auch mit Heimen und Schrebergärten belohnt wurden, hatte das Osmanische Reich bis 1867 überhaupt keine Arbeiterverordnung. Die europäischen Unternehmen im türkischen Pott ließen die Männer der nahen Dörfer bis 1921 unter den wildesten Bedingungen, oft nur für ein Hungerlohn, schuften. Nach der bestehenden Verordnung waren sogar alle Männer der umliegenden Dörfer im Alter zwischen dreizehn und 50 gezwungen, mindestens zwölf Tage im Monat im Bergbau zu arbeiten. Tausende verloren dabei ihr Leben oder wurden zu Krüppeln. Wer nicht mehr arbeitsfähig war, kehrte ohne jede Entschädigung in sein Dorf zurück; die Hinterbliebenen der Toten waren auf sich gestellt.

Nach den Wirren des Ersten Weltkrieges fasste die Befreiungsbewegung *Kuvayi Milliye* auch am Schwarzen Meer Fuß. Jetzt musste der Kohlebedarf der für eine freie türkische Republik kämpfenden Anatolier gedeckt werden. Zonguldak wurde zu einem wichtigen Etappenzentrum zwischen der mit den Besatzungsmächten Großbritannien, Frankreich und Italien kollaborierenden Istanbuler Regierung und den Kämpfern um Mustafa Kemal Atatürk in Ankara. Aber schließlich kamen französische Truppen nach Zonguldak, um den Kohlebedarf der eigenen Einheiten und Istanbuls sicherzustellen. Die örtlichen Christen, vor allem die Griechen, die auf ihre eigenen Besatzungssoldaten und einen Zusammenschluss mit Griechenland hofften, haben stellenweise mit den Besatzern zusammengearbeitet. Ab 1920 gründeten Türken auch in der Kohleregion geheime Zellen, um gegen die Besatzungsmächte zu kämpfen. Die Franzosen hatten inzwischen zwei Kriegsschiffe in den Hafen von Zonguldak gebracht und bauten an der Küste Befestigungsanlagen. Die türkischen Befreiungskämpfer machten Propaganda unter den muslimischen algerischen und tunesischen Soldaten der französischen Armee. Das Motto war: »Kein Bruderblut vergießen!«. Tatsächlich bestand nur ein Drittel der Besatzungsarmee aus Franzosen aus dem Mutterland; zwei Drittel der auf anatolischen Boden gebrachten Soldaten kamen aus den französischen Kolonien. Die islamische Propaganda hatte durchaus Erfolg und desertierende Soldaten mit dunkler Haut machten den französischen Offizieren zu schaffen. Nach dreiundzwanzig Tagen Belagerung durch ausländische Besatzer wurde die wichtige Kohleregion von Zonguldak am 1. April 1920 für unabhängig erklärt. Nach gut einem Jahr hatten die Franzosen das Gebiet räumen müssen.

Schon zu Beginn des 20. Jahrhunderts hatte der Sultan die westlichen Privilegien in Zonguldak beendet und erlassen, dass durch ausländisches Kapital beförderte Kohle nur an die von der Regierung festgelegten offiziellen Stellen verkauft werden durfte. Das hatte die Profite geschmälert und die Lust ausländischer Investoren, sich noch hier zu engagieren vermindert. 1905 wurden die Bergwerke schließlich dem Staat überschrieben.

Ein Jahr nach dem Kriegseintritt des Osmanischen Reiches 1915 an der Seite Berlins überließ die jungtürkische Regierung die wichtige Kohleregion Deutschland. Nachdem der Erste Weltkrieg mit der Kriegserklärung Österreich-Ungarns an Serbien am 28. Juli 1914 offiziell begann, unterzeichnete das Triumvirat von Talat, Enver und Cemal Pascha am 2. August 1914 das Bündnisabkommen mit dem Deutschen Kaiserreich. Am nächsten Tag wurde das Kriegsrecht ausgerufen und die Osmanen wurden Kriegsverbündete Berlins. Die Panzerkreuzer »Goeben« und »Breslau« fuhren daraufhin zur Unterstützung der Osmanen durch den Bosporus ins Schwarze Meer. Die »Goeben«, die nun »Yavuz« hieß, beschoss am 27. Oktober 1914 Sewastopol, drei Tage später Odessa. Großbritannien, Frankreich und Russland erklärten den Osmanen daraufhin den Krieg.

Am 6. November 1914 kommt bei der Verlegung der 3 000 Mann starken 89. Einheit nach Trabzon die Nachricht, dass ein russischer Panzerkreuzer die Kohlestadt Zonguldak bombardiert. »Yavuz« fährt von Istanbul los, trifft aber auf keine Russen und kehrt wieder zurück. Der osmanische Bau- und Infrastrukturminister Hallacyan Efendi, ein Armenier übrigens, sowie andere Regierungskräfte sind der Ansicht, dass der Staat keinen Handel treiben dürfe und wollen die Handelsflotte und Bergwerke ausländischen Unternehmen zuschieben. Dabei sind auf diesen Sektoren die Geschäfte inzwischen so lukrativ, dass gleich drei Bergwerksunternehmen mit ausländischem Kapital an der Istanbuler Börse gehandelt werden.

Ein Teil seines Kohlebedarfs importiert der wirtschaftlich völlig inkompetente osmanische Staat sogar aus England. 1913 exportiert England über zehn Millionen Tonnen Kohle, davon nahezu eine halbe Million ins Osmanische Reich. Zugleich wird die Steinkohleproduktion in Zonguldak zurückgefahren! Da alle Kriegsschiffe, einschließlich der »Goeben« und der »Breslau« ihren Kohlebedarf am Schwarzen Meer decken, wird die Seestrecke Zonguldak-Istanbul zu einem heiß umkämpften Gebiet; es werden Dutzende von Frachtschiffen auf dem Weg in die osmanische Reichshauptstadt versenkt. In dieser Zeit wird auch das erste Kohlekraftwerk, das Istanbul mit Strom versorgen soll, in Silahtaraga am Ende des Goldenen Horns von einem Konsortium aus der ungarischen Ganz A.G., der Banque de Bruxelles und Banque Generale de Credit erbaut und im Februar 1914, rechtzeitig vor Beginn des Weltkrieges in Betrieb genommen.

Wegen des Bündnisses wurde die türkische Kohleregion zum Domizil der Deutschen, die durch den Kauf von Aktien zu rechtlichen Besitzern vieler Gruben wurden. Die Produktion wurde von einem »Kriegskohlezentrum« geleitet, das ausschließlich von Deutschen geführt wurde. Da wegen des Kriegs keine Importe mehr ins Land kamen, stieg der Bedarf enorm, aber die Produktion sank trotzdem. Da buchstäblich die »Kohle« fehlte, musste in Istanbul die Zahl der Fähren über den Bosporus reduziert werden. Aufgrund des deutschen Rates wurde während des Krieges dem rar gewordenen Brennstoff Holzkohle beigemischt.

Das osmanische Heer wurde von einem Deutschen geführt, der Rohstoffe nach dem Ermessen der Deutschland verwaltete. Die Bergwerke von Zonguldak mussten während des »Großen Krieges« auf Hochtouren arbeiten, um den Kohlebedarf der (auch deutschen) Kriegsschiffe zu decken, was vor allem auf Kosten Minderjähriger ging, die hier zu Massen eingesetzt wurden, weil alle Männer im Kriegseinsatz waren. Ab 1920 gerieten die Bergwerke in türkische Hand und wurden mit der Gründung der Republik 1923 zum Staatseigentum.

Wen wundert es, dass die junge Republik nun auch die sozialen Unruhen erbte, die es in der Region von Zonguldak immer gegeben hatte. Auch wegen der großen strategischen Bedeutung wurde schon am 2. Mai 1923, eine gute Woche nach der Eröffnung des Parlaments in Ankara, die Rehabilitierung der Steinkohleregion beschlossen. So wurden Bergarbeiter nicht mehr zum Militär eingezogen.

Die Bergbauarbeiter der Türkei waren aufgrund ihrer schlechten Arbeitsbedingungen – so wie ihre Kumpel überall in Europa – bereit für soziale Gerechtigkeit einzutreten. Vor dem Aufkommen der islamistischen Bewegung in der zweiten Hälfte der 1980er Jahre waren sie mehrheitlich links orientiert. 1960 hatte in der Türkei ein Militärputsch stattgefunden; er hatte junge, kemalistisch orientierte, das heißt ebenfalls für soziale Fragen offene und auf Unabhängigkeit von den Großmächten, vor allem von den USA, bedachte Offiziere an die Macht gebracht. Diese beschlossen 1962 eine im Vergleich zu früher fortschrittliche, demokratischere Verfassung, die vor allem auch den Arbeitern zugute kam. Gewerkschaften, Streikrecht, Versammlungs- und Organisationsfreiheit – erstmals kamen Türken in den 1960ern und 70ern in den Genuss ihrer Bürgerrechte.

Diese Verbesserung ihrer Lage wurde selbstverständlich auch von den Bergwerkarbeitern in Zonguldak begrüßt. Erste Großdemonstrationen fanden jetzt nach Grubenunglücken statt, die in diesem Landstrich von Familien seit Generationen als Schicksalsschlag hingenommen worden waren. Sadrettin Enver, der in der Zeitschrift »Metallsuche und Förderung« (*Maden Tetkik ve Arama*) des türkischen Energieministeriums, Jahrgang 1939, eine vergleichende Studie über die Grubenunglücke in türkischen, deutschen, englischen und amerikanischen Bergwerken veröffentlicht hatte, wies auf die im internationalen Vergleich zu hohe Unfallrate in der Türkei hin und führte dies auf die schlechte Ausbildung der Arbeiter zurück.[151] So hatte es im Jahre 1937 insgesamt 2 536 Unfälle in den türkischen Gruben gegeben, bei denen 71 Männer ihr Leben verloren hatten – in den deutschen Bergwerken wiederum, die ein Vielfaches an besser ausgebildeten Arbeitern beschäftigten, kam es im Jahre 1935 insgesamt zu 636 Todesfällen. Im selben Jahr starben in England 861 Grubenarbeiter.

Dass es seit Ende der 1930er Jahre Statistiken über Betriebsunfälle gab, war für die Türkei ein Novum. Bis dahin war der Tod bei der Arbeit göttliche Verfügung oder einfach Pech. Es wurde religiös gedeutet und hingenommen. In den 1960ern änderte sich diese fatalistische Einstellung der Arbeiter. Im Jahre 1960 starben im Bergwerk Kozlu 40 Bergleute, 1965 in Gelik 47 und 1967 wieder in Kozlu 55 Männer. »Explosion unter Tage« oder »Schwarzer Tag für die Bergleute« lauteten immer wieder die Schlagzeilen der Zeitungen. Im Jahre 1965, nach dem verheerenden Unglück in Gelik, bei dem fast 50 Männer lebendig begraben wurden, explodierte der Zorn der Arbeiter in einem groß angelegten wilden Streik. Erstmals gab es nun auch Opfer über Tage: Die herbeigeholte Gendarmerie erschoss zwei Arbeiter namens Mehmet Cavdar und Satilmis Tepe. Um die Unfallstatistik abzuschließen: In den Jahren 1940 bis 2001 starben in türkischen Bergwerken insgesamt 3692 Ar-

---

[151] http://www.mta.gov.tr/mta_web/kutuphane/mtadergi/16_3.pdf

beiter. Der größte der Unfälle ereignete sich am 3. März 1992 in Kozlu, wo 263 Arbeiter ihr Leben ließen. Die Frauen von Zonguldak schwören heute, dass sie keine Bergarbeiter mehr heiraten werden.[152] Als einziges Steinkohlerevier der Türkei geht in Zonguldak die Produktion weiter. Nach den Prognosen von Experten wird hier auch in den nächsten 180 Jahren Kohle gefördert werden. Die Gruben werden von dem staatlichen Steinkohle-Institut (*Türkiye Taşkömürü Kurumu*) verwaltet, aber auch privat betrieben. Wegen der geologischen Beschaffenheit ist das ein immer noch sehr arbeitsintensives Fördergebiet; da die Arbeiterkosten 55 Prozent der Gesamtproduktionskosten ausmachen, wird die Zahl der Arbeiter ständig reduziert, ohne dass der Arbeitsablauf im selben Tempo modernisiert würde. Im Jahre 1975 arbeiteten 22 498 türkische Bergleute in Zonguldaks Schächten unter Tage, 17 504 waren über Tage beschäftigt. Nach fast drei Jahrzehnten, im Jahre 2003 sank die Zahl auf der unter Tage arbeitenden Kumpel auf 10 265 und die gesamte Belegschaft im Sektor auf 14.062 Arbeiter.

Aber auch die Produktion sinkt. Seit der Öffnung des türkischen Marktes in den 1990ern gelangt billige südafrikanische Steinkohle ins Land. Sie kostet trotz des langes Transportweges pro Tonne 40 bis 44 US-Dollar im Vergleich zum subventionierten Preis der einheimischen Kohle von 50 US-Dollar. Aber der große Bedarf Chinas und Indiens an Steinkohle lässt auch die türkischen Bergleute auf bessere Zeiten hoffen. Ein Arbeiter im Kohlewerk unter Tage schafft heute in der Türkei stolze zehn andere Arbeitsplätze[153]. In privat betriebenen Gruben fehlt trotz der viel gepriesenen »EU-Annäherung« jede soziale Absicherung. Beispielsweise wird mit einfachen Feuerzeugen kontrolliert, ob Gas austritt. Das Menschenleben ist in der Türkei nach wie vor sehr billig. Während die Türken von ihren Politikern die Erschließung neuer Absatzmärkte für ihre gute Steinkohle erwarten, planen diese teure Atomkraftwerke.[154]

Szenenwechsel:»Vier oder fünf Tage warteten wir in Istanbul auf die Abfahrt«, erzählt Nevzat im Pestalozzidorf in Lohberg. »Da sie sehr gesunde Leute wollten, haben uns die Deutschen an ihrem eigenen Platz in Istanbul,

---

[152] Dazu veröffentlichte die türkische Ausgabe der National Geographic Magazine im März 2005 eine schöne Reportage: http://www.nationalgeographic.com.tr/ngm/konu.asp?Konu=6&Yil=05&Ay=03

[153] Gute Quellen über die Geschichte des Arbeitskampfes in den türkischen Bergwerken finden sich auch im Internet: http://netzonguldak.sitemynet.com/arastirmatarih.htm, http://www.shp.org.tr/yayin.asp?id=20. Das Energieministerium hat auch eine Geschichte zu erzählen: http://www.taskomuru.gov.tr/ havzatarihi.htm

[154] Der erfahrene Journalist Fikret Bila berichtete zuletzt aus der Region: http://www.milliyet.com.tr/2002/10/06/yazar/bila.html

Mecidiyeköy wie Vieh untersucht. Auch wenn uns das sehr schwer fiel und beleidigte, haben wir es uns nicht anmerken lassen.« Denn das Ziel stand deutlich vor ihren Augen und war so nah wie noch nie: Deutschland. Den Vertrag unterschrieben die Arbeiter, darunter sehr viele angelernte Bergleute aus Zonguldak, noch in der Türkei. Das türkische Arbeitsamt sagte ihnen, dass sie 32 DM 5 Pfennig für ihre tägliche Arbeit bekommen würden, brutto, nicht netto. Das war 1971.[155]

Nevzat flog zum ersten Mal in seinem Leben und auch da blieb er cool, weil er »ein großer Mann« war und sich sonst geschämt hätte. Er war damals 26 Jahre alt. Vom Düsseldorfer Flughafen kamen die Gäste direkt zur Zeche in Bottrop.

»Ich bin seit meiner Ankunft in derselben Grube, mein Lohn ist konstant geblieben«, erzählte er im Jahre 1974. Seine größte Sorge galt damals dem Essen. »In den Papieren, die wir in der Türkei unterschrieben haben, stand, dass wir unsere Mahlzeiten selbst zubereiten würden, wie wir wollen. Aber hier angekommen sagten sie uns, es gebe hier einen Eßsaal für Arbeiter, da müssten wir immer essen. Wir haben uns einige Male versammelt und gefordert, dass dieser Zwang aufgehoben wird. Die Deutschen sagen, ›was wir für euch kochen ist nahrhaft, das müsst ihr essen‹. Wir sagen ›nein‹, sie sagen ›ihr müsst‹. Unsere unterschriebenen Papiere gucken sie sich nicht einmal an. Am Anfang haben sie im Monat fürs Essen 210 Mark einbehalten, jetzt sind es schon 360 Mark. Sie sagen, wir müssten lediglich täglich 12 Mark abdrücken, 6 Mark würde die Verwaltung beisteuern.« Es ging nämlich den Arbeitern gar nicht so sehr um die religiöse Frage des Schweinefleisches, sondern um das hart erarbeitete Geld, wofür sie überhaupt gekommen waren und ungeheure Entbehrungen auf sich genommen hatten. Wenn sie selber kochten, hätten sie eine Menge gespart. Aber die Werksleitung blieb hart. »Wer im Heim schläft, muss hier essen, wenn er einen anderen Platz findet und auszieht, dann kann er machen, was er will«, sagte sie. Aber damit nicht genug. Es gab im Heim eine Wäscherei. Monatlich wurden von dem Lohn 15 Mark für die Wäsche der Arbeiter einbehalten, egal ob sie ihre Kleider dahin brachten oder nicht. Zum Arbeitsplatz fuhr man mit einem Bus – 16 Mark 80 Pfennig wurde dafür einbehalten. Die Gewerkschaft bekam auch automatisch 16 Mark von jedem türkischen Monatslohn, was Nevzat nicht das Geringste ausmachte: »Dagegen habe ich nichts einzuwenden, denn die Gewerkschaft tut ja was für uns Arbeiter, davon profitieren wir alle.«

---

[155] Füruzan, S. 148

Derweil im Pott

Während sich in türkischen Revieren jahrzehntelang nicht viel änderte und den Kumpeln nichts übrig blieb, als ihre Schippe dem Sohn weiterzureichen oder sich in Europa zu verdingen, hatte in Deutschland in den 1950ern das Wirtschaftswunder eingesetzt. Das Straßennetz im Ruhrgebiet wurde dicht ausgebaut, der 1963 fertiggestellte »Ruhrschnellweg« wurde zur Ost-West-Achse. Die Arbeitsbedingungen der Bergleute verbesserten sich stetig. Die Umsiedler aus dem Osten und der westdeutsche Wohlstand sorgten für wachsende Bevölkerungszahlen. Große Wohnungsbauprogramme machten aus dem Ruhrgebiet eine dicht bewohnte Siedlung, es gewann über eine Million neue Einwohner. Mitte der 1960er waren 607 000 Menschen im deutschen Bergbau beschäftigt, aber es waren zu wenige: Die ersten »Gastarbeiter« wurden aus Italien und Jugoslawien angeworben.

Die monopolisierte Ruhrindustrie litt aber auch unter den Krisen des Weltmarktes. Vor allem die Sicherung des Suezkanals durch den Westen und der bessere »Zugriff« auf nahöstliches Öl Mitte der 1950er Jahre, sowie die Förderung von Ölimporten durch die Bundesregierung ließen die Kohlepreise stark sinken. Es werden die ersten Zechen stillgelegt: 1958 das Großbergwerk »Thyssen 4/8« in Duisburg-Meiderich und Ende September desselben Jahres die »Lieselotte« in Bochum, schließlich 1966 auch das berühmte »Graf Bismarck« in Gelsenkirchen. Bis 1968 wird 54 Prozent der Kapazität in deutscher Steinkohle stillgelegt, 78 Bergwerke geschlossen. In diesen zehn Jahren verlieren 320 000 deutsche Bergleute ihren Arbeitsplatz. Am 18. Juli 1969 wird schließlich die Ruhrkohle AG gegründet.

Obwohl der Rückzug aus dem Bergbau begonnen hat und der Staat den Kohleabbau erheblich subventionieren wird, werden türkische Kumpel ins Ruhrgebiet geholt. Vielerorts beginnen sie, die Mehrheit vor allem der Untertagearbeiter zu bilden. Die IG-Bergbau und die seit 1966 amtierende SPD-Regierung in Nordrhein-Westfalen wissen, dass die deutsche Steinkohle trotz moderner Technologie weltweit nicht mehr konkurrenzfähig ist. Als 1961, dem Jahr, in dem das Anwerbeabkommen mit der Türkei unterschrieben wurde, Krupp pompös sein 150jähriges Jubiläum feiert, hat bereits der Anfang vom Ende des deutschen Bergbaus eingesetzt. Eine neue Erwerbsquelle auch für Türken entsteht in der Region 1961 mit dem Opel-Werk in Bochum, wo der Kadett vom Band geht. Sieben Jahre später setzt das »Entwicklungsprogramm Ruhr« ein, mit dem ein zukunftsträchtiger Strukturwandel im Ruhrgebiet eingeläutet werden soll. Das Bildungssystem wird verbessert, die

Kinder der Bergarbeiter werden nicht mehr für schwere Maloche unter Tage, sondern für die kommende Dienstleistungsindustrie, zumindest aber zu qualifizierten Arbeitern erzogen. Am 30. Juni 1965 eröffnet in Bochum die erste Universität des Ruhrgebiets, die Bildungsreform ermöglicht vielen Arbeiterkindern das Studium. Ganz offensichtlich bekommt die einheimische Bevölkerung durch die Maßnahmen seines Staates neue Möglichkeiten eröffnet, die Umschichtung im Bergbau dient dem Aufstieg der deutschen Bevölkerung. Da die »Gastarbeiter« weder vor noch während ihres Aufenthalts den deutschen Staat viel kosten, unternimmt er keinerlei Investitionen in ihre Zukunft. Die Kinder der Arbeiter werden, wenn überhaupt, nur sporadisch betreut. Ältere Geschwister passen auf die Kleinen auf. Die allermeisten sind ohnehin alleine gekommen.

Wie sieht das türkische Gastarbeiterleben im deutschen Bergbau aus? »Da wir Ausländer sind, werden unsere Tagessätze immer niedriger gehalten als die der Deutschen. Um unser Recht einzuklagen, gehen wir zur Gewerkschaft. Die fragt uns dann, ob wir einen Hauerkurs absolviert haben.[156] Wenn wir verneinen, kriegen wir ohne diesen Hauerkurs nicht unser Recht. Es gibt unter uns welche, die den Kurs mitgemacht und sich qualifiziert haben. Aber sie bekommen kaum mehr als vorher (...) Sie bekommen zum Beispiel im Urlaub denselben Tagessatz wie wir. Außerdem muss man für diesen Kurs Deutsch können. Wann sollen wir das lernen? Nachdem wir da unten waren, sind wir völlig erledigt.(...) Ich bin im Transportbereich und arbeite immer Nachtschicht.[157] Manchmal fällt die Temperatur um uns herum auf minus 8 Grad. Wir tragen keine besondere Kleidung gegen Wärme oder Kälte. Wenn ich heruntersteige, habe ich kaum mehr Angst. Wir fahren mit dem Lift 854 Meter in die Tiefe. Dann steigen wir in die Bahn. Zum Einsatzort müssen wir noch 25 Minuten lang fahren. Und nach der Bahn müssen wir noch genau 25 Minuten lang zu Fuß gehen.« So erzählt Nevzat.

»Ich mache seit zwei Jahren Nachtschicht. Morgens komme ich todmüde ins Heim und schlafe. Wegen der extremen Müdigkeit fällt mir das Einschlafen immer sehr schwer. (...) Dann treffen wir uns in unseren Zimmern und plaudern. Das ist doch kein Leben. Wir leben hier nur für die Heimkehr. (...) Wir versuchen alles zu sparen, um nach Hause zurückzukehren. Und wir schauen, dass wir keinen Unfall haben.«

---

[156]   Ein Hauer im Bergbau ist ein Geselle, ein Facharbeiter; der Steiger ist der Meister.
[157]   Bergbaulexikon, »Schicht«: Tagesarbeitszeit auf einem Bergwerk. Für den Untertagearbeiter beträgt diese acht Stunden. Sie beginnt mit der Seilfahrt und endet mit der Ausfahrt nach über Tage. Eine Ausnahmeregelung gilt für Arbeitspunkte u.T., an denen eine Temperatur von mehr als 28°C gemessen wird. Dort ist die Arbeitszeit um eine Stunde reduziert.

Nevzat hatte sich Anfang der 1970er in seiner Heimatstadt Zonguldak an einer Mehlfabrik beteiligt:»Dank meiner hohen Einzahlung werde ich auch im Vorstand vertreten sein«, erzählte der Arbeiter voller Hoffnung.»Meine Familie wollte ich hierher holen, aber sie zeigen uns zu große und zu teure Wohnungen, trotzdem mit Außenklo und ohne Bad. Diese kosten nicht unter 200 Mark, kalt. Ich habe mich um eine Sozialwohnung bemüht, aber es klappt nicht. Hier wird ausländischen Arbeitern, vor allem Türken, sowieso keine Wohnung vermietet.«

Was machte der Bergmann mit seinem so schwer verdienten Geld? Er schickte monatlich seiner Frau 200 Mark, seinem Vater 300 Mark in die Türkei. Der Mann, dessen Nachfahren heute postmoderne Feuilletons als»Macho« oder»potentiellen Fundamentalisten« stigmatisieren, versorgte durch diesen ungeheuren Arbeitseinsatz sieben Menschen in seiner Heimat, ohne sich darüber mit einem Wort zu beklagen:»Mein Vater war Feldarbeiter, jetzt ist er zu alt dafür. Mein ältester Bruder war auch im Bergbau, in Zonguldak, er starb 1959 bei einem Unfall, er wurde verschüttet. Zwei Kinder blieben zurück. Als deren Onkel komme ich natürlich für sie auf.«

Während Willy Brandt 1965 einen»Blauen Himmel über der Ruhr« fordert und das Wort»Umweltschutz« in Umlauf kommt, geht die Maloche im Schacht weiter, sie ist auch nach der Ölkrise 1973 und im aufgrund der Panikmache der deutschen Industrie für eine»nationale Reserve« notwendig. Der»Jahrhundertvertrag« 1975 scheint vorerst auch vielen Türken den Arbeitsplatz im deutschen Bergbau zu sichern, indem er durch eine Zwangsabgabe auf den Strompreis, den sogenannten»Kohlepfennig«, die Kohlenförderung bis zum Ende des Jahrhunderts sichert. Aber die Stellen wackeln. Da gilt es zu gehorchen, zumal, wenn man aus der Türkei kommt.

Die Werksleitungen sind dabei, im Bergwerk, sei es unter Tage, sei es über Tage, alles zu automatisieren. Wo früher fünf Leute gearbeitet haben, beschäftigen sie jetzt nur einen oder zwei. Sobald einer der ausländischen Arbeiter zuviel Urlaub nimmt, wird er vor die Tür gesetzt.»Sie sagen nicht, dass man gehen soll«, berichtet Nevzat.»Sie machen jeden Tag Probleme, zeigen uns immer Arbeiten, die die deutschen Arbeiter niemals erledigen wollen. Wir müssen immer alles machen, was sie von uns verlangen, und wir machen es auch.«[158] Wie verbringt er seinen Tag?»Beten, das gibt Ruhe. Zeitung, Buch lesen. Vier-fünf Stunden Schlaf. Morgens um acht komme ich herauf.« Da sein Verdienst im Vergleich zur Türkei gut ist, erachtet er es als Sünde, darüber zu schimpfen.

---

[158] Füruzan, S. 151

»Unsere Kinder sollen studieren und sich besser zu helfen wissen.« Die Schriftstellerin stellt fest: »Diese Männer sind alle ungeheuer abgehärtet. Sie haben keine Angst mehr vor dem Leben.«[159]

Wovor sollen ihre Enkelkinder heute in Deutschland, wo sie vielfach eingebürgert sind, Angst haben? Davor, für ihre Rechte zu kämpfen und damit das zu wagen, was ihre Großväter immer gewollt, aber nie riskiert hatten, weil zu viele Menschen auf ihren Verdienst angewiesen waren.

Lernen wir mit Füruzan einen anderen Helden der Arbeit kennen: Abu Cicek. Er kommt aus der Kleinstadt Emirdag in der mittelanatolischen Stadt Afyon, die für ihre Sahne, ihren Marmor und ihre heißen Quellen berühmt ist – schöne Dinge des Lebens, die für die Männer der Region keine Arbeitsplätze schaffen. Emirdag ist insofern berühmt, als dass die allermeisten Türken in der belgischen Hauptstadt Brüssel aus diesem einzigen Ort stammen.

Abu Cicek ist, und wie genau passt doch diese Beschreibung auf den türkischen »Gastarbeiter«, ein mittelgroßer, breitschultriger Mann, der, wie die Schriftstellerin feststellt, einem irgendwie bekannt vorkommt. Von der siebten Klasse abgegangen und bis dahin nicht viel gelernt, kam er als Geselle bei einem Ofenbauer unter. Aber er hatte keine glückliche Hand. Nachdem er zu Hause vier Lebensmittelläden auf und wieder zugemacht hatte, kam 1964 die »Sache mit Deutschland« auf den Plan. Er ließ sich in die Wartelisten eintragen aber es klappte nicht auf offiziellem Weg. Da ließ er sich einen Pass ausstellen, holte sich ein Touristenvisum und fuhr nach Belgien.

Abu Cicek hätte auch Alexis Zorbas heißen können, auf jeden Fall gräbt er sich mit den zärtlich-genauen Worten der ihn interviewenden Schriftstellerin in unser Gedächtnis ein; mit Zorbas teilt er die »ganze Katastrophe«, nämlich *wife and children*: »Wenn ein Mann sieben Kinder und eine Frau zu ernähren hat, muss er, solange er lebt und wenn er wirklich ein Vater ist, nicht nur nach Belgien gehen, sondern auch bis nach Japan, wenn man das von ihm verlangt.«

Ohne Frage waren sie aufopfernde Männer und Frauen, aber niemand lebt nur für Andere. Es trieb sie hinaus in die weite Welt. Der Zauber des Wortes »Europa«, das sich seit der Mitte des 18. Jahrhunderts mit allerlei Schönem und Verklärtem im türkischen Gedächtnis eingerichtet hat, zog sie magisch an. Auch wenn sie kein Wort Deutsch, Französisch oder Schwedisch sprachen, nicht wussten, wie sie sich wo benehmen sollten, wie die Menschen in diesem völlig fremden Land lebten, so waren sie doch sehr neugierig und tapfer. Die Männer lungerten nicht nur im Rotlichtmilieu im Bahnhofsviertel

---

[159]   ebd. S. 152

oder in schmuddeligen Eckkneipen herum, sondern kauften sich mit den ersten Ersparnissen sofort ein Auto und machten sich auf die Erkundungstour in der Umgebung. Man erzählte sich: Wo die billigste Werkstatt war, wo man die preiswertesten Waren kaufen konnte, was auf Deutsch »Ich will meine Überstunden voll bezahlt haben« hieß und was den deutschen Frauen am meisten gefiel. Eine neue Welt eröffnete sich ihnen und sie schritten als junge Männer herein, ohne zu zögern. Wenn türkische Frauen, die auf dieselbe Art angeworben kamen, sich ebenfalls größere Freiheiten zu erlauben versuchten, wurde auf sie streng »aufgepasst«. Dennoch fanden sich auch die nach Deutschland kommenden Türkinnen in dieser neuen Welt wieder. Es gelang ihnen, einen seit Jahrhunderten festgelegten Lebensablauf zu durchbrechen: Sie verließen ihr Elternhaus, ohne zu heiraten. Nur der gut bezahlte Arbeitsplatz in Deutschland konnte diesen Schritt legitimieren. Oft wurden sie zu den Meistverdienenden ihrer gesamten Verwandtschaft, was ihr Ansehen zu Hause steigerte. Männer standen Schlange, um sie zu heiraten und nach Deutschland, Frankreich oder Holland zu kommen. Sie wurden begehrt, verdienten gut und konnten sich vieles leisten – eine Wohltat für ihr Selbstbewusstsein, was jedoch ihren Partnerschaften und Ehen nicht immer gut tat.

Es gibt keine Statistik darüber, aber die nach Deutschland gegangenen Türkinnen ließen sich nicht selten scheiden.

Unser Abu Cicek bekam in seinen belgischen Jahren keinen »stabilen Grund« unter die Füße. Also ging er nach Holland. Was ist schon ins tiefe Loch herunterzufahren gegen das Abenteuer, mit einem Pass in der Hand in Länder zu gehen, dessen Sprache man nicht spricht und die man noch nie in seinem Leben gesehen hat? »Aber ich musste, um Geld zu verdienen. In Holland fand ich keine Arbeit. Blieb auf der Straße. Sagte, ich zahle euch Geld dafür, findet mir einen Job, ich arbeite auf Touristenpaß, gänzlich schwarz, will keine Versicherung, nichts.« Da trifft er einen Türken, der Arbeiter für Dänemark anheuert. Er nimmt nicht einmal Geld dafür. »Wie macht ihr es nur mit der Polizei?«, fragt Füruzan. »Das erledigen immer die Bosse, die uns anstellen. Man denkt, das ist Europa, hier gibt's so etwas nicht. Wenn Sie nur wüssten, was hier so alles abläuft!«[160]

Also fangen sie an, in einer dänischen Rohrfabrik zu arbeiten für monatlich 1 800 Kronen. Da bleibt er 16 Monate und spart Geld. Nun wechselt er nach Deutschland und kommt in einer Ziegelfabrik unter. »Die deutschen Kollegen lachten mich aus. Ich war in der Ziegelfärberei. Den ganzen Tag nasse Hände. Die Kollegen verdienten 1 100, 1 200 Mark, ich nur 600. Ich

---

[160] Füruzan, S. 155

machte täglich 16 Fässer Farbe und färbte die aus dem heißen Ofen kommenden Ziegelsteine ein. Ich war nicht mehr Schwarzarbeiter, sondern legal. Der Deutsche war mit mir zufrieden, ich war sein richtiger Gastarbeiter geworden. Ich ließ die Geburtsurkunden meiner Kinder kommen und da bekam ich noch 200 Mark Kindergeld drauf, das gefiel mir gut.« Weil der Vorarbeiter ihn aber grundlos »anzumachen« beginnt, kündigt er und geht zu Thyssen. Er hat keine Ahnung vom Bergbau. Aber er wird eingestellt. Anfangs kann er sich tagsüber wegen der großen Hitze unten kaum von der Stelle bewegen. Aber er hält durch, jetzt bekommt er auch 1 000 Mark, soviel wie noch nie in seinem Leben. Seinen Töchtern hat er Existenzen verschafft, wie viele türkische Eltern: Eine arbeitet in der Bank, die andere an der Strickmaschine, die ihr der Vater mitbrachte, die Dritte ist Friseuse geworden. Jede hat auch von ihrem Vater eine eigene Wohnung bekommen. Er investierte auch in eine Futterfabrik im ostanatolischen Kars. Zum Zeitpunkt des Interviews im Jahre 1974 lebt Abu Cicek schon seit zehn Jahren in Europa, wenn man das Leben bezeichnen kann. »Es gibt doch hier in Europa Urlaubsanzeigen«, sagt er, »kommen Sie nach Paris, nach London! Ich war schon überall dort, aber nicht zum Vergnügen. In Belgien arbeitete ich in der Kabelfabrik, in Frankreich war ich drei Monate im Steinbruch, in Holland in einer Fleischfabrik. Nach Dänemark war ich auch in Schweden, zwei Monate in einer Fernsehfabrik. In London habe ich auf dem Flughafen zwei Monate lang Pakete geschleppt. Nun bin ich in Deutschland im Bergbau.« Und wo er auch hinging, er traf andere Türken. »Wir sind überall, auf der Spur nach der Arbeit«, sagt Abu Cicek, »das ist die Essenz unserer Geschichte.«

Abu Cicek sagt: »Hier sind die Türken nicht beliebt. Aber in Dänemark gab es einen Ingenieur, das war ein korrekter, belesener Mann. Er lud uns zum Teetrinken nach Hause ein und begegnete uns mit Respekt. Mal trifft man auch auf einen Guten. Aber hier in Europa ist man nur soviel wert wie sein Geld. Die Europäer lieben einander nicht so sehr, eher ihre Tiere. Als ob es keine Menschen mehr gäbe. Sie werden schon wissen, warum. Hier gibt es kaum Nachbarschaft oder Freundschaft.«

Der im ostanatolischen Yozgat geborene Haluk kam mit nur 16 Jahren als Lehrling zum Bergbau nach Bottrop, mit einem Wochenlohn von fünf Mark. Die Firma sorgte für seine Unterkunft und Verpflegung. Die Lehrlinge kamen bei deutschen Familien unter; da sie sich schnell anpassen konnten, sind einige zum Meister aufgestiegen. Aber zum Schluss wollte man sie in Deutschland nicht mehr haben und begann, sie wieder nach Hause zu schikken. »Ich habe immer genau gefühlt, dass man uns nur aus Nutzen hier behält und eigentlich nicht haben will«, sagt Haluk ohne Umschweife. »Wenn es einen Hauch der Krise gibt, wenn Stellen abgebaut, wegrationalisiert wurden, sind wir immer zuerst daran.« Das trug entscheidend dazu bei, dass auch diese einwandfrei Deutsch sprechenden, integrierten Jungen selbst nicht in Deutschland bleiben wollten. Ihre Absichten änderten sich, weil sie hier keine neue Heimat finden konnten. Sie sparten auch hart Geld und gaben nicht viel aus. Die Deutschen blieben eine Welt für sich, die sie nicht verstanden und nur äußerlich wahrnahmen.[161] »Mir gefallen in Deutschland die Familienbeziehungen nicht. Bei Eltern und Kindern gibt es kaum Liebe und Respekt. Jeder hockt auf seinem eigenen Geld. Gut, man braucht Geld, aber die haben doch genug.« Haluk wollte kurze Zeit später zum Militärdienst in die Türkei und nicht mehr zurückkommen. »Der kleinste Meister macht die ausländischen Arbeiter nieder, schreit sie an. Wir Gesellen sprechen gut Deutsch. Manchmal ist das ja zum Nutzen, aber im Grunde genommen bringt es einen überhaupt nicht weiter.« Haluk arbeitete in 1 000 Metern Tiefe im Schacht und bekam dafür stolze 1 500 Mark Netto, obwohl er unverheiratet war. Davon sparte er monatlich 900 Mark und kaufte sich noch ein Auto, das er in die Türkei mitnehmen wollte. »Ich wohnte bei deutschen Familien, ich war noch ein halbes Kind und habe mich an ihre Sitten gewöhnt. Ich habe ihre Sprache erlernt. Manche mögen uns wirklich, aber die Allermeisten nicht. Dabei kann man mein Deutsch nicht von dem eines Muttersprachlers unterscheiden. Wenn sie erfahren, dass ich Türke bin, ändert sich ihr Verhalten. Das ist unmenschlich, ich werde das nie verstehen.«[162]

Die Arbeiter sprechen mehrheitlich kein Deutsch, höchstens ein paar Brocken. Sie können nicht ihr Recht einklagen, sich wenn notwendig einen Dolmetscher kommen lassen. Die Dolmetscher sind ohnehin in der Rolle des Kollaborateurs: Sie werden vom Betrieb bezahlt und stehen nicht auf der Seite des Arbeiters. Außerdem sind viele auch auf Türkisch halbe Analphabeten, können nicht einmal Briefe schreiben oder lesen.

Anfänglich gab es einen Deutschkurs für die Neuankömmlinge. Sie sollten zwei Mal in der Woche 40 Mark dafür zahlen. Nur fünfzehn von 350 Türken nahmen daran teil. Der Dolmetscher war der Lehrer. Er ließ den Kurs ausfallen.

Dann eröffnete die Arbeiterwohlfahrt einen Deutschkurs für Türken. Aber auch dahin ging man nicht, wozu auch? Lange würde man ja eh nicht hier bleiben, weil man nicht dazugehörte, in keiner Weise. In der Freizeit wusch man sich seine Wäsche, räumte sein Zimmer auf, hockte zusammen, trank Tee oder Bier und sprach über die Heimat. Die geleasten Menschen waren in

---

[161] Füruzan, S. 160
[162] ebd.

einem Ausnahmezustand, an einem virtuellen Ort, wo von ihren vielen menschlichen Fähigkeiten nur eine gefragt war: der körperliche Einsatz. Auf dem Rest blieben sie sitzen. Diesen Rest breiteten sie einander an endlos langen Abenden aus und erfanden sich bei dieser Gelegenheit auch neu: Es wurden Dinge in die Biographien hineingedichtet, die nicht existierten; man brüstete sich mit Taten, an die man sich niemals herangewagt hatte, erfand Frauen, die es nicht gab, es war wie in einem Gefängnistrakt ohne Schloss, das Leben in Deutschland. Ein Leben der grenzenlosen virtuellen Möglichkeiten.

Da ist eine Frau namens Ingrid. Die Adern in ihren Beinen schauen fingerdick hervor. Ingrid betreibt um die Ecke eine Kneipe. Die Männer stehen da bis morgens im Qualm herum. Ingrid nimmt sie alle aus. Schlau ist sie. Sie hält die Leute mit ein paar guten Tricks bei Laune. Hat sogar ein paar türkische Wörter gelernt. Sie spielt mit den Männern Karten. Geld hat sie genug. Kriegswitwe wie so viele hier. Erzählt wie sie eine einzige Kartoffel dreimal ausgekocht haben, von den Trümmern und den Bombennächten. Viele Türken wollen hier Kneipen eröffnen. Dafür müssen sie erst einmal eine alte Deutsche finden, denn sie selbst bekommen keinen Gewerbeschein. Ausländer dürfen keine Betriebe aufmachen. Sie müssen der Alten heiße Liebe vorspielen. Natürlich würde sich eine gute Frau nicht nachts auf der Straße herumtreiben. Rauchen, trinken, Karten spielen. Eine gute Frau hat einen Mann und Kinder, sie hat ein Zuhause und geht einer anständigen Arbeit nach.

Der Türke findet eine alte Deutsche, sie eröffnen zusammen eine Kneipe. Auf dem Papier gehört sie der Frau, obwohl er sie finanziert. Nach einer Zeit merkt man, dass die Alte ein krummes Ding dreht. Sie hat sich einen neuen Türken, Italiener oder Jugoslawen zugelegt. Setzt den Türken bald vor die Tür. Die Männer halten in solchen Fällen zusammen. »Wir reden dann mit unserem Freund und sagen, mach keinen Ärger, bloß keine Schlägereien, sonst wirft dich die Polizei raus. Alle, die bis heute eine Kneipe eröffnet haben, machten wieder Pleite. Unsere Leute zahlen dann jahrelang noch ihre Schulden ab.« [163]

Auch das in den 2000er Jahren heiß diskutierte Bildungsproblem der türkischen Kinder ist dreißig Jahre alt. Ein türkischer Lehrer erzählt: »In der Türkei hatten wir keine Hilfsmittel, hier haben wir alles, aber erreichen trotzdem nichts. An unserer Schule sind 420 türkische und 160 deutsche Schüler. Die Eltern sind völlig teilnahmslos. Sie schicken die Kinder bis sie 15 sind zur Schule, dann wollen sie sie arbeiten lassen, damit sie Geld verdienen, damit man viel spart und so schnell wie möglich heimkehrt. Nur die allerwe-

[163] Füruzan, S. 197

nigsten denken an ein Studium. Der Rest macht Hauptschule und wird Hilfsarbeiter.« Aus Düsseldorf sind zwei deutsche Beamten vom Bildungsministe-
rium gekommen und haben gesagt, das darf keine türkische Schule werden,
die ausländischen Kinder müssen unsere Bildung und Kultur bekommen. Die
einzige Lösung wäre, die Kinder mit Servicebussen auf andere Schulen zu
verteilen. Aber die anderen beiden Schulen, wohin die Kinder geschickt werden sollen, sind dagegen. Die Eltern halten schon Notversammlungen ab. Die
Zahl der türkischen Kinder steigt im Viertel jährlich, die der Deutschen nicht.

Die türkischen Arbeiter hatten Mitte der 1970er Jahre 39 Milliarden Mark
auf den Banken. Und fast allen Arbeitern im Pestalozzidorf Lohberg fehlten
Finger. Niemand hielt das für erwähnenswert.»Beim Unfall, wenn dir etwas
auf den Rücken fällt oder du ein Bein verlierst, bist du erledigt. Dann geben
sie dir deine Papiere in die Hand und setzen dich auf die Straße.«[164] Einen
Finger zu verlieren ist eine Lappalie.

»Hier schuften am schwersten die Türken. Dann folgen die Jugoslawen
und die Südkoreaner, die aber keine Gastarbeiter sind. Die sind mit Spezial-
abkommen hier, schauen auf uns herab.«

»Ich wünschte, ich hätte kein Deutsch gelernt«

Der deutsche Meister berät alles nur mit den deutschen Arbeitern; dem Ausländer, ob dieser Deutsch versteht oder nicht, werden nur Befehle erteilt. Oft
spricht der Meister mit dem Ausländer kein Wort.»Hier in Deutschland haben sie eine Demokratie, aber nur für sich selbst. Die Deutschen sind
Heuchler. Sie reden mit einem, sagen Kollege, hallo Kollege, wie geht's dir,
dann kommt ein anderer Deutscher hinzu und sofort hört der Erste auf, mit
dir zu reden. Er tut so, als ob er dich nicht kannte. Die Deutschen finden nur
ihre eigene Nation gut. Unsereinen finden sie irgendwie komisch. Sie können
nichts mit uns anfangen. Am Monatsanfang, wenn Geld kommt, beschweren
sich von 4 000 Deutschen nur 100 bei der Gewerkschaft und zwar wegen
Dinge, die wir nicht einmal erwähnen würden, wenn sie uns passierten. Von
1000 Türken beschweren sich aber 300 wegen wirklich ernsten Problemen.
Die Gewerkschaft kümmert sich gleich um die Belange der deutschen Arbeiter, aber wenn zum Beispiel dem Türken Geld gekürzt wurde, dann sagen

---

[164] ebd. S. 211

sie, die Frist für die Beschwerde sei abgelaufen. Wir sind doch nur wegen des Geldes hier, aber bekommen unser Recht nicht, und können auch nicht dafür eintreten. Wer einen Unfall hat, kann sich wegen Sprachproblemen nicht verständigen. Der Deutsche nimmt bei Schnupfen krank, wir werden vom Arzt abgewimmelt, solange uns nicht ein Arm oder ein Bein fehlt.«[165] »Die Deutschen haben Vorurteile«, sagt der Dolmetscher Sadullah, der es wissen muss. »Sie denken, alle Türkinnen tragen Kopftücher, der Mann geht auf der Straße immer zwanzig Meter vor und die Frau folgt hinten. Es gibt tatsächlich auch solche, aber wir sind doch nicht alle so!«[166] Pardon, haben Sie etwas gesagt, möchte man doch fragen. Sind diese Sätze vor dreißig Jahren gesprochen worden? »Die Deutschen sind sehr hochmütig. Ihrer Freundschaft darf man nicht trauen. Es gibt natürlich auch Gute, aber auf die meisten ist kein Verlass. Niemand gibt dem Anderen auch nur ein Körnchen von seinem Besitz ab.« Die Arbeiter denken, dass die Deutschen zuviel Gewicht auf Äußerlichkeiten legen, auch wenn sie sich das nicht anmerken lassen.

»Als ich Steiger wurde und damit unterschriftberechtigt, änderte sich das Verhalten der Deutschen – nein, nicht allen Türken, nur mir gegenüber. Sie sind jetzt eifersüchtig auf mich. Sie sagen, der Mann ist so klein, der kommt aus der Türkei, lernt hier Deutsch, bekommt einen Beruf. Das geht einfach nicht in ihren Kopf rein. Ich wünschte, ich hätte kein Deutsch gelernt. Je mehr ich verstehe, desto schwerer kann ich sie ertragen.« Was ist die Lehre daraus: »Wenn der Deutsche dich anschreit, musst du den Mund halten.«

Je tiefer man im Schacht fährt, desto weniger deutsche Arbeiter sieht man. Ganz unten, in den schlimmsten Schächten sind nur Türken und andere Ausländer, berichtet Füruzan. Die Türken bekommen grundsätzlich die schwerste Arbeit aber weniger Geld als die Deutschen. »Wenn du Ausländer bist, darfst du keinen Pfennig mehr kriegen als Deutsche. Das ist hier Gesetz.«

»Im Streb[167] triffst du neun Leute, sechs sind Türken, der Rest ein Grieche, ein Italiener und ein Deutscher.«

Für die Bereitstellung und Versorgung von Wohnraum für die angeworbenen Arbeitnehmer waren in erster Linie die Arbeitgeber verantwortlich.

»Da der normale Wohnungsmarkt zur Unterbringung ausländischer Arbeitnehmer nicht ausreicht, werden Wohnungsprovisorien verschiedenster Art wie Abbruchhäuser, Kellerwohnungen, Dachbodenwohnungen und Gartenlauben sowie umgebaute Produktionsstätten, Lagern und Verwaltungsgebäude zusätzlich für die Unterbringung in Anspruch genommen. Es werden

---

[165] Füruzan, S. 217
[166] ebd. S. 228ff.
[167] Ein Streb ist laut Bergbaulexikon ein schmaler Gewinnungsbau.

Baracken erstellt und Gemeinschaftsunterkünfte unterschiedlicher Art errichtet, die ausländischen Arbeitnehmern als Unterkunft dienen.«[168]

Die meisten Arbeitsmigranten, die durch die Vermittlung der Deutschen Kommissionen der Bundesanstalt für Arbeit einreisten, wurden überwiegend in Arbeiterwohnheimen mit vier bis sechs Personen zusammen in einem Zimmer untergebracht.[169] Die kleineren Betriebe mieteten für das neue Personal neben Wohnheimen auch Hotels, Pensionen oder sanierungsbedürftige Häuser und Wohnungen. Hier mussten die Männer oder Frauen sich zu dritt oder zu viert ein Zimmer teilen. Italiener und Griechen, die ihre Familienangehörigen viel früher nachholten, wohnten weniger in Wohnheimen.

Nichts geht über deutsche Gründlichkeit und auch die Arbeiterwohnheime mussten festen Richtlinien entsprechen. Diese stützten sich auf ein NS-Gesetz von 1934 über Bauarbeiterunterkünfte. Von der Höhe und die Ausstattung der Räume bis hin zu den Sanitäranlagen und der erlaubten Anzahl der Bewohner in einem Raum war an alles gedacht worden.[170] »Die durchschnittliche Höhe der Schlaf- und Tagesräume soll mindestens 2,30 m betragen«, hieß es da, »die Fußböden sollen einen fußwarmen Belag haben, Wände und Dächer sollen wetterdicht sein, die Außentüren sollen dicht und abschließbar sein, bei Schlaf- und Tagesräumen mit unmittelbarem Zugang von außen ist eine Doppeltür oder ein Windfang anzubringen; die Fensterflächen sollen mindestens ein Zehntel der Fußbodenfläche haben, die Fenster müssen dicht und zum Öffnen eingerichtet sein. Falls direkte Entlüftung fehlt, sollen ausreichende Lüftungsanlagen vorhanden sein. In der kalten Jahreszeit soll eine ausreichende Beheizungsmöglichkeit der Räume und ein ausreichender Feuerungsvorrat vorhanden sein. Im übrigen gelten die örtlichen bau- und feuerschutzpolizeilichen Vorschriften.«

»Für jeden Arbeiter soll eine eigene Bettstelle vorhanden sein; es sollen höchstens zwei Bettstellen übereinander angebracht sein. Für Männer und Frauen sind getrennte Schlafräume vorzusehen. Falls in Schichten gearbeitet wird, sollen für die Arbeiter jeder Schicht eigene Schlafräume vorhanden sein.

Mehr als sechs Bettstellen dürfen in einem Raum nicht aufgestellt werden. Jeder Raum soll einen zweisprachigen Anschlagzettel erhalten, auf dem die Höchstbewohnerzahl angegeben ist. Zur Ausstattung je Bettstelle gehören:

[168] Ernst Zieris, »Arbeiterwohnheime für die Migranten im Ruhrgebiet. Eine historische Darstellung der 60er und 70er Jahre«, Essen 1996, http://www.domit.de/pdf/Arbeiterwohnheime-fuer-die-Migranten-im-Ruhrgebiet.pdf)
[169] Ursula Mehrländer, »Soziale Aspekte der Ausländerbeschäftigung«, Bonn 1974, S. 181.
[170] http://www.domit.de/pdf/Arbeiterwohnheime-fuer-die-Migranten-im-Ruhrgebiet.pdf

Matratze, ein Kopfkissen, Wolldecken in ausreichender Zahl und Bettwäsche. Jeder neu in die Unterkunft aufgenommene Arbeiter erhält saubere Bettwäsche. Für jeden Bewohner soll ein verschließbarer Schrank von solcher Größe zur Verfügung stehen, daß Kleider und persönliche Sachen untergebracht werden können. Im Tages- und Schlafraum ist für ausreichende Beleuchtung durch den Sicherheitsvorschriften entsprechende elektrische oder andere Anlagen zu sorgen, so daß an den Tischen gelesen und geschrieben werden können. Zum Trocknen nasser Kleidung sollen ausreichende Möglichkeiten außerhalb der Schlaf- und Tagesräume vorhanden sein. In den Unterkünften sollen ausreichende Möglichkeiten zum Zubereiten und Wärmen von Speisen und Getränken sowie zu deren Aufbewahrung (Speiseschrank oder Kühlschrank) vorhanden sein. Bei Unterkünften auf Baustellen sollen ausreichende und vor Witterungsunbilden geschützte, abschließbare Abstellmöglichkeiten für Fahr- und Motorräder vorhanden sein. Die Schlaf- und Tagesräume sind frei von Ungeziefer und schädlichen Tieren zu halten.«
Für Waschräume und sanitäre Anlagen galt: »Zur Unterkunft sollen dem Anstandsgefühl Rechnung tragende und jederzeit zugängliche Einzelaborte und Waschräume, getrennt für Männer und Frauen, gehören. Die Waschgelegenheit soll in geschlossenem Raum und in der Nähe des Schlafraumes liegen; eine Waschstelle soll für höchstens fünf Bewohner vorgesehen werden. Falls Schmutzarbeiten verrichtet werden, ist warmes Wasser bereitzustellen. Zum Waschen der Leibwäsche ist eine geeignete Einrichtung vorzusehen. Trinkwasser soll in unmittelbarer Nähe der Schlaf- und Tagesräume zur Verfügung stehen. Die Aborte sollen in der Nähe der Schlafräume liegen. Es soll mindestens ein Abort für je zehn Bewohner vorhanden sein. Jeder Abort ist ausreichend zu belüften und zu beleuchten. Eine Möglichkeit zur ordnungsgemäßen Beseitigung der Abfälle muss gegeben sein.«

Die Arten der Unterkünfte waren in Musterbeispielen aufgelistet, etwa das Gruppenwohnschlafzimmer: »mit einem Luftraum von mindestens 10 cbm je Bewohner und mindestens 4 qm Wohnfläche je Bewohner. Ein Tisch und für jeden Bewohner Sitzgelegenheit«. Oder »Gruppenschlafzimmer mit besonderem Tagesraum: Schlafzimmer mit einem Luftraum von mindestens 10 cbm je Bewohner und einer Wohnfläche von mindestens 3 qm je Bewohner. Schlafzimmer mit mindestens einem Tischchen und für jeden Bewohner eine Sitzgelegenheit. Besonderer Tagesraum mit einer Wohnfläche von mindestens 1 qm je Bewohner zuzüglich der notwendigen Durchgänge. Im Tagesraum ein Tischplatz und Sitzgelegenheit für jeden Bewohner.«[171]

---

[171] Quelle: Ministerialblatt NRW, 1971, S. 558 in: Ernst Zieris, 1974, S. 213

Im April 1971 erließ das Arbeitsministerium neue Richtlinien, die eine Verbesserung gegenüber denen von 1964 darstellen sollten. In einem Schlafraum durften nun nur vier statt bisher sechs Personen untergebracht werden; pro Person standen acht statt bisher vier Quadratmeter zur Verfügung. Ernst Zieris von der Universität Bochum hat 1972 in Zusammenarbeit mit dem Ministerium für Arbeit, Gesundheit und Soziales des Landes Nordrhein-Westfalen und dem Landesarbeitsamt Nordrhein-Westfalen 189 firmeneigene Wohnheime im NRW untersucht und diese auf der Grundlage von 1971 erlassenen Richtlinien überprüft. Er stellte fest, dass die Betriebsunterkünfte in vielen Fällen nicht den Richtlinien entsprachen und schwerwiegende Mängel aufwiesen.

Im Heim, das fast immer in der Nähe des Betriebes, oft auf dem Werksgelände stand, hing eine Hausordnung, die auch ins Türkische übersetzt war. Natürlich hatte sie einen Kasernenton. Vom Lohn des Arbeiters wurden die Miete für seinen Bettplatz abgezogen, darin enthalten Heizung, Strom, Wasser, Bettwäsche und die Reinigung des Wohnraums dreimal die Woche.

»Der türkische Arbeitnehmer soll die Möglichkeit haben, an Frei- und Feiertagen den Gottesdienst zu erfüllen«, stand in einer Zusatzvereinbarung im Arbeitsvertrag der Türken. Aber niemand kümmerte sich darum. Schließlich begannen die Arbeiter von der Heimleitung zur Verfügung gestellte Zimmer zu Gebetsräumen umzufunktionieren. Diese *Mescit* (kleine Moschee, Gebetsstätte) wurden mit der Zeit auch von den Türken besucht, die nicht im Heim lebten.

Die Experten sagen heute, dass die Konzentration von Arbeitern gleicher Herkunft in den Wohnheimen zur Ghettobildung geführt und langfristig die Eingliederungschancen der Heimbewohner in die deutsche Gesellschaft erschwert hat. Die Arbeiter klagten über die strenge Aufsicht und dass man nie mit dem anderen Geschlecht alleine bleiben konnte.[172] »Wenn Feierabend ist, dann geht der Deutsche dorthin, wohin er Lust hat. Keiner fragt Dich aber danach, was Du machst? Sie gehen an die Ufer der Seen, der Bäche und in die Biergärten. Sie schauen in Autokinos Filme an, ohne aus dem Auto auszusteigen. Sie essen, küssen und schmusen dort. (...) Und wenn Du frei hast, dann gehst Du sofort zum Bahnhof, zu dem Ort, an dem Du in Deutschland zum ersten Mal angekommen bist. Wohin gehst Du? Zum Bahnhof. Woher kommst Du? Vom Bahnhof«, schrieb die türkische Autorin Adalet Agaoglu im Jahre 1984 nach einem Deutschlandbesuch.

Der Bahnhof ist der Ort, aus dem du kommst und wohin du gehen wirst,

---

[172]   Maria Borris, »Ausländische Arbeiter in einer Großstadt«, Frankfurt 1973, S. 137

dachten die Männer, wenn dieser Militärdienst, oder Gefängnisaufenthalt, zu Ende ist. Der Bahnhof als der bestens bekannte öffentliche Raum, wo man nicht auffiel, weil hier viele Fremde waren. Wo man mit Seinesgleichen Informationen austauschen konnte, eine Nachrichtenbörse. Der Ort, wo man garantiert türkische Zeitungen bekommt. Oder man ging auf die Wiesen, wo auch andere Türken hingingen. Zum Baldeney See und an die Ruhr. In manchen Städten gab es Kinos, die sonntagvormittags türkische Filme im Originalton zeigten, wie das Essener Atrium. In deutschen Kneipen, meist im Bahnhofsviertel, blieb man auch unter sich.

Man wählte speziell junge Männer für die Bergwerke aus, die 25 bis 30jährigen. Ein Mann über 35 hatte hier keine Chance. Das ging auch deutlich aus den Anwerbeunterlagen vor, die in die Türkei geschickt wurden. »Wenn dir der Meister die Schippe in die Hand gibt, musst du soviel bringen wie zwei deutsche Arbeiter. Sonst sagt der Steiger: ›Was du machen Ausländer? Du wollen nix arbeiten?!‹ Eigentlich sieht er genau, dass du schuftest wie ein Tier, aber er will dich eben einschüchtern. Im Stillen sagt er sich: ›Der Mann arbeitet gut. Er lehnt sich nicht gegen mich auf. Ausländer sind okay.‹ Aber wenn ich dem Deutschen sagte: ›Kumpel, du siehst doch, wie ich schufte, warum redest du so mit mir? Komm, verpiss dich du deutscher Meister, du bist verdammt im Unrecht‹, ja, da würde er einfach antworten: ›Hier sind deine Entlassungspapiere Türke!‹.«[173]

Yusuf: »Die Deutschen sparen nicht, weil sie wissen, dass ihr Leben unter Garantie steht. Warum sollen sie denn sparen? Wenn ihr Kind 18 ist, zieht es aus, denn es hat ja jetzt auch Arbeit. Geh, such dir eine Arbeit, verdiene deinen Lebensunterhalt, du bist alt genug, sagen sie. Ich kann das meinen Kindern nicht sagen. Warum? Ich muss doch dafür sorgen, dass sie sich ein eigenes Leben aufbauen können, sonst landen sie auf der Straße. Unsere Regierung sorgt nicht einmal für die Arbeiter geschweige denn für ihre Kinder. Wenn wir auch Fabriken hätten, Gesetze über Sozialversicherungen. Haben wir aber nicht.«

Tuberkulose, Magengeschwür, Bronchitis, Erkältungen, Lungenentzündung. Die Bergarbeiter werden oft krank, was wohl auch mit den Demütigungen zusammen hängt, die sie erleiden. Wenn sie beschimpft und beleidigt werden und nicht zurückschlagen können, müssen sie es rationalisieren. »Das ist doch ein Deutscher«, sagen sie sich dann, »lass den Kerl reden.«

In ihrem Aufsatz über die Entwicklung Lohbergs schreibt Inge Litschke: »Der Einzug der aus einem vollkommen anderen Kulturkreis stammenden

---

173 Füruzan, S. 294

Türken mit ihren den Deutschen fremden Lebensgewohnheiten führte dazu, dass weitere Lohberger Familien, die noch an der Erhaltung und Pflege ihrer Häuser. Höfe und Gärten gearbeitet hatten, Lohberg verließen und die alte Kolonie trotz der noch verbleibenden deutschen Familien sich zu einer türkischen Enklave zu entwickeln begann.«[174] Die typische Slumbildung der Gastarbeiterviertel setzte in Lohberg ein; der Wert der Immobilien fiel, es zogen immer neue türkische Arbeiterfamilien nach, schließlich wollten die Trägergesellschaften die Häuser abreißen lassen. »Die Ghettobildung«, sagt Frau Litschke, »brachte massive soziale Probleme mit sich. (... Der) Integrationsprozess gestaltet sich ungleich schwieriger als bei den vorausgegangenen Zuwanderungen, da er nicht mehr auf der Basis der gemeinsamen abendländischen Kultur und christlichen Religion erfolgt.« Bürgerinitiativen haben schließlich den Abriss verhindert, man stellte die Häuser der Bergarbeiterkolonie unter Denkmalschutz und begann mit Renovierungsarbeiten. Heute wird in der Schachtanlage Lohberg-Osterfeld noch immer gearbeitet. Über die Situation der türkischen Einwohner sagt auch folgendes viel aus: Im Einzugsgebiet der Gemeinschaftsgrundschule Lohberg leben 8 500 Menschen, jeder zweite ist Türke. Damit hat Lohberg heute wohl den größten Anteil von Türken in einer deutschen Stadt überhaupt.

---

[174]   http://www.dinslaken-lohberg.de/Info/Geschichte/hauptteil_geschichte.htm

Kapitel 4

Spartakisten am Bosporus, Kommunisten an der Spree

Die kurze Geschichte der türkischen Kommunisten
in Deutschland und der Türkei

D ie Ford-Werke in Köln-Niehl gehören zu den ersten Betrieben in
Deutschland, die mit der Unterzeichnung des Anwerbeabkommens
1961 türkische Gastarbeiter gerufen haben. Wie sehr diese gebraucht wurden, belegen die Zahlen: Im Jahre 1973 waren schon ein Drittel
aller Werksarbeiter Türken, genau 12 000 Menschen, so viel, wie die Einwohner einer türkischen Kleinstadt in Anatolien.

Aber die Ford-Werke sind nicht mit diesen Zahlen in die Geschichte der
Türken in Deutschland eingegangen, sondern mit einem wilden Streik, den
die Türken im August 1973 organisierten und mit dem sie erstmals zeigten,
dass sie sich trotz ihrer unsicheren Aufenthalts- und Arbeitsbedingungen gegen Ausbeutung wehren würden. Wie auch im Bergbau hatten sie hier
schlechtere Arbeits- und Lohnbedingungen als ihre deutschen Kollegen. Fast
90 Prozent der Türken standen in der berüchtigten Halle Y, bei der Endmon-
tage. Ein Arbeiter beschrieb die damaligen Arbeitsbedingungen bei Ford so:
»Wir standen zu Tausenden an den Fließbändern, deren Geschwindigkeit
ständig erhöht wurde. Wenn du deinen Part nicht schafftest, klappte nach dir
gar nichts mehr, der Wagen wurde nicht fertig. Das war ein Alptraum. Ich
träumte ununterbrochen davon. Wir waren fix und fertig, aber verdienten
gut.«[175] 1971 lief der Sechsmillionste Ford vom Band, eine deutsch-türkische
Erfolgsstory der Nachkriegszeit. Die Türken brachten nicht nur den Mut auf,
für ihre Rechte zu kämpfen, sondern ordneten sich mit ihrem Streik in eine
über das ganze Jahr 1973 verteilte Streikwelle im deutschen Metallsektor ein.
Damals, vor über 30 Jahren, war Religion Privatsache und niemand sprach

---

[175] Metin Gür, »Diyardan Diyara – TKP'nin Avrupa Yillari«, (Die Europa-Jahre der TKP),
Günizi Yayincilik, Istanbul 2002, S. 23f.

von Muslimen. Man sprach von Türken und von Gastarbeitern. Das Problem der fehlenden Gerechtigkeit sollte nicht mit Gott, sondern mit säkularen linken Theorien bekämpft werden, an denen jeder teilhaben konnte.

In diesem Kapitel wollen wir uns auf diese Spur der linken, sozialistischen Ideen unter den Türken in Deutschland begeben und zeigen, wie Menschen unterschiedlicher Herkunft für eine gemeinsame Sache kämpfen konnten, bevor der herrschende Diskurs sie zu lehren begann, dass sie keine gemeinsamen Interessen hätten, weil sie unterschiedlichen Ethnien, Völkern oder Religionen angehörten. Der soziale Kampf der Türken ist zugleich das beste Beispiel dafür, wie wir heute die absurde Spaltung überwinden, den Diskurs verändern und dem so genannten Zivilisations- oder Religionskrieg Einhalt gebieten können.

Einen schicken, roten Ford Capri mit gelben Seitenstreifen vor eine Eisdiele zu fahren und die Mädels auf eine Fahrt entlang des Rheins mitzunehmen, hatte gewiss seinen Reiz. In den 1970ern waren gebrauchte Capris auch unter jungen Türken sehr beliebt, die sich den deutschen Mädchen gegenüber gern als Italiener ausgaben, weil sie eher auf die südlichen Nachbarn standen. Türken waren nämlich gerade mal wieder von der deutschen Presse entdeckt worden, zwar nicht in ihrer Eigenschaft als Muslime, sondern als kleine Messerstecher und Illegale. Derweil schoben die Väter oder älteren Brüder, allesamt kräftige, ausgewählte Männer, die Schicht in der Fabrik und verdienten an der Bandstraße einen Stundenlohn zwischen 7,15 und 8,24 Mark. Die Deutschen waren entweder zu Facharbeitern oder Meistern aufgestiegen und bekamen 8,98 bis 10,59 Mark die Stunde. Jeder arbeitete was er konnte. Es galt, Geld zu verdienen. Und zwar so viel wie möglich.

Erst 1972, nach elf Jahren Beschäftigung türkischer Gastarbeiter, wurde Ausländern aus Ländern außerhalb der Europäischen Gemeinschaft gestattet, für Betriebsratswahlen zu kandidieren. Wenn man bedenkt, dass ein Drittel der Belegschaft der Kölner Ford-Werke aus der Türkei kam, sollte es niemanden wundern, dass auch Türken in den 47köpfigen Betriebsrat wollten, der von der IG Metall dominiert wurde. Nur fünf schafften es. Das bedeutete aber in diesem Fall nicht viel. Vier von den fünf waren so genannte »Dolmetscher«. Sie wurden von den Arbeitern als »verlängerter Arm der Bosse« angesehen – ein eigenes Kapitel der Gastarbeiterhistorie für sich. Meist aus den Reihen der Studenten rekrutiert, fungierten die Dolmetscher von Anfang an als Vermittler zwischen deutscher Firmenleitung und Belegschaft. Für ihre Dienste, und diese wurden bitter gebraucht angesichts der Sprachlosigkeit der Türken, ließen sie sich von den Arbeitern üppig bezahlen. Jedes auszufüllende Formular, jeder Arztbesuch kostete. Die Dolmetscher ergriffen im Zweifelsfall immer die Partei der Arbeitgeber, die sie angestellt hatten. Nicht selten kümmerten sie sich um neue Jobs für unzufriedene Arbeiter oder fanden Stellen für Freunde und Verwandten, die in der Heimat auf gepackten Koffern saßen. Wer über einen Dolmetscher eine neue Stelle vermittelt bekam, zahlte dafür oft mit mehreren Monatslöhnen. Mehmet Özbagci hieß der einzige von den Arbeitern als legitim angesehene Vertreter. Aber es sollte nicht sein. Er wurde durch den Betriebsrat nicht freigestellt und blieb draußen. Das führte zu einer großen Unzufriedenheit in der türkischen Belegschaft, die ohnehin nicht sehr glücklich war. Der Betriebsrat erklärte diesen Umstand mit den mangelnden Sprachkenntnissen des gewählten Türken und damit, dass er den Text des Betriebsverfassungsgesetzes nicht kenne. Dabei hatte er die mit Abstand meisten Stimmen auf sich versammelt.[176] Von 18 300 abgegebenen Stimmen waren 5 700 auf ihn gefallen.

Nicht nur die Türken bei Ford waren unzufrieden. Es gärte überall im Land. Die Gewerkschaften unterstützten die Stabilitätspolitik der sozialdemokratischen Regierung unter Willy Brandt. Der Tarifabschluss 1973 brachte 8,5 Prozent für die Stahlindustrie, was heute unglaublich klingt, aber damals in den Augen der Arbeiter die nach der Ölkrise außergewöhnlich gestiegenen Lebenshaltungskosten nicht ausglich. Im Februar begannen die ersten Streiks. Zuerst legten hundert Beschäftigte der Schlossfabrik Hülsbeck & Fürst in Velbert bei Düsseldorf die Arbeit für zwei Wochen nieder.[177] Es folgten die rund 15 000 Arbeiter der Dortmunder Hoesch-Werke und andere Stahlbetriebe im Ruhrgebiet. Bei Mannesmann in Duisburg-Huickingen besetzten sogar die Arbeiter für eine Woche den Betrieb. Im April streikten 10 000 VW-Arbeiter und im August 1973 erreichten die wilden Streiks ihren Höhepunkt: 80 000 Beschäftigte legten in über 100 Betrieben die Arbeit nieder. Nach gewerkschaftlichen Angaben beteiligten sich insgesamt 275 000 Arbeiter in 335 Betrieben an diesen Streiks des Jahres 1973. »Kennzeichnend für die gesamte Streikbewegung war«, schreibt Ursel Beck, »dass auch viele kleinere und mittlere Betriebe einbezogen waren und dass vor allem die am schlecht bezahltesten Schichten – ausländische ArbeiterInnen und Frauen – eine aktive Rolle in diesen Kämpfen spielten. Und selbst im öffentlichen Dienst wurde wild gestreikt. Im Anschluß an die Tagesschau gab es 1973 eine tägliche Streikkarte. Welch ein Kontrast zu den täglichen Börsenberichten 2003.«[178]

---

[176] Wolfgang Kraushaar, »Aus der Protest-Chronik, 24. – 30. August 1973: Die Gastarbeiter, das neue deutsche Proletariat, begehrte auf«, http://www.eurozine.com/article/2004-07-15-kraushaar-de.html

[177] Ursel Beck, »Vor 30 Jahren, August 1973 – Höhepunkt wilder Streiks«, http://www.labournet.de/diskussion/geschichte/august73.html

[178] ebd.

Der wilde Streik der Türken bei Ford

In jenem August passiert in Köln-Niehl etwas Ungewöhnliches. 300 türkische Arbeiter schaffen es nicht, rechtzeitig aus ihrem Heimaturlaub zurückzukommen. Die Arbeiter fordern schon lange eine Verlängerung ihres Jahresurlaubs, weil sie alle mit ihren Autos quer durch ganz Europa zu ihren Dörfern und Städten in Anatolien fahren. Unterwegs vergeht ohnehin mindestens eine Woche, so bleiben nur drei Wochen Zeit, was nicht ausreicht. Diesen 300 Türken wird jedoch diesmal ihre Verspätung zum Verhängnis: Sie werden fristlos entlassen. Auf die Bitte der Arbeiter, ihre Verspätung als unbezahlten Urlaub zu zählen, geht die Betriebsleitung nicht ein. Es scheint klar, dass das Unternehmen den Vorfall wegen seiner aktuellen Absatzkrise ausnutzt, um Arbeiter zu entlassen. Bald wird auch klar, dass die frei gewordenen Stellen nicht ersetzt werden und die übrigen Arbeiter für den Mehraufwand aufkommen müssen. Als am Freitag, den 24. August 1973 Aufseher in die Endmontagehalle kommen, um den verkürzten Takt abzumessen, reicht es endlich allen: Während der Spätschicht ziehen 400 Türken mit Transparenten über das Werksgelände, auf denen die sofortige Wiedereinstellung der entlassenen Türken verlangt wird. Die gesamte Spätschicht solidarisiert sich mit ihnen. Innerhalb kürzester Zeit beteiligen sich 8 000 Arbeiter an dem spontanen, wilden Streik. Über ihre Forderungen sind sie sich schon längst im Klaren: Sie wollen eine Mark mehr Stundenlohn, zumindest statt 70 Pfennig eine Mark, die Gekündigten sollen wieder eingestellt werden, der Jahresurlaub von vier auf sechs Wochen verlängert und das Wichtigste: Die Bandgeschwindigkeit soll verlangsamt werden! Die Türken trauen weder dem Betriebsrat noch der IG-Metall, die sie zur Arbeitsaufnahme aufruft. Sie bilden ein Streikkomitée aus neun und später dreizehn Männern. An der Spitze steht der legendäre Baha Targün, der später im Zusammenhang mit einem anderen Delikt ausgewiesen wurde. Er war 1969 als Student nach Deutschland gekommen. Nach seinem Studium hatte er als Dolmetscher und Bankangestellter gearbeitet. Er sprach sehr gut Deutsch und war für seine linken Ansichten bekannt. An seiner Seite steht der deutsche Praktikant Dieter Heinert, ein Türkisch sprechender Abiturient, Mitglied der KPD/ML und der Revolutionären Gewerkschafts-Opposition (RGO). Wie Serhat Karakayali von der linken Migrantengruppe *Kanak Attak* recherchiert hat, kommt auch eine Gruppe deutscher Linker in die Fabrik und verteilt Flugblätter mit der Unterschrift »Kölner Fordarbeiter«, auf denen neue Forderungen gestellt werden.[179] Die »K-Gruppen« interessieren sich auch für den wilden Streik in Köln, aber bekommen auch keinen richtigen Kontakt zu den Türken, die mit »Eine Mark mehr«-Rufen über das Werksgelände ziehen und dieses nach bester türkischer Streikmanier nicht verlassen, was der Firmenleitung als illegale Besetzung erscheint.

Zum Bruch zwischen den türkischen und deutschen Arbeitern war es auf der Betriebsversammlung eine Woche vor dem Ausbruch der wilden Streiks gekommen. Die Türken solidarisierten sich fast lückenlos mit ihren entlassenen Kollegen und forderten ihre Wiedereinstellung. Die deutschen Arbeiter, natürlich nicht alle, aber nach Berichten die meisten, waren anderer Meinung. Auch sie mussten immer pünktlich aus dem Urlaub zurück, warum sollte diese Regel nicht für die Türken gelten? Die Deutschen hatten ohnehin als Vorarbeiter, Fertigmacher oder Meister zumeist vorgesetzte Funktionen und sahen das Ganze mit anderen Augen. Die Zahl der Streikenden wuchs inzwischen auf 17 000, was zumindest auf 5 000 nichttürkische Mitkämpfer deutet, darunter viele Griechen oder Spanier. Wolfgang Kraushaar berichtet, dass der Betriebsrat und IG-Metall die meisten deutschen Arbeiter auf ihre Seite gezogen hatten. »So sollen am 29. August nur noch deutsche Lehrlinge und Hilfsarbeiter mit den Türken im Streik gewesen sein.« Im großen Ford-Betrieb schafften es also die Deutschen und Türken es nicht, am gleichen Strang zu ziehen. Das scheint, wenn man die Haltung der deutschen Arbeiterschaft gegenüber den »Gästen« bedenkt, kein Zufall gewesen zu sein. Zwar waren die deutschen Arbeiter zweifellos froh, nicht mehr die schlecht bezahlte Schwerarbeit übernehmen zu müssen; ihre Beziehung war jedoch von Anfang an von Verachtung und Skepsis gegenüber dem »Ausländer« geprägt. Der Fremde, der kein Deutsch verstand und widerstandslos schuftete, war ein potentieller Rivale, der dem Deutschen jederzeit die Arbeit wegnehmen oder den der Arbeitgeber zumindest als Konkurrenten einsetzen und so den Deutschen erpressen konnte. Im Vergleich zu den noch vor fünfzehn Jahren unter Zwang eingesetzten Fremdarbeitern hatten die Ausländer unerhörte Rechte und bekamen nach denselben Maßstäben Geld. »Arme Schweine« war das mildeste Urteil vieler deutschen »Kollegen« über die Ausländer. Nicht einmal in den Pausen kamen beide Seiten aufeinander zu; Sprachbarrieren wurden durch gegenseitiges Mißtrauen und eine menschliche Hierarchie ergänzt, in der sich der Deutsche den Ausländern überlegen fühlte. Was haben die Gewerkschaften zur Verbesserung dieses Verhältnisses beigetragen? Hört

---

[179] Serhat Karakayali, »Sechs bis acht Kommunisten, getarnt in Monteursmänteln«, http://www.kanak-attak.de/ka/text/Ford-Streik.html

man den Türken der ersten Stunde zu, beschweren sie sich fast alle über das Desinteresse der Gewerkschaft, sich ihrer Probleme anzunehmen.[180]

Der Betriebsrat nahm Verhandlungen mit der Firmenleitung auf. Nach drei Tagen ergebnisloser Gespräche beginnt es unter den streikenden Arbeitern zu gären. Der Betriebsrat ist von Anfang an gegen den Streik und weist die türkischen Arbeiter auf das Betriebsverfassungsgesetz und die tariflich vereinbarte Friedenspflicht hin. Ein türkischer Betriebsrat wird mit Äpfeln beworfen, als er die Streikenden zur Wiederaufnahme der Arbeit auffordert. Die »Frankfurter Rundschau« berichtet am 27. August 1973, dass die Geschäftsleitung eine Solidarität auch der deutschen Kollegen mit den Türken »nicht ausschließt«. Der »Kölner Stadt-Anzeiger« schreibt am selben Tag, der Bundeskanzler Willy Brandt bemühe sich die Forderungen der Metallarbeiter in geregelte Bahnen zu lenken.

Alle Versuche der Werksleitung, die Streikenden vom Werksgelände zu entfernen, schlagen fehl. »Die Türken, einige Italiener und nur noch wenige Deutsche übernachteten im Polsterlager des Ford-Werkes und organisierten den Streik von hier aus.«[181]

Nachdem sich die deutsche Belegschaft von der türkischen distanzierte, begann in den Medien eine regelrechte Kampagne. Am 29. August schrieb die »Bild-Zeitung«, dass »sechs bis acht Kommunisten, die sich in Monteursmänteln in das kilometerweite Werksgelände eingeschlichen haben«, die Unruhe gestiftet hätten. Der Betriebsratsvorsitzende Lück erklärte dem »Kölner Express«, dass »der ehemalige Radikalen-Tummelplatz Universität vielerorts in die Betriebe verlagert« worden sei. »Türken-Terror bei Ford« lauteten jetzt die Überschriften, man fragte entsetzt: »Übernehmen die Gastarbeiter die Macht?« Wie Karakayali konstatiert: »Plötzlich ging es nicht mehr um Lohnforderungen, Entlassungen und Arbeitsbedingungen, sondern um die Ausländer, die das deutsche Tarifsystem nicht richtig verstehen.« Der »Kölner Express« schrieb am 29. August, dass die Türken ja bisher als autoritätsgläubig, fleißig und diszipliniert aufgetreten seien. »Zwar ist der Türke kein böser Türke. Doch ist er ein enttäuschter Freund, fast schon ein enttäuschter Liebhaber.« Man schrieb erst das Jahr 1973.

Schließlich appellierte Brandt in einer Fernsehrede an alle Streikenden, in den Schoß der Gewerkschaften zurückzukehren. »Wer hat denn in jahrzehntelangen Kämpfen die Rechte der Arbeitnehmer durchgesetzt und erweitert?«, fragte der Kanzler. Aber die türkischen Arbeiter des Ford-Werkes hatten sich in ihren Kampf verbissen. Nach einer Woche kam das Unver-

---

[180] Das führte einige Türken dazu, eigene Organisationen zu gründen – dazu gleich mehr.
[181] Karakayali, ebd.

meidliche: Die Werksleitung organisierte eine Gegendemonstration von deutschen und anderen Arbeitswilligen in Meisterkitteln und ließ das Gelände von Polizisten stürmen. Die »Rädelsführer« wurden allesamt verhaftet und abgeführt. »Am Abend patrouillierten jene Arbeitswilligen vom Morgen als ›Arbeiterschutzstreifen‹ über das Werksgelände, um Versammlungen aufzulösen; über 100 türkische Arbeiter wurden fristlos entlassen, etwa 600 nahmen das Angebot an, die fristlose in eine ›freiwillige‹ Kündigung umzuwandeln Viele erschienen aus Wut, Frust oder Angst nicht zur Arbeit oder weil sie die Erniedrigung nicht ertragen wollten. Es ist kein Fall bekannt geworden, in dem der Betriebsrat gegen eine Entlassung Einspruch eingelegt hätte.«[182]

Das Fazit des *Kanak Attak*-Mitglieds Karakayali, stellvertretend für viele Türken der neuen Generationen in Deutschland ist: »Der Streik war letztlich an der Spaltung in Deutsche und Ausländer gescheitert. Werksleitung, Betriebsrat und Medien hatten es nach und nach geschafft, die ohnehin schon strukturell unterschiedlichen Interessen ideologisch zu verfestigen.«[183] Die linken Gruppen, die den Ford-Streik tatkräftig zu unterstützen versuchten, machten sich auch ihre Gedanken angesichts dieser »Spaltung«, die den solidarischen Kampf sabotierte: »Deutsche Kollegen!« stand auf dem Flugblatt der Kommunistischen Initiative, »Ihr dürft die türkischen Kollegen nicht im Stich lassen. Es geht nicht nur um euer Geld, es geht um eure Ehre!« Nach Analyse von Serhat Karakayali waren die linken Gruppen wie KPD, (Kommunistische Partei Deutschlands), KPD/ML (Kommunistische Partei Deutschlands/Marxisten-Leninisten) oder KBW (Kommunistischer Bund West) an dem Streik nicht direkt beteiligt, sondern lieferten Flugblätter, Zigaretten und Essen. Innerhalb der Fabrik soll es die Gruppe »Arbeiterkampf« gegeben haben, die eher an dem Streik mitwirkte. »Abgesehen von ihrer Bewunderung für die angeblich soldatische Kampfdisziplin der Türken (›Zwei Jahre Drill in der Armee habe ein solidarisches Bewußtsein geschaffen‹) entwickelten sie ein weitgehend unverkrampftes Verhältnis zu den Kanaken.(...) Für die betrieblich orientierte Sponti-Linke in West-Deutschland waren die Kanaken eine Art Avantgarde.«[184]

Das Ergebnis der wilden Streiks von 1973 waren Zugeständnisse außerhalb der Tarifrunden: Monatliche Teuerungszulagen von 20 bis 30 Mark, mancherorts eine tatsächliche Erhöhung des Stundenlohns um eine Mark, Weihnachtsgeld, höhere Zuschläge für Schichtarbeit oder bessere Arbeitsbe-

---

[182] ebd. Karakayali
[183] ebd.
[184] ebd.

dingungen. Der Kampf war also im Allgemeinen nicht umsonst gewesen, wenn auch nicht bei Ford in Köln-Niehl, wo nicht nur die sich aus dem Urlaub verspäteten Arbeiter entlassen wurden, sondern auch andere Türken. Der Arbeitskampf dieser Jahre wird im Rückblick von den Gewerkschaften positiv bewertet. So sind die Mitgliedszahlen der DGB-Gewerkschaften von 1969 bis 1979 um mehr als 1,3 Millionen auf 7,8 Millionen gestiegen. In den 1990er Jahren sollte der deutsche Gewerkschaftsbund fast vier Millionen Mitglieder verlieren.

Im November 2001 organisierte das »Netzwerk Migration in Europa« in Köln in Zusammenarbeit mit der IG-Metall eine Tagung zu dem Thema. »Vom ›Wilden Streik‹ bei Ford (1973) zur gleichberechtigten Teilhabe im Betrieb? Zur Geschichte der Ford-Arbeiter aus der Türkei (1961-2001)« hieß die Überschrift. Es gelang den Organisatoren, streikende Arbeiter und Betriebsratsmitglieder von damals zusammenzubringen. Zuerst wurde den Teilnehmern ein Dokumentarfilm von 1982 zum Ford-Streik gezeigt.[185] Die ehemaligen Streikenden bewerteten ihre Aktion neun Jahre danach als eine »lange Niederlage», während die Deutschen von einer »türkischen Sache« sprachen, weil zum Beispiel sie die Forderung der Wiedereinstellung der Entlassenen nicht unterstützt und die Eine-Mark-Zulage bereits bekommen hatten. Selbstkritik übte im Film der damalige Betriebsratssprecher Kuckelkorn, indem er zugab, die Streikenden seien nicht genügend betreut worden, so dass »Agitatoren frei Hand« gehabt hätten. Auf der Tagung kamen kontroverse Bewertungen von Experten und Zeitzeugen zum Ausdruck. Der Meinung eines Migrationsexperten[186], der Streik hätte autoritäre Züge getragen, widersprach ein ehemaliger SDS-Student und Mitkämpfer auf dem Fabrikgelände: Die Türken seien keine geschlossene, homogene Gruppe gewesen, sagte Rainer Schmidt. Sie hätten viele Diskussionskreise gehabt. Ihm sei die von den streikenden Türken praktizierte Demokratie sogar manchmal auf die Nerven gegangen. »Die Zeit« schrieb 1973 nach der Beendigung des Streiks rückblickend: »Die Gastarbeiter, das neue deutsche Proletariat begehrte auf.« Das klang etwas feiner als die Schlagzeilen der Boulevardpresse: »Türken-Terror bei Ford«.

Heute sagt Nafiz Özbek, Leiter des Ressorts Migration beim IG-Metall Vorstand auf die Frage, was es mit dem Ford-Streik auf sich hatte und wie es gegenwärtig um die Situation des »neuen türkisch-deutschen Proletariats« in Kontinuität mit den Fremd- und sogar Zwangsarbeitern von früher steht:

---

[185] »Diese Arbeitsniederlegung war nicht geplant«, WDR, von Thomas Giefer und Karl Baumgarten. http://www.network-migration.org/doks/vom_wilden_streik. pdf
[186] Hans-Günter Kleff

»Die türkischen Arbeiter oder im Allgemeinen die aus Mittelmeerländern geholten Arbeiter sollten anfänglich nur eine Funktion übernehmen: Die arbeitsintensiven Produktionsmechanismen in Gang halten, damit sich das Rad des Kapitalismus weiterdrehte. Früher, zur Zeit des Faschismus, wurden dafür in der Tat andere herangezogen, und zwar wiederum auf den Druck des Kapitals: Unentgeltlich oder unter Zwang zur Arbeit angehaltene Kriegsgefangene, vor allem Juden, Sinti und Roma, Systemgegner und sogar jeder zwischen 17 und 60 Jahren. Aus diesem Grund sind wohl in Nürnberg nicht nur die faschistischen Generäle, sondern auch die Geschäftsführer und Inhaber der kapitalistischen Konzerne angeklagt worden. Das Thema ›Zwangsarbeit‹ hat bis heute Konsequenzen und ist noch nicht demokratisch geregelt. Im Nachkriegsdeutschland hatte das Kapital wegen der Politik der Alliierten, aber vor allem nach dem Bau der Berliner Mauer Probleme, das Arbeitskräftepotential aufrecht zu erhalten. Um dieses Bedürfnis zu stillen haben sie in die Mittelmeerländer gelangt und das führte zu dem ›Arbeitertransfer‹ bis 1973. Die heutige Einwanderung ist nichts anderes als die Fortsetzung davon.«[187]

Haben die deutschen Gewerkschaften zu den türkischen Arbeitern gehalten? Der Gewerkschaftler Özbek antwortet darauf mit »Ja«: »Die ›ausländischen Arbeiter‹ oder wie man heute sagt die Arbeitsmigranten sind teils freiwillig, teils unter dem Zwang wirtschaftlicher und sozialer Bedingungen den Produktionsrädern verfüttert worden und werden immer noch verfüttert. Die ersten, die sich an ihre Seite stellten, sind die Gewerkschaften! Danach kommen Kirchen und andere soziale Einrichtungen. Wer nicht zu ihnen halten, sich an ihre Seite stellen wollte, waren die politischen Parteien und die staatlichen Institutionen. Das ist bis heute so geblieben.« Özbek erzählt, dass die IG Metall von Anfang an Wert darauf legte, ausländische Arbeiter in ihren Reihen aufzunehmen, für sie besondere Ausschüsse einzurichten und versuchte, sie zu gleichberechtigten Mitgliedern zu machen. Das Migrationsamt, dem er heute vorsitzt, gibt es seit 1968. »Aber trotz dieser demokratischen Arbeit haben die Arbeitsmigranten ihre Rechte nicht vollständig bekommen. Wir können auch nicht von einer innergewerkschaftlichen Gleichheit sprechen, denn die Arbeitsmigranten bleiben eine zwar gut organisierte, aber schlecht repräsentierte Gruppe.«

Zur Jahreswende 1970/71 waren im DGB genau 383 000 ausländische Arbeiter organisiert. Den höchsten Organisationsgrad hatten immerhin die Türken mit 27 Prozent, während Italiener zu 23 Prozent, Griechen zu 22, Jugo-

---

[187] Persönliches Interview der Autorin vom März 2005

slawen zu 17 und Portugiesen nur zu 15 Prozent Gewerkschaftsmitglied waren.[188] Das von dem damaligen JUSO-Vorstand herausgegebene »Schwarzbuch Ausländer« nennt die Gründe für die eher zögerliche Haltung der deutschen Gewerkschaften, auf die Ausländer zuzugehen, wie folgt: »Angeblich, weil deutsche Gewerkschaftsmitglieder protestieren und mit Austritt drohen würden, beschränkt man sich in manchen Gliederungen auf die Betreuung der Ausländer, die zuvor Mitglieder geworden sind. Dabei wird übersehen, daß gerade eine allgemeine Betreuungsarbeit Mitglieder unter den Gastarbeitern werben und Interessen der deutschen Mitglieder somit langfristig sichern würde. Offensichtlich aus Angst vor der angeblich großen Zahl kommunistischer Ausländer unterstützt man nur die politisch harmlosen Exilorganisationen der Ausländer und arbeitet teilweise mit Organisationen zusammen, deren Einfluß in den Auswanderungsländern zurückgeht (...) Als Ergebnis werden oft Betreuer eingestellt, zu denen die ausländischen Arbeiter nur mit Mißtrauen kommen.«[189]

Dazu käme die Skepsis der deutschen Kollegen. »Wenn es zu Interessenkonflikten zwischen einheimischen und ausländischen Arbeitern kommt, was aufgrund ihrer unterschiedlichen wirtschaftlichen und sozialen Stellung nicht selten ist, neigen die Gewerkschaften dazu, nur die einheimischen Arbeiter zu unterstützen.«[190]

Warum sind die Türken also beim Ford-Streik alleine gelassen worden? Weil sie auch mit ihren Problemen alleine waren, weil die deutschen Arbeiter sich gut oder zumindest besser versorgt fühlten und nicht dafür streiken wollten, dass die Türken eine Mark mehr die Stunde bekommen. Ist das eine Ausnahmesituation gewesen, gab es zum Beispiel andernorts einen gemeinsamen Arbeitskampf der Türken und Deutschen? Der erfahrene Gewerkschafter weist darauf hin, dass es für das Jahr 1973 im Metallsektor einen bereits vereinbarten Tarifabschluss gab und dass der Ford-Streik ein »wilder Streik« gewesen ist, der diese Vereinbarung nicht anerkennen und seine eigenen Forderungen durchsetzen wollte. »Die Gewerkschaften kämpfen in Deutschland im System und nicht außerhalb – es gibt bestimmte Rituale, wie man seine Forderungen stellt. Beim Ford-Streik haben sich die türkischen Arbeiter nicht an diese Regeln gehalten! Aber trotzdem hat ihre Aktion etwas bewirkt.«

Nafiz Özbek bestätigt das, was wir mit unserer Spurensuche in Köln-Niehl erreichen wollten: »Am Anfang der Migration haben Türken und andere Ar-

---

[188] »Schwarzbuch: Ausländische Arbeiter«, Frankfurt am Main 1972, S. 89
[189] ebd. S.88
[190] ebd. S. 88 f.

beiter aus dem Ausland ihre Rechte viel bewusster wahrgenommen und eingefordert. Heute ersticken alle in dem Nebel aus den Granaten, die das Kapital tagtäglich abwirft. Dazu kommen die von ihren Herkunftsländern verursachten Nebelwolken. Die Medien. Das erklärt ihre zunehmende Blendung.« Özbek weist auf die steigenden Arbeitslosenzahlen hin, die schon alleine die Menschen zum Verstummen brachten. Warum gehen die Arbeiter dann nicht gemeinsam auf die Straße? »Die Industrie, der Dienstleistungs- und Wissenschaftssektor sind nicht mehr so arbeitsintensiv wie früher. Die Werte werten jetzt an der Börse errechnet, und sie sind nicht mehr national, sondern global!«

Warum sind die Kinder und Enkelkinder vieler Türken in Deutschland heute arbeitslos? Die erste Generation hat ihre Schuldigkeit getan und tritt ab, sagt Özbek. Das trifft auch für die zweite Generation zu. Und die junge Generation hätte sich nicht genug auf die Zukunft vorbereitet. »Aber das umschreibt nicht den Kern des Problems.« Daran sei nicht nur »das System« schuld, ideologische Verblendungen spielten ebenfalls eine große Rolle – also geht die Spurensuche weiter.

Proletarischer Aufstand am Bosporus

Muslime? Industriearbeiter? Bergleute? Dönerverkäufer? Männer, Frauen, Türken, Kurden, Alewiten und andere? Der deutsche Staat und seine Institutionen, von denen der Gewerkschafter sagt, dass sie nicht zu den Unterstützern der Arbeiter zählten, sind schnell zur Stelle, wenn es um die Verteilung von Geld an »unsere ausländischen Mitbürger« geht. Das Amt der Integrationsbeauftragten, früher schmucklos Ausländerbeauftragte genannt, ist unter anderem dafür da, die Verteilung der Subventionen zu regeln. Diese erhalten Vereine auf den Beinen, reichen aber für nicht viel. Dieses System der »Integrationsförderung« sorgt für eine große und tiefe Spaltung zwischen den Menschen, die alle aus demselben Land kommen, die früher als Nachbarn und Freunde zusammen gelebt haben und nun in der Fremde ihre ethnischen oder religiösen Ursprünge wieder entdecken: »Ich bin Alewite«, sagen etwa türkische Jugendliche aus Berlin und hängen das Bild des gut aussehenden Ali an ihre Wand. Andere lassen sich von extremen kurdischen Organisationen für den bewaffneten Kampf in den ostanatolischen Bergen anwerben, die sie noch nie in ihrem Leben gesehen haben oder schließen sich der »virtuellen Ummah« an und gehen als Soldaten nach Tschetschenien.

Auf diesem Jahrmarkt der Identitäten muss jeder schauen, dass er das Mindestmaß an Anfeindungen der Deutschen auf sich zieht und das Höchstmaß an Sympathie und Subventionen. Aufgrund von Herkunft, Religion und Aussehen von der deutschen Gesellschaft ausgestoßen und zum Leben in einem vage de System der »Multikulturalität« verdammt, arrangierten sich die Vertreter der ersten Generation mit ihrem ewigen Anderssein. Sie fühlten sich ja auch nicht in Deutschland zu Hause. Das Unglück war jedoch, dass sie nicht tatenlos blieben und nur ihrer Arbeit nachgingen, um genug Geld zu sparen und bald nach Hause zurückzukehren. Die meisten verhielten sich zwar so, aber einige besonders Tüchtige, die das deutsche Subventionssystem durchschauten, begannen untereinander Netzwerke zu organisieren, um eine Art »professionelle Repräsentanz der Türken« zu übernehmen. Vereine schossen vor allem seit Beginn der 1980er aus dem Boden. Es gab Geld für Kulturarbeit, also wurden Saz-Kurse organisiert, anstatt den türkischen Jugendlichen etwa den Horizont der vielstimmigen Musik zu eröffnen. Die »eigene Kultur« der Einwanderer wurde gefördert, was zur Bildung von Reservaten von minderer Qualität führte. Schlechte Musik zum schlechten Tanz wurde unter dem Namen »Multikulti« gefeiert. Man durfte den »lieben Ausländern« auch nichts sagen, weil sie von den schlechten Deutschen, »mit denen sie uns niemals alleine lassen durften«. abgelehnt und gehänselt wurden. Unter Solidaritätsbekundungen blühte als nicht nur eine »Kultur«, die keine war, sondern auch ein Versorgungs- und Verteilungsmechanismus des deutschen Staates, der die Ausländer in unzählige Grüppchen spaltete und somit mit ihren Problemen alleine ließ. So verhinderte die deutsche Gesellschaft, dass sie sich miteinander verbündeten und für ihre Rechte, wie zum Beispiel das Recht auf doppelte Staatsbürgerschaft, das Recht auf die Gleichstellung mit den EU-Ausländern bei der Arbeitssuche, das Recht auf Kontingente in den Medien oder Parlamenten oder das Recht auf die Teilnahme bei Kommunalwahlen kämpften. Es gab zwar Organisationen, die für all diese Rechte zum Teil sehr aufrichtig kämpften, aber die Masse der Unterstützer blieb stets gespalten. Daran hatten nicht nur der Staat schuld, sondern natürlich sie selbst, die sich nach politischen Richtungen in der Heimat orientierten. Als Mitte der 1980er die ersten linken Vereine begriffen, dass die Türken auch für ihre Rechte in Deutschland kämpfen sollten, hatte die Masse der Arbeiter schon die Hoffnung auf Gleichberechtigung mit den Deutschen und eine Akzeptanz aufgegeben. Zeitgleich mit dem Erstarken islamistischer Organisationen begann der Rückzug der Türken in ihre eigene Welt und ihr Abschied von den linken Vereinen und Ideologien, die weltweit keine Konjunktur mehr hatten. Dass der deutsche Staat den Islamisten in den 1980ern tatenlos zuschaute und sie mit dem Gedanken gewähren ließ, dass sie »so lange sie in Deutschland freie Hand haben und gegen ihre Heimatländer kämpfen, unschädlich und vielleicht sogar politisch zu manipulieren« seien, darf heute in der allgemeinen Islam-Hysterie nicht in Vergessenheit geraten. Wenn man bedenkt, wie viele Male lautstarke Anhänger des »Mufti aus Köln«, Cemalettin Kaplan, in der Kölner Sporthalle den Jahrestag der Migration des Propheten aus Mekka nach Medina gefeiert haben und wie bei diesen Feiern kleine Kinder mit Holzgewehren in der Hand »Nieder mit dem kemalistischen Staat in der Türkei!« riefen, kann man die Eile nicht verstehen, mit der der Sohn Metin Kaplan in seine Heimat abgeschoben wurde.

Die Deutsch-Türken waren zwar schon immer Muslime, aber bei weitem nicht so religiös wie heute. Wie waren sie denn vor dreißig Jahren und warum trat der Glaube seit den 1980ern immer stärker in den Vordergrund? Begleiten wir auf der Suche nach den Antworten einen Mann, der 1968 als Arbeiter aus Anatolien nach Köln-Porz kam und einen ganz anderen Weg eingeschlagen hat, nämlich heimlicher Chef der Deutschlandorganisation der »Türkischen Kommunistischen Partei« (*Türkiye Komünist Partisi*, TKP) zu werden.

Metin Gür, der seine Erlebnisse als Parteichef in Deutschland in seinem Buch »Diyardan Diyara – TKP´nin Avrupa Yillari« (Die Europa-Jahre der TKP)«[191] erzählt, kam 1968 als Arbeiter hierher. Davor war er, wie nicht wenige türkische Gastarbeiter in Ankara bei der »Türkischen Arbeiterpartei« (TIP) aktiv gewesen. 1970 kam im Ruhrgebiet mit der TKP in Kontakt, und wurde schließlich deren höchstrangigster Vertreter in Deutschland – genauer in Westdeutschland, denn die moskautreue TKP, die legendäre Partei der türkischen Kommunisten, des Dichters Nazim Hikmet, Mustafa Suphis und anderer, die entweder ins Exil flüchteten oder ihr Leben für ihre Ideale ließen, war in der Türkei nicht nur illegal, sondern wurde auch streng verfolgt.

Die türkischen Arbeiter, die sich ab Ende der 1950er auf der Suche nach Arbeit nach Westeuropa, vor allem nach Deutschland aufmachten, waren in der Heimat mit linken Gedanken in Berührung gekommen, wie Metin Gürs Beispiel zeigt. Der Traum nach Gerechtigkeit, nach menschenwürdigen Lebensverhältnissen für alle wurde damals noch nicht durch die Religion, den »politischen Islam« unserer Zeit, sondern durch weltliche, linke Politik vertreten. Der »linke« und »patriotische« Putsch der jungen Offiziere 1960 machte die Türkei erstmals mit demokratischen Rechten wie Meinungs- oder

---

[191] Metin Gür, »Diyardan Diyara – TKP'nin Avrupa Yillari«, Günizi Yayincilik, Istanbul 2002; alle Zitate wurden aus diesem Buch entnommen und von der Autorin ins Deutsche übersetzt.

Versammlungsfreiheit und Gewerkschaften vertraut. In den 1960ern wurden neben den arbeitgeberfreundlichen »gelben« Gewerkschaften auch linke, fortschrittliche gegründet. Die Gründung der »Konföderation der Revolutionären Arbeitergewerkschaften« *(Devrimci Isci Sendikalari Konfederasyonu,* DISK) im Jahre 1967 wurde zum Wendepunkt in der türkischen Arbeiterbewegung. Jetzt lernten Türken Begriffe wie Streikrecht, Lohnerhöhung und Tarifabschluss kennen. Die Studentenbewegung in den USA und in Europa fand unter den Studierenden großer Universitäten wie der »Middle East Technical University« (ODTÜ) in Ankara oder der Istanbuler Universität ihr Echo. Die türkische Jugend war weniger an sexueller Revolution als an einem »Hardcore«-Kampf gegen Ausbeutung und Abhängigkeit interessiert. Antiamerikanische Demonstrationen erschütterten die ruhig vor sich hin lebenden Mittelstände; aus den »Ami Go Home«-Parolen des friedlichen Widerstandes wurden bald lautstarke Debatten: Hatte die Türkei ihre bürgerlich-demokratische Revolution mit Mustafa Kemal schon hinter sich oder nicht? Je nachdem, wie die Antwort ausfiel, würde man nämlich die bürgerliche oder sozialistische Revolution anpeilen. Sollte man dann seinen revolutionären Kampf lieber von den Dörfern in die Städte hineintragen, oder umgekehrt? Nächtelang diskutierten die Studenten, als ob das Schicksal ihres Landes wirklich von ihrer Entscheidung abhinge. Neben wenigen Mädchen war die Mehrheit männlich – nach dreißig Jahren würden auch die türkischen 1968er in der Hinsicht Selbstkritik üben.

Das Volk, für dessen Wohl die jungen Linken kämpften, sympathisierte zwar mit den Studenten, es hatte aber Angst. Wie immer entschied es sich in der Deckung zu bleiben und die Linke alleine zu lassen. Vor allem die Zuwanderer aus den Dörfern in die Großstädte sympathisierten mit der Linken. Damals glaubten sie an die Verbesserung ihrer Situation durch soziale Veränderungen, Reformen, Umwälzungen. Heute machen die Zuwanderer, die Bewohner der Vororte der türkischen Metropolen, das größte Wählerpotential der Islamisten aus. Es ist interessant zu beobachten, wie die Wohngebiete mit der höchsten Zahl unqualifizierter Arbeiter, die Istanbul oder Ankara wie einen Gürtel umschließen, ihre Farbe aus »rot« in »grün« umwandelten. Nicht verändert hat sich ihr Drang nach Verbesserungen, nach Aufstieg, sozialer Anerkennung und Respekt – die wesentliche Motivation des politischen Kampfes für einen Menschen. Statt der islamistischen Bewegungen, der Dschihad-Kämpfer von heute versprach damals die Linke die Verwirklichung dieses Ziels. Und das Kapital hat schon immer religiöse, rechte Bewegungen den linken vorgezogen und jene unterstützt, wo es ihm opportun erschien. Der Aufstieg der Linken in der Türkei der 1970er wurde deshalb durch den Aufstieg der extrem rechten Bewegungen begleitet, bei denen der Staat immer ein Auge zudrückte. Aus Mangel an fundamentalistischen Organisationen kamen die Religiösen bei den Rechten unter.

Bald stießen die Studenten mit der Polizei und der Gendarmerie zusammen, es gab den ersten Toten: Wie der Student Benno Ohnesorg 1967 in Berlin getötet wurde, starb 1969 der türkische Studierende Taylan Özgür in Istanbul. Aus der friedlichen, kopflastigen Bewegung der linken türkischen Studenten, den »Philosophieclubs« (*Fikir Klüpleri*), ging die aufgeregte »Revolutionäre Jugend« (*Dev-Genc*) hervor, das Pendant des »Sozialistischen Deutschen Studentenbundes« (SDS). Und hier wie dort griffen ab den 1970ern manche zur Waffe, weil sie glaubten, dass sich ihre Träume nur durch Gewalt verwirklichen ließen. In beiden Ländern wurden die linken Studenten von der bürgerlichen Presse und der rechten Politik angegriffen, verspottet und bekämpft. Es dauerte nicht lange, bis sich die Atmosphäre verschärfte, mit Gewalt auflud und die ersten Banken ausgeraubt, die ersten Waffen von den Linken gekauft wurden.

Am 15.-16. Juni 1970 kam es überall in der Türkei zu spontanen Arbeitsniederlegungen und Demonstrationen gegen die geplante Beschneidung der gewerkschaftlichen Rechte. Die Regierung bereitete zu dieser Zeit ein Gesetz vor, mit dem sie das Verbot des linken Gewerkschaftsbundes DISK durchsetzen wollte. Die Arbeiter konnten die für den 17. Juni geplante legale Protestdemonstration nicht abwarten und strömten in Massen auf die Straße: Am 15. Juni waren es 75 000 Arbeiter aus 115 Betrieben; am 16. Juni 150 000 Arbeiter aus 168 Betrieben. Im industriellen Herz der Türkei, in Istanbul und Umgebung stand das Leben völlig still. Polizei- und Armee-Einheiten rückten an, sie errichteten Barrikaden und begannen mit scharfer Munition auf die »von Kommunisten angestachelten« Arbeiter zu schießen. Am zweiten Tag des proletarischen Aufstandes wurden drei Arbeiter getötet, 200 verletzt. Damit die Demonstranten nicht zusammenkommen konnten, wurden die beiden Ufer des Bosporus durch den Abbruch des Fährverkehrs voneinander getrennt, die berühmte Galata-Brücke über dem Goldenen Horn wurde aufgeklappt. In der Nacht zum 17. Juni 1970 wurde der Ausnahmezustand ausgerufen, die Arbeiter wurden gezwungen, in die Fabriken zurückzukehren. Die letzten Streikenden, unter anderem in der Fabrik der Firma Auer, wurden von Gewerkschaftlern zur Wiederaufnahme der Arbeit überredet. In den darauf folgenden drei Monaten wurden mit Hilfe von Notstandsgesetzen über 5000 Arbeiter entlassen. Die Arbeitskämpfe der Zeit hinterließen großen Eindruck bei den Arbeitern in Deutschland, die alles mit Interesse verfolgten. Dursun aus Flörsheim in Hessen, ein ehemaliger TKPler, sagt: »Das war ein unvergessliches Ereignis. Für uns Arbeiter ein Lehrstück. Wir haben erkannt, wie grausam, wie unüberbrückbar der Widerspruch zwischen dem Arbeiter und dem Kapitalisten ist.«[192] Im Jahre 2005 begingen die türkischen Gewerkschaften, deren Mitgliederzahlen deutlich geschrumpft sind, den 35. Jahrestag des »Arbeiterwiderstands«, von dem die heutigen Generationen nichts mehr wissen.[193]

Wenn auch mit Blut beschmiert, blieb der Traum einer gerechten, brüderlichen und friedlichen Welt bestehen, in der es zwischen reich und arm keine beschämenden Unterschiede mehr gibt. Dieser Traum wurde nicht nur von Studenten geträumt. Die später nach Deutschland, Frankreich oder Schweden auswandernden Arbeiter waren ebenfalls jung, als sie sich auf den Weg nach Europa machten. Nur hatte man ihnen den Mut zum Träumen frühzeitig ausgetrieben. Wenn es nicht der prügelnde Vater getan hatte, dann der Lehrer in der Grundschule, der Meister in der Werkstatt oder der Unteroffizier in der Armee. Wenn nichts nutzte und der Unverbesserliche als erwachsener Mann auf die Straße ging, halfen die Polizei und die strenge Justiz nach. Der Kommunismus musste »im Keim erstickt« werden. Unter den Mitgliedern der wohl von den NATO-Gladio[194] Strukturen geformten »Vereinen zur Bekämpfung des Kommunismus« *(Komünizmle Mücadele Dernekleri)* gab es viele islamische Fundamentalisten. Zur »Erstickung« linker Bewegungen wurden die fanatisch gläubigen Jugendlichen gern eingesetzt. Der moderne türkische Islamismus wurde somit schon Anfang 1970 zu einer kleinen Massenbewegung, die noch unter dem Dach der extrem rechten »Partei der Nationalistischen Bewegung»« *(Milliyetci Hareket Partisi,* MHP*)* unterkam – der Partei der »Grauen Wölfe«, die bald auch in Deutschland Fuß fassten und auf Kommunistenjagd gingen.

---

[192] Metin Gür, S. 130

[193] Die beste Quelle für dieses Ereignis ist das Buch des ehemaligen Gewerkschaftsführers Kemal Sülker, »15-16 Hazian, Türkiye´yi Sarsan Iki Uzun Gün« (15.-16. Juni, die zwei langen Tage, die die Türkei erschütterten), Ileri Yayinlari, Istanbul 2005. Sülker war in jenen Tagen Generalsekretär der DISK.

[194] Am 15. Dezember 2004 veröffentlichte die *Neue Zürcher Zeitung* einen ganzseitigen Artikel über »Die Geheimarmeen der NATO«. Sie berichtete über »... die Geheimorganisation Gladio, deren Existenz 1990 in Italien aufgedeckt wurde. Anglo-amerikanische Dienste hatten Gladio nach dem Krieg als ultrageheime stay behind-Truppe gegründet, die im Falle einer sowjetischen Invasion und Besetzung Westeuropas hinter den feindlichen Linien operieren sollte. Als Modell diente die britische SOE, die während des Zweiten Weltkriegs im nazibesetzten Europa Kleinkriegsoperationen durchführte. Doch Gladio hatte noch eine zweite, düstere Funktion, nämlich Kräfte und Waffen zur politischen »Stabilisierung« der westeuropäischen Staaten zu liefern. Übrigens nicht nur in NATO-Staaten, sondern auch in fast allen neutralen Ländern Westeuropas.« http://www.bueso.de/seiten/aktuell/20-12-04.htm#2

Bei der Germania

Metin Gür, der heute als Journalist und Buchautor arbeitet, kam 1968 nur mit einem Pass in der Hand und einem zwei Seiten langen Arbeitsvertrag nach Deutschland. Im Pass war der wertvolle Stempel des türkischen Arbeitsamts, dass er »seinen Lebensunterhalt im Auswärtigen gesichert« hatte. Seine Bestimmung war die Germania Glasfabrik, einer der ersten Betriebe, die türkische Arbeiter angefordert hatten. Übrigens eine der Firmen, deren Namen auf der Liste der Zwangsarbeiterunternehmen stehen.

In Sachen Fremdarbeiter erfahren, steckte die Germania ihre neuen Leute gleich in die Wohnheime. Mit ihrem Begrüßungsgeld von 50 Mark gingen die Männer, nicht ohne die Begleitung der Dolmetscherin Erika, einer mit einem Türken verheirateten Deutschen, das Nötigste für die Küche einkaufen: Töpfe, Besteck und einen Wecker. »Noch bevor wir die Reisemüdigkeit abgeworfen hatten, mussten wir an die Arbeit. Die war hart. Wir standen an dem Fließband, auf dem die gerade aus dem Ofen kommenden geformten Automobilscheiben anrollten.« Sie mussten die brandheißen Scheiben von den Ketten, an denen sie aufgehängt waren, herunternehmen und in die dafür anrollenden Kästchen hineinstellen. Manche explodierten, die Splitter flogen auf das Gesicht und die Hände. Ihre Gesichter waren immer auf der selben Höhe mit den heißen Autofensterscheiben. Der Band rollte so schnell, dass sie keine Zeit hatten sich abzulenken, geschweige denn auf die Toilette zu gehen. Sie schwitzten Unmengen Wasser, aber konnten nichts trinken, so dass sie vor Durst fast umfielen. »Manche fielen auch wegen des Tempos in Ohnmacht.«[195] Alle Arbeiter an diesen Fließbändern waren Ausländer, die Türken bereits in der Mehrzahl. Nur die Vorarbeiter waren Deutsche. Sie waren dazu da, um die Ausländer zu kontrollieren und zu schnellerer Arbeit anzuhalten. Man arbeitete in zwei Schichten, der Stundenlohn variierte zwischen 2,50 und 3,50 Mark. So bekamen die ungelernten Türken monatlich zwischen 350 und 400 Mark Netto. Wie sie bald hörten, hatten vor der Einstellung von Ausländern Deutsche dieselbe Arbeit verrichteten, aber angeblich das Doppelte verdient.

Jeden Morgen in Herrgottsfrühe reihten sie sich auf dem schmalen Weg auf dem Werksgelände auf, vom Wohnheim zur Glaserei, wie die Moorsoldaten. Um zehn vor sechs musste die Karte gelocht werden, sonst wurde für jede Minute Verspätung das Geld für eine Viertelstunde abgezogen. Alle wa-

---

[195] Metin Gür, S. 13

ren Männer unter fünfunddreißig, die meisten unter dreißig Jahren. Weil ihnen das Kantinenessen nicht schmeckte, versuchten die Männer, die noch nie in ihrem Leben etwas gekocht hatten, in der Heimküche selbst notdürftig türkische Gerichte vorzubereiten.»Es schmeckte nicht, aber wir unterdrückten unseren Sinn für Geschmack und aßen alles, was auf den Tisch kam.« Krankheit war ein Alptraum. Der Betriebsarzt stand einem Gefängnismediziner in nichts nach; wenn jemand ein paar Tage krankgeschrieben wurde, wurde er vom Meister verhört. Beim zweiten Mal wurde er direkt vor den Abteilungsleiter zitiert. Und wenn es zu einem dritten Mal vorkommen sollte, wurde der Arbeiter direkt zum Personalchef gebracht, der ihm offen mit Entlassung drohte. Es wurden auch immer wieder Arbeiter entlassen, was einer Heimfahrt gleich kam. Aber der Nachschub funktionierte reibungslos.

Viele der Arbeiter hatten sich schon von ihrem ersten Lohn Kofferradios gekauft, mit denen sie türkischsprachige Sender auf der Kurzwelle suchten. Der Kurzwellendienst der türkischen Rundfunkanstalt TRT aus Ankara, »Stimme der Türken« (Türkiye'nim Sesi) konnte mehr schlecht als recht empfangen werden. Man stieß unerwartet auf Sender aus Budapest und Sofia, die anatolische Lieder und türkische Nachrichten im Programm hatten. Wie in dem Film »Lili Marleen« von Rainer Werner Fassbinder die deutschen Frontsoldaten in ihren Gräben jeden Abend zur selben Zeit dem gleichen Lied lauschen, das ihnen aus Belgrad vorgespielt wird, saßen die Türken in ihren Zimmern, machten Tee, steckten sich eine Zigarette an und hörten der Musik im Radio zu, die immer zur selben Uhrzeit gesendet wurde.[196] Mit ihren kräftigen, von deutschen Ärzten ausgewählten Körpern, die nicht lange die Schulbank gedrückt haben, saßen sie stumm da und träumten vor sich hin; vielleicht fragten sie sich, ob ihre Kinder sie bei ihrer Rückkehr wieder erkennen würden, sie dachten darüber nach, was ihre Frau gerade machte, die seit Monaten alleine in ihrem Bett schlief, wie es ihren Eltern ging, ob alle gesund und wohlauf waren – der Gedanke, dass die Daheimgebliebenen sie, die ihnen Geld schickten und sie ernährten und hier wie im Gefängnistrakt zusammen hockten, vergessen könnten, dieser Gedanke war unerträglich.

Als erster Verein der Türken in Deutschland gilt der 1961 in Köln ins Leben gerufene »Verein Türkischer Arbeiter in Köln und Umgebung« (*Köln ve Cevresi Türk Iscileri Cemiyeti* – fortan der »Kölner Verein«) Gegründet war er von einer Gruppe von Arbeitern der Ford-Fabrik und Intellektuellen worden. Die Initiative dazu ging von dem studierten Juristen und Oberdolmetscher der Ford-Werke, Selahattin Sözeri, aus. Unter den Gründungsmitglie-

---

[196] Anfang der 70er Jahre entstanden die ersten türkischen Plattenfirmen in Deutschland: *Minareci, Uzelli, Türkofon* und *Türküola*.

dern waren bekannte Deutsch-Türken wie Yilmaz Karahasan und Sefik Karagüzel, die 1966 den »Kulturklub der Türkischen Jugend« (*Türk Gencligi Kültür Kulübü* – TGKK) gründen würden. Der Klub würde später die Anhänger der Türkischen Arbeiterpartei und des Gewerkschaftsverbandes DISK unter ein Dach bringen und Vorläuferin der TKP in Deutschland sein.

Der Kölner Verein beginnt 1961 sofort mit der Mitgliederwerbung: »Jeder mit einem türkischen Paß ist natürliches Mitglied unseres Vereines«, heißt die Parole. Aus den Ford-Werken kommen Tausende von Türken. Laut Metin Gür treten »von 4 000 Türken bei Ford, 3 000 dem Verein bei.«[197] Der damalige Generalsekretär des Vereines, Sefik Karagüzel, erzählt ihm später: »Damals waren die Türken nicht so wie heute nach Glaubensrichtungen und Herkunft gespalten. Unser Ziel der Vereinsgründung war, unserer gemeinsamen Stimme Nachdruck zu verleihen.« Eine angenehme Vorstellung! Und der schlichte Hinweis darauf, wem es am meisten schadet, wenn man sich eben nach Glaube und Herkunft aufspaltet und nicht mehr für seine gemeinsamen Ziele zusammenkommen kann.[198]

Karagüzel hat zwölf Jahre lang als Sozialberater und Heimleiter bei Ford gearbeitet. Die Arbeiter tun alles, was die Vereinsleute ihnen sagen, weil sie ohne Sprachkenntnisse den deutschen Ämtern, Arbeitgebern und Ärzten völlig ausgeliefert sind und nicht auf ihr Recht pochen können. Das Recht ist aber in diesem neuen Land lebenswichtig, nicht nur, weil hier eben alles Recht und Ordnung hat, sondern weil die Gastarbeiter nur zum Geldverdienen hierher gekommen sind. Da muss man jedem Pfennig nachlaufen. Außerdem ist Recht in Deutschland für Ausländer Mangelware. Zum Beispiel berichtet Metin Gür von dem zermürbenden Kampf der Arbeiter für »muslimisch koscheres« Essen. Die Ford-Fabrik holte täglich neue Arbeiter aus der Türkei, war jedoch im Vorfeld von niemandem darüber aufgeklärt worden, dass Türken Muslime sind und kein Schweinefleisch essen. Außerdem erscheint die Extrawurst für Türken der Werksleitung wohl als teuer und umständlich. Die Arbeiter nehmen stetig ab. Nicht, dass sich jemand aus menschlichen Gründen darüber Gedanken gemacht hätte. Die Werksleitung befürchtet einen Kapazitätsverlust und beauftragt den türkischen Vertrauensmann nachzuforschen. Es stellt sich heraus, dass die Türken das Essen stehen lassen und mit Brot und Zwiebeln im Heimzimmer über die Runden kommen. Der Verein beantragt bei Ford offiziell die Gründung einer getrennten Küche für die Türken. Der Leiter der PR-Abteilung ist ein Italiener. Das Ergebnis seiner Recherchen: »Sofern ich weiß, gibt es in der Türkei kei-

---

[197] ebd. S. 21
[198] ebd.

ne Staatsreligion. Dass die Türken eine eigene Küche ohne Schweinefleisch bekommen, steht nicht in den Verträgen.« Die Türken sollen ein offizielles Schreiben von ihrer Regierung vorlegen, dass sie Muslime sind – so unbedeutend ist die Rolle der Religion vor fünfundvierzig Jahren im öffentlichen Diskurs in Deutschland.[199]

Der Bonner Botschafter der Türkei wird angeschrieben. Der Militärputsch von 1960 ist nur ein oder zwei Jahre lang her; der Gesandte hat einen militärischen Hintergrund und steht Religionsanfragen sehr kalt gegenüber. Weil man in der Botschaft das Wort »Laizismus« nicht übersetzen kann, schreibt man »der türkische Staat hat keine Religion« statt »er ist säkular«. Eine Kopie wird direkt zur Werksleitung geschickt. Diese sagt: »Seht ihr, ihr habt offiziell keine Religion, es kann für euch keine Sonderrechte geben«. Die Vereinsleute verstecken den Botschaftsbrief vor den Türken, weil sie Angst haben, dass sie vor Wut einen Aufstand inszenieren. Sechs Monate lang versucht der Verein der Ford-Leitung zu erklären, dass der türkische Staat zwar keinen Glauben hat, aber der einzelne Arbeiter doch. Zum Schluss wird der Kampf gewonnen; Ford richtet eine eigene Küche für Mahlzeiten ohne Schweinefleisch ein. Solche alltäglichen Aufgaben stehen in der Vereinsarbeit im Vordergrund, aber langsam gewinnen auch politische Haltungen Bedeutung, zum Beispiel, wenn es darum geht, Kontakt zu offiziellen türkischen Vertretungen aufzunehmen oder zu entscheiden, welche kulturellen Aktivitäten in der Freizeit angeboten werden sollen.

Wo bleibt der Rechtsstaat?

Als die anfängliche Not und Fremdheit, die alle auf den selben Nenner gebracht und zusammengetrieben hatte, abnahmen und die Arbeiter begannen, sich in der deutschen Gesellschaft freier und bewusster zu bewegen, teilten sie sich entlang politischer und kultureller Trennlinien auf. Die ersten Moscheevereine entstanden aus dem Bedürfnis nach gemeinschaftlicher religiöser Praxis, die für alle drei großen Weltreligionen unverzichtbar ist. Da es im Islam keine Kirche gibt, mussten die Männer untereinander Geld sammeln, einen größeren Saal in einer unauffälligen Ecke mieten und als Gebetsraum einrichten. Meist genügten eine Gebetsnische, Teppiche und ein Waschraum

---

[199] ebd. S. 22ff.

im hinteren Bereich. Trotzdem mussten einige dafür die Initiative ergreifen, sich um die Formalitäten kümmern, Spenden sammeln. Das war nicht jedermanns Sache. Der Durchschnittstürke in Westeuropa war nicht besonders religiös. Ümit Uygun, der 1963 nach Westberlin kam und seine Praxis lange Jahre am Kottbusser Tor führte, erinnert sich an eine Versammlung des von ihm mitbegründeten Arbeitervereins: Aus Ankara war der Arbeitsminister zu Besuch gekommen und sprach zu den Vereinsmitgliedern: »Ich werde euch Imame schicken, damit ihr euren Glauben nicht verliert«, sagt er. Die Zuhörer erhoben lautstark Einspruch: »Nicht Imame brauchen wir Herr Minister, sondern Lehrer!« Lehrer, die ihre Kinder unterrichteten, Lehrer, die ihnen Deutsch lehrten.

Man entwickelte jedoch mit längerem Aufenthalt in der Diaspora unvermeidlich ein schlechtes Gewissen, weil er seinen Glauben kaum leben konnte. An religiösen Feiertagen wurde nicht nur gearbeitet, die deutschen Kollegen oder Medien nahmen überhaupt keine Notiz davon. Man passte sich relativ schnell deutschen Gepflogenheiten an: Viele Arbeiter rannten nach Feierabend, zumal »zu Hause« niemand auf sie wartete, in die nächste Kneipe. Da die Eck- und Stammkneipen der Deutschen nicht besonders gastfreundlich erschienen, eröffneten Türken auch die ersten türkischen Gaststätten. Viele tranken gern. Man ging ins Bordell oder schaffte sich eine Freundin an, obwohl in der Türkei die Frau mit den Kindern wartete. Wer konnte sagen, was Sünde war und was nicht? Die Arbeiter stammten meist von bäuerlichen Eltern ab, in Sachen Religion waren sie ziemlich ignorant. Das alles rief geradezu die Sekten auf den Plan, die über die nötigen finanziellen Mittel und das Personal verfügten, um in deutschen, niederländischen oder französischen Städten Fuß zu fassen. Der Grundstein der heutigen Entwicklung wurde bereits in den 1970ern gelegt. Was machten derweil die Deutschen? Die meisten lebten in ihrer großen Parallelgesellschaft. Aber die für die Türken zuständige Ausländerpolizei, die Landeskriminalämter und der Verfassungsschutz beobachteten genau, was unter den Gastarbeitern passierte. Linke, »kommunistische« Vereine wurden auch in der Bundesrepublik Deutschland als gefährlicher angesehen als rechte oder religiöse. Die Letzteren überließ man gerne sich selbst – Religion hatte bis jetzt niemandem geschadet.

Die Linken organisierten die Arbeiter gegen die Firmen, unterstützten sie in ihrem Kampf für ihre Rechte, während die rechten Vereine mit den konservativen Parteien wie der CDU Kontakte pflegten und die Arbeiter eher in ihrer gewöhnlichen, fatalistischen Weltsicht bestärkten: Man war hier zum Arbeiten, deshalb sollte man seine Arbeit so gut wie möglich machen und den Rest den Deutschen überlassen. Was nutzte es für ein paar Mark den Arbeitgeber zu verärgern? Gehorsam und Konformismus propagierende Vereine waren dem deutschen Staat lieber als Kommunisten, die auch noch Kontakte mit Moskau und Ostberlin unterhielten. Lieber rechts als links war die unausgesprochene Parole. Konservative Vereine wie *Hür-Türk* spielten die Rolle einer Brücke zwischen den Rechten in der Türkei und Deutschland. Sie blieben lange Sammelpunkt der Konservativen. Die Linke ging ihren eigenen Weg. Am 12. März 1971 putschte die Armee wieder; dismal spürten nicht nur die Kommunisten und Sozialisten, sondern auch die Sozialdemokraten die ganze Härte der rechts gesinnten Armeeführung.

Der »Kulturklub der Türkischen Jugend in Köln« zitiert in ihrem Gründungskommuniqué den Republikgründer Mustafa Kemal Atatürk aus dessen Rede vom 1. Dezember 1921 in Ankara: »Wir sind ein armes Volk. Wir sind ein Volk, das für seine Freiheit und sein Überleben arbeitet, und arbeiten muß! Für das Volk einzutreten ist eine soziale Doktrin, die das Recht auf die Arbeit des Einzenen stützen will. Meine Herren, wir kämpfen als eine geschlossene Nation für unser Existenzrecht, für unsere Freiheit und Unabhängigkeit gegen den Imperialismus, der uns zerstören und den Kapitalismus, der uns verschlucken will.« Ohne solchen Patho kam kein linker Verein aus. Aber dieser Pathos half über die Tristesse des deutschen Alltags hinweg. Allein ihr zweitklasiger Status in Deutschland, ihre Sprachlosigkeit und fehlende Bildung reichten aus, um sie gegen ihre eigenen Politiker in der Türkei aufzubringen und den Sinn des Kampfes gegen »Unterentwicklung« zu verstehen. Wenn die Türkei eines Tages so reich werden würde wie Deutschland oder die Niederlande, würde sich kein Mensch mehr als ausländischer Arbeiter, sprich Zweite-Klasse-Mensch, in der Fremde verdingen müssen.

Die Arbeit des Kölner Vereins bestand größtenteils aus Kulturveranstaltungen. Das Bildungsniveau des Publikums entschied über den Inhalt. Es wurden natürlich kein Lessing, Sartre oder Marx gelesen, sondern anatolische Volksgedichte, oder Ringkämpfe im Kölner Stadium organisiert.[200] Die Ringer gehörten zur Ford-Belegschaft, die mit ihren vielen Tausend Türken ein schier unerschöpfliches Reservoir darstellte und von Folkloretänzern bis hin zu Chorsängern alles lieferte. Auf Kulturabenden gab sich auch der Konsul die Ehre.

Der Klub ist im Keller eines alten Gebäudes im Kölner Zentrum untergebracht. Bald lassen sich auch ungefähr 50 türkische Studenten von der Kölner Uni als Klubmitglied eintragen. Der Klub ist zwar eindeutig links-

---

[200] Metin Gür, S. 27

lastig, aber hängt das nicht an die große Glocke. Als am 13. Februar 1967 der Gewerkschaftsverband DISK gegründet wird, gibt es im Klub eine Feier. Am 1. Mai 1967 marschieren die Klubmitglieder mit einem Transparent durch die Kölner Innenstadt, auf dem sie ihre Solidarität mit der DISK verkünden. Die Botschaft mahnt die türkischen Lehrer im Klub, dass sie sich lieber um ihren Lehrauftrag kümmern und nicht die Arbeiter organisieren sollten. Sefik Karagüzel wird einige Male zum Konsulat zitiert, das unter dem Dach der Botschaft in Bonn arbeitet, und wird über den Klub ausgefragt.

Auch Metin Gür stößt zwei Wochen nach seiner Ankunft auf den Verein und trifft dort auf eine Sympathisantengruppe der Türkischen Arbeiterpartei TIP. Ab 11. Januar 1969 organisiert der Klub samstags nach 19 Uhr Seminare, um seine »Bewusstseinsbildung« unter den Arbeitern zu intensivieren. »Die Probleme der türkischen Arbeiter in Deutschland«, »Die Arbeiterbewegung in der Türkei und in Europa«, »Das Arbeitsrecht« oder »Die Wirtschaftsprobleme der Türkei« heißen die Seminare ganz trocken.[201] Man besucht Arbeiterwohnheime, um sie nach Mängeln zu erforschen. Der Zustand des Arbeiterheimes in der Kölner Innenstadt, in der Kyffhäuserstraße 26-28 in der Nähe des Barbarossaplatzes ist für viele Unterkünfte von damals exemplarisch: Es gibt nur vier Duschen, aber kein Warmwasser. Die Männer erhitzen in Teekesseln Wasser, um sich zu waschen. Es gibt zu wenige Kochstellen, und die Männer müssen stundenlang Schlange stehen, um zu kochen. In jedem Zimmer schlafen sieben bis acht Leute. »Dieser Zustand stand dem damaligen Lebensstandard in Deutschland diametral entgegen«, sagt Gür.[202] Das Heim gehörte dem Jugendsozialwerk, der Klub verfasste sofort einen Beschwerdebrief.

In einem am 25. Dezember 1968 herausgegebenen Flugblatt mit der Überschrift »An die Türkischen Arbeiter« heißt es: »Bruder und Schwester, dieser Kampf wird für dich ausgefochten! Er gilt einem menschenwürdigeren Leben für deine Kinder, Angehörigen und deine Dorfgemeinschaft. Dieser Kampf wird deshalb geführt, damit dein Schweiß in der Fremde nicht umsonst fließt. Sein Ziel ist es, unserer Versklavung durch eine Handvoll Ausbeuter ein Ende zu setzen, die nichts anderes als ihren Profit im Kopf haben. Wir sind Sozialisten.[203] Was ist ein Sozialist? Ein Sozialist lässt nicht in Istanbuler Kneipen den Champagnerkorken knallen, wenn er weiß, dass im östlichen Van ein Bürger mit leerem Magen ins Bett geht. Er lässt es nicht

---

[201] ebd. S. 29
[202] ebd. S. 30
[203] Im Türkischen »Toplumcu«. Der Ausdruck bedeutet wörtlich: »Der sich an die Seite der Gesellschaft schlägt«. Er wurde stets im Sinne eines »Sozialisten« benutzt.

sehend zu, dass eine Handvoll Wucherer und Großgrundbesitzer die anatolische Bauernschaft, ein paar Betrüger und Ausbeuter die gesamten Stadt-
arbeiter bis aufs Knochenmark ausnimmt. Der Sozialist kann nicht hinnehmen, dass die menschliche Arbeitskraft, das Wertvollste aller Dinge, gegen ein trockenes Brot gehandelt wird. Der Sozialist sieht sein persönliches
Wohl in dem Wohl seiner ganzen Nation. Er will seine eigenen Rechte auf
alle Bürger übertragen wissen. Er ist jemand, der das Glück mit ihnen gemeinsam anstrebt. Ja, Sozialist zu sein verurteilt uns zum Glück. Man hat
sich nicht einer abstrakten Idee willen von weltlichen Dingen zurückgezogen.
Der Sozialist denkt ganz im Gegenteil, dass die weltlichen Güter dem
Menschen zustehen, aber allen Menschen. Wer uns mit ›Ab nach Moskau!‹ –
Parolen denunzieren will, bekommt die Antwort: Wir sind in der Türkei
geboren und in der Türkei werden wir auch sterben.«[204]

Aber die linke Weltsicht schwappte unvermeidlich auch auf das »Wohn-
land« über. In Kontakt mit deutschen Gewerkschaftlern und Sozialisten
machten sich die türkischen Vereinsleute auch über die Lage des deutschen
Arbeitsmarkes oder die Zukunft der Industriegesellschaft Gedanken.
Deutschland behauptete ein Rechtsstaat zu sein und im Vergleich zur Türkei
war er das auch ganz sicher. Aber wie immer spürten die »ganz unten« die
Schattenseiten des Systems am deutlichsten. Yilmaz Karahasan schreibt im
Dezember 1968 in der Vereinszeitung »Arbeiterpost« *(Isci Postasi)*: »Aus
verschiedenen Gründen befinden wir uns heute in dem Industrieland
Deutschland. Einer dieser Gründe, vielleicht der wichtigste, ist die Unterentwicklung unseres Landes und die unerträgliche Arbeitslosigkeit dort. In
Deutschland, wo wir leben und arbeiten, verdienen wir vielleicht etwas mehr
Geld und können dadurch ein menschenwürdigeres Leben führen. Das ist allein der Vollbeschäftigung in Deutschland zu verdanken. Dass das nicht immer so bleiben wird, hat uns die letzte Krise deutlich gezeigt. Auch wenn die
deutsche Verfassung besagt, dass Deutschland ein demokratischer und sozialer Rechtsstaat ist, können wir die Segen der sozialen Absicherung, der
Gerechtigkeit und des Rechtsstaats in unserem eigenen Alltag nicht voll genießen. Wenn in einem Staat eine Minderheit von 0,3 Prozent den größten
Reichtum dieses Landes in ihrer Hand hält, kann man dort nicht von sozialer
Gerechtigkeit sprechen. Kapitalistische Arbeitgeber können sich ihr Recht im
Gericht erkaufen. Wo bleibt dann der Rechtsstaat?«

»Liebe Arbeiterpost«, schrieb ein Arbeiter in seinem Leserbrief, »ich bin
in Gensingen, in einer Möbelfabrik beschäftigt. Die Misere in meiner Heimat

---

[204] Metin Gür, S. 30f.

und die Ignoranz unserer Politiker macht mich einen 24jährigen Arbeiter total traurig. Ich kann mich nicht mit einer Philosophie anfreunden, die Ohnmacht und Fatalismus predigt. Wenn ich sterbe, ohne dass ich für die Zukunft der Türkei etwas getan habe, werde ich im Jenseits keine Ruhe finden! Ich werde etwas Trost finden, wenn ich über Ihre Zeitung zu anderen Arbeitern in Europa Kontakt aufnehmen kann.«[205]

Im Mai 1968 rief die »Arbeiterpost« (*Isci Postasi*) ihre Leser dazu auf, neue Abonnenten zu werben. Die Zeitung kostete eine Mark und konnte sich nicht selbst finanzieren. Die linken Zeitungen in Deutschland litten, wie auch ihre deutschen Pendants, chronisch unter Geldproblemen. Wer zum Urlaub in die Türkei fuhr, brachte Bücher mit. In Istanbul war gerade der »Links-Verlag« *(Sol Yayinlari)* gegründet worden, er brachte die Werke von Marx, Engels, Lenin, Stalin und Mao sowie bedeutender Marxisten heraus. Georges Pulitzers »Die Grundprinzipien der Philosophie« beispielsweise wurde in den 1970ern für alle türkischen Linken zum Einstiegsbuch in den Marxismus. Derweil wurde die Türkei immer stärker zum Schauplatz des Links-Rechts-Kampfes. Die Studenten wurden älter und manche sahen, dass ihre Naivität im Kalten Krieg fehl am Platz war. Das Land wimmelte vor Agenten der einen oder anderen Seite, die ungeniert Vereine besuchten und ihnen ihre Hilfe anboten. So erzählt heute ein Redakteur einer unabhängigen sozialistischen Zeitschrift, dass eines Tages ein Mann von der bulgarischen Botschaft in den Redaktionsräumen erschien und den jungen Leuten offen Geld anbot. Die Arbeiterpartei TIP war ins Parlament gekommen und hatte ihre Organisation gestärkt. Viele ihrer Anhänger sympathisierten mit der Sowjetunion. Die Partei kämpfte gegen die NATO und die amerikanischen Stützpunkte in der Türkei. »Die Erde gehört dem, der sie bestellt; das Wasser dem, der es verbraucht«, war eine ihrer bekanntesten Parolen. Sie trat offen für den Sozialismus ein: »Wir sind die Türkische Arbeiterpartei, die Partei, die in ihren Reihen fleißige, aufgeklärte, mutige Arbeiter, Bauern, Intellektuelle und Jugend hat. Wir sind genauso wie du. Wir wollen die Armut, die Verteuerung und die Arbeitslosigkeit abschaffen, die sich wie einen Alptraum auf uns gesenkt haben. Wir werden gemeinsam, Hand in Hand, in die Zukunft marschieren.« Auf diesem Marsch blieben die Sozialisten aber nicht allein. Die Polizei und Armee verfolgten sie auf Schritt und Tritt. Der türkische Innenminister Faruk Sükan sagte: »Wir sind im Nacken der Kommunisten und Linken, wir horchen ihren Atem aus.«[206]

Metin Gür erzählt: »Diese Entwicklungen betrafen die türkischen Arbeiter

---

[205] ebd. S. 36
[206] ebd. S. 41

in Deutschland unmittelbar. Vor allem die aus Großstädten waren Zeugen dieser turbulenten Entwicklung geworden, oder hatten mitten drin gekämpft. Deshalb waren sie dem Vereinsleben nicht fremd, sie konnten eigene Meinungen formulieren und gut zuhören.«[207] Das war gefährlich. Mit Duldung der deutschen Behörden versuchten die damaligen türkischen Regierungen die Arbeiter zu spalten und hielten als Gegenmaßnahme zur Gründung rechter Vereine an. »Ohne die tatkräftige Mithilfe der damaligen Regierungen der Türkei hätten sich die rechten Bewegungen, die religiösen eingeschlossen, in Deutschland nicht so verbreiten können«, meint Metin Gür.

Am 27. Oktober 1968 versammelten sich Delegierte aus verschiedenen deutschen Städten, aus Berlin, Braunschweig, München, Dachau, aber auch aus London, Paris und Stockholm in Köln. 80 Frauen und Männer kamen einem Saal der Arbeiterwohlfahrt zusammen. Nach einer Schweigeminute für die Gefallenen des türkischen Unabhängigkeitskriegs beginnt die Tagung. Die Arbeiter und Intellektuellen wollen ihre Vereine zusammenschließen, um ihre Kräfte zu bündeln. Diese erste Föderation begreift sich als »Organisation der türkischen Arbeiterklasse für den Sozialismus« und heißt »Türkischer Sozialistenbund in Europa« (*Avrupa Türk Toplumcu Federasyonu,* ATTF*)*. Sie geht am 26/27. Februar 1977 in Düsseldorf mit dem »Bund Demokratischer Arbeitervereine in Europa« *(Avrupa Demokratik Isci Dernekleri Federasyonu,* TDF*)* zusammen und nennt sich fortan »Föderation der Arbeitervereine in der Bundesrepublik Deutschland« *(Federal Almanya Isci Dernekleri Federasyonu,* FIFEF*)*. 1988 sollte sich FIDEF in »Föderation der Immigrantenvereine« *(Göcmen Dernekleri Federasyonu)* umwandeln.

Auf der Kölner Tagung des Sozialistenbundes wählen die der TKP nahe stehenden Delegierten auf Empfehlung des TKP-Chefs Zeki Bastimar hin Metin Gür zu ihrem ersten Vorsitzenden. Nach Ansicht Gürs spielt die Zeitschrift »Unsere Zeit« (*Yeni Cag)* bei der Umwandlung dieses Arbeiterverbandes in die TKP im Ausland die wichtigste Rolle. »Unsere Zeit« wurde in Prag verlegt, und zwar in 32 Sprachen, ab 1964 durch die Initiative der TKP auch in Türkisch. Sie stellte sich in ihrer ersten türkischen Ausgabe im Januar/Februar 1964 vor als »die Zeitschrift für den Frieden und die Probleme des Sozialismus«. Sie erschien zweimonatlich. Die Mitglieder sind in zwei Lager gespalten: TKPler und Nicht-TKPler. Der Prager Frühling 1968 wird zu einem heißen Diskussionspunkt. Viele kritisieren den Einmarsch der Sowjettruppen in Prag. Viele der TKPler kommen aus Westberlin.

Bizim Radyo aus Leipzig, *Budapeste Radyosu* aus Budapest und *Sofya Ra-*

---

[207] ebd.

dyosu aus Sofia werben für den Sozialismus. In München erscheint am 1. Juni 1971 die »Der Revolutionäre Arbeiter« (*Devrimci Isci*). Schon in ihrer ersten Ausgabe spricht sie deutliche Töne: In der Türkei herrschten »faschistische Praktiken«, deshalb müsse man seinen Kampf »anpassen«. Was das kapitalistische System für die Türken im Ausland bedeutet, betont der »Sozialistenbund« in seinem Flugblatt vom 9. April 1970: »Achtung! Bekanntmachung an das türkische Volk, eine Warnung an alle Verräter! Die in den letzten Tagen in unserem Land rapide eskalierenden Kämpfe verfolgen wir als Arbeiter voller Heimweh mit größter Aufmerksamkeit. Unser Land wird tagtäglich von den sich illegal bereichernden Bossen und den ausbeuterischen Feinden im Innern und Außen an den Abgrund gedrängt. Unser Volk hat seine Hoffnung auf ein besseres Leben verloren. Hunger, Armut und Arbeitslosigkeit beherrschen unser Land. Arbeitslose Türken belagern die fremden Länder; manche wurden von Grenzschutzbeamten erschossen. Die Grenzen werden für unsere Brüder und Schwestern auf der Suche nach Arbeit zum Grab.« Das Flugblatt weist auf die Unterdrückung der Linken in der Türkei hin: Gewerkschaftler, Intellektuelle oder einfache Arbeiter, sie seien alle Ziel der scharfen Maßnahmen gegen die Linke. »Vom Kampf der Befreiung unseres Landes können wir uns als Arbeiter im Ausland nicht distanzieren.«[208] Wenn man einmal von der teilweise plumpen, kämpferischer Agitation absieht, klingt die Sprache resigniert und unglücklich. »Wir sind es leid«, steht da in einem kurzen und klaren Satz. »Wir sind in diesem fremden Land ganz unten gelandet und kriechen vor allen. Wir werden unseren Kampf so lange weiterführen, bis wir in unser Land zurückkehren und wieder zu Menschen werden.« Das sagt alles über die Psyche der Türken in Deutschland aus, wohl nicht nur damals.

Die türkischen Zeitungen beginnen in den 1970ern eine Gegenkampagne. »Den türkischen Arbeitern im Ausland wird Kommunismus eingeimpft«, lautet das Fazit ihrer Publikationen. In Bonn erscheint die Zeitung »Anatolien« (*Anadolu*), die der konservativen Regierung des Süleyman Demirel in Ankara nahe steht. Die Arbeitervereine seien allesamt »rot infiltriert«, die Quelle läge hinter dem eisernen Vorhang. Es wird das Gerücht verbreitet, dass die Zentrale des Sozialistenbundes in Ostberlin liege und er auf Direktiven fremder Quellen agiere. Der Verein dementiert diese Gerüchte, denn unter ihren Mitgliedern sind auch viele Nicht-TKPler. Metin Gür beschreibt die damalige Situation in Deutschland mit den Worten: »Es wurde eine unausgesprochene antikommunistische Front gebildet; die türkische Botschaft und

---

[208] ebd. S. 52

158

die Konsulate kämpften an vorderster Stelle. Die extrem rechten Grauen Wölfe und die Islamisten bildeten den schlagenden Arm, und übernahmen zugleich die Gehirnwäsche.«

Die Konsulate hatten eine wichtige Waffe in ihrer Hand: Die Passverlängerung. Die aktiv linken Arbeiter wurden doppelt registriert – vom zuständigen türkischen Konsulat und den deutschen Behörden. Manchen wurde offen damit gedroht, dass ihr Pass nicht verlängert würde, wenn sie so weiter machten. Tatsächlich schickten die Behörden Listen in die Türkei, es gab zwar noch keine Computer, aber die Grenzbeamten bekamen regelmäßig die Namen. Wenn der Arbeiter in Urlaub fuhr, wurde er an der Grenze verhaftet und abgeführt. Unter Folter musste er dann die Identität seiner Freunde in Deutschland preisgeben. Viele wurden auf diese Weise zu Spitzeln gemacht. Nach dem Militärputsch von 1980 war diese Praxis erst recht verbreitet. Viele blieben aus Angst vor Verhaftung ihrer Heimat jahrelang fern. Aber die allermeisten packte die schiere Angst: Konnte es tatsächlich sein, dass sie eines Tages nicht mehr nach Hause, zu ihren Familien fahren durften, ihre Frau, ihre Kinder oder Eltern nie mehr wiedersahen? Der Passentzug oder die offene Ausbürgerung gehörten zu den schlimmsten Foltermethoden.

Die TKP-Zentrale in Leipzig

Lauschen wir noch ein wenig der Geschichte der TKP in Deutschland aus dem Mund Metin Gürs: Die TKP hatte ihre Europa-Zentrale in Leipzig. Das naheliegendste war, dass sie ihre Fühler erst einmal nach Westberlin ausstreckte, der nächsten westlichen Stadt mit türkischer Population. Mitte der 1960er lebten gerade eintausend Türken in Westberlin, viele studierten, es gab Ärzte mit ihren Familien, und nur wenig Arbeiter. An der Freien und der Technischen Universität waren 500 türkische Studenten immatrikuliert. Die meisten Arbeiter waren mit einem nur einjährigem Vertrag gekommen. Sie hausten in den Betriebswohnheimen und waren abhängig von der Firmenleitung. Natürlich hatten sie höllische Angst zurückgeschickt zu werden. Wie allein die Arbeiter damals mit ihren Problemen waren, erzählt Necati Gürbaca, der 1961 nach Westberlin kam und 1965 Vorsitzender des Arbeitervereins wurde:

»Eines Tages kamen zwei Kameraden in den Verein, die in der Eternitfabrik arbeiteten. Wegen vertragsbrüchiger Handlung war ihnen fristlos gekündigt worden. Ihre Aufenthaltserlaubnis sollte zurückgezogen werden, sie sollten in die Türkei zurück. Als ich darüber nachdachte, wie ich ihnen helfen kann, sagte ein deutscher Bekannter, wir sollten doch zum DGB gehen, um uns über unsere Rechte zu informieren. Wir wussten damals nicht, was der DGB war. Ich fand es heraus, und ging dahin. Ein deutscher Mitarbeiter sagte, ich soll das Arbeitsgericht einschalten und informierte mich darüber. Am Verhandlungstag gingen wir zum Gericht. Der vorsitzende Richter fragte mich, mit welchem Auftrag ich hier sei. Ich sagte, mit gar keinem, ich bin nur gekommen, um den Freunden zu helfen. Er ließ mich dem Prozess beiwohnen. Ich hatte keine Ahnung vom Arbeitsrecht, gab aber mein Bestes, damit ein gutes Urteil gefällt wurde. Man einigte sich gütlich. Das Gericht sagte, die Kündigungen seien zwar berechtigt, aber die Freunde bräuchten nicht in die Türkei zurückzukehren, sie könnten nunmehr in Westberlin eine andere Arbeit suchen. Die Männer fielen mir um den Hals, als sie das Urteil verstanden. ›Was du dir auch wünscht, kaufen wir es dir‹, sagten sie. Ich wollte nichts außer einen Dank. Aber als wir später politisch nach links tendierten, blieben sie da, wo sie waren und machten nicht mit. Wie dem auch sei, wir hatten etwas Gutes gemacht, anderen Menschen geholfen. Das ist meine erste Erinnerung an die Vereinsarbeit.«[209]

Metin Gür behauptet, dass der Berliner Verein für seine Arbeit unbedingt Geld brauchte. Der damalige Vorsitzende Mugaffer Erdogan hätte »als erstes an die DDR gedacht«, weil diese sich doch als einen Arbeiterstaat bezeichnete. Er fuhr nach Ostberlin und ging zu verschiedenen Stellen. Viele sagten, dass sie ihm nicht helfen konnten. Da lernte er Dors Schultz, eine Türkisch-Dozentin an der Humboldt Universität kennen. Sie brachte ihn auf die Idee, dem TKP-Chef Zeki Bastimar nach Prag einen Brief zu schreiben. Die Adresse entnahm er der »Unseren Zeit«, die sie ihm auf Türkisch gab. Nach zwei Monaten kam die Antwort. Der Brief war in Westberlin eingeworfen worden. Der TKP-Chef schlug ein Treffen vor; als Erkennungszeichen wollte er die »Unsere Zeit« in der Hand halten, Erdogan sollte eine Zeitung mitführen.

Das konspirative Treffen findet in der Lobby eines großen Hotels statt. Bastimar hat zwei Bodyguards dabei, die er im Laufe des Gesprächs wegschickt. Auch hier trägt Erdogan sein Anliegen vor: Ein Rechtsanwalt soll ein paar Tage in der Woche die Arbeiter beraten. Das muss finanziert werden. Bastimar meint, das sei eine gute Idee, aber das Geld soll er doch bitte von den Arbeitern selbst eintreiben. Das würde den Kampfgeist erhöhen und

---

[209] ebd. S. 59

Loyalität schaffen. Ab diesem Zeitpunkt beginnt Erdogan als Verbindungsmann Bastimars im Westen zu agieren; er holt Propagandamaterial aus der DDR ab, unter anderem auch die türkische Ausgabe der »Unseren Zeit«, bringt es nach Westberlin und verteilt es. Nach einem Jahr darf er denn auch ein Mitgliedsformular der TKP ausfüllen, die Partei ist mit seinen Leuten sehr wählerisch.[210]

Eine Anekdote um die Familie des türkischen TKP-Chefs in Ostberlin zeigt die ideologische Sperre in den Köpfen der DDRler von damals, bevor sie zu wiedervereinigten Deutschen und »einem Volk« wurden: Bastimar darf aus gesundheitlichen Gründen nur koffeinfreien Kaffee trinken, was im Osten schwer erhältlich ist. Sein Mann in Westberlin, Erdogan, schlägt vor, ihm welchen aus dem Westen mitzubringen. Die ostdeutsche Ehefrau Bastimars schreit auf: »Ich will nichts aus Westberlin!«[211] Sie sagt, sie würde lieber darauf warten, dass die Apotheke wieder koffeinfreien Kaffee führt.

Um Zeki Bastimar herum gibt es zuerst eine ca 15köpfige TKP-Gruppe, die sich vor allem um »Unser Radio« (Bizim Radyo) in Leipzig gruppiert. Bastimars Bemühungen, eine türkischsprachige kommunistische Zeitung in der Bundesrepublik Deutschland zu etablieren, misslingen. Nach seinem Tod kommt im Januar 1974 die berühmte »Vorstoß« (Atilim) in der DDR heraus.

In den 1970ern bleiben in der Leipziger TKP-Zentrale nur noch drei Leute: Zeki Bastimar, sein Stellvertreter Ismail Bilen und Aram Pehlivanyan – das kleine Politbüro der Türkischen Kommunistischen Partei. Sie weiten ihre Kontakte in Westberlin aus. Dort erscheint die linke Zeitung »Die Befreiung« (Kurtulus), Herausgeber ist der »Türkische Sozialistenverein« (Türk Toplumcu Ocagi, TTO), der viele der heutigen türkischen Intellektuellen in der Hauptstadt zu seinen Mitgliedern zählte. Diese Zeitung hat Tradition. Die erste »Befreiung« in Berlin war 1919 durch Türken herausgegeben worden, die während des Ersten Weltkriegs als Arbeiter vom Osmanischen Reich nach Deutschland geschickt wurden und die sich an der Novemberrevolution beteiligt hatten. Überhaupt hatte die TKP ihre Geburt indirekt Deutschland zu verdanken, denn die ersten kommunistischen Zellen Istanbuls wurden von Rückkehrern aus Berlin gegründet.

Eine Exkursion in die Geschichte des Kommunismus in der Türkei bringt wundersame Dinge zu Tage und erinnert an einen Kampf, der heute zeitweilig in Vergessenheit geraten ist. Die Türkische Kommunistische Partei hat eine faszinierende Geschichte, auch für Nichtkommunisten und jene, denen diese in unserer Zeit längst als begraben erscheinende politische Bewegung

---

[210] ebd. S. 60
[211] ebd. S. 61

verhasst ist. Welche Geschichte haben Kommunisten solcher Länder wie der Türkei? Wie waren diese Leute überhaupt, die türkischen Kommunisten? Was lasen sie? Was hatten sie gesehen? Wussten sie wirklich, was Marx in seinen »Grundrissen« erzählte und was andere Philosophen wie Kant und Hegel vor ihm entworfen hatten? Was anderes hat die Türkei als eine Hochburg des Antikommunismus im Kalten Krieg hervorgebracht als Militärputsch und Bürgerkrieg, Unterentwicklung, Korruption und Fundamentalismus?

Das folgende Kapitel gibt Auskunft.

Kapitel 5

Revolutionäre Zeiten

Nazim Hikmet und die türkischen Kommunisten in Europa

Am 1. Januar 1921 bestiegen vier Männer in Istanbul vor dem Topkapi-Palast insgeheim ein Schiff, das den Namen »Neue Welt« (*Yeni Dünya*) trug, aber ihr Ziel war nicht Amerika wie das vieler anderer Tausender Auswanderer. Die Metropole am Bosporus, seit fast fünf Jahrhunderten die Hauptstadt des Osmanischen Reiches, war von Franzosen und Engländern besetzt worden, ein Desaster. Der Erste Weltkrieg, in den das mächtige Triumvirat Enver, Talat und Cemal das Reich an der Seite Deutschlands hineingezogen hatte, war verloren, von dem einstigen Imperium auf drei Kontinenten nichts mehr übrig geblieben als die Halbinsel Anatolien. Die Provinzstadt Ankara im Herzen der anatolischen Steppe war auch das Ziel der vier Männer aus gutbürgerlichen Kreisen, die bisher nur mit ihrer Feder gekämpft hatten. Die Reise der vier Dichter, darunter auch der später weltbekannten Poet Nazim Hikmet, wurde von einem Geheimbund organisiert, der für den Kommandanten des türkischen Befreiungskrieges, Mustafa Kemal, Waffen und Munition nach Anatolien schmuggelte. Sie wollten sich dem Kampf der Türken um Unabhängigkeit und Freiheit anschließen.

Die Männer stiegen in dem Städtchen Inebolu am Schwarzen Meer aus dem Schiff, hier sollten sie einige Tage auf eine Erlaubnis aus dem Hauptquartier Mustafa Kemals warten. Dass Dichter die Waffe in die Hand nehmen und Krieg führen wollten, kam schließlich nicht jeden Tag vor. Nazim Hikmet war damals knapp zwanzig Jahre alt; er stammte aus einer alteingesessenen Istanbuler Familie, die ihre kulturellen und künstlerischen Fähigkeiten hatte nicht in ein Vermögen umwandeln können, so dass der Junge schließlich in der Marine-Akademie landete und zum Offizier heranwuchs. Eine schwere Lungenentzündung zwang ihn jedoch, seine militärische Laufbahn frühzeitig aufzugeben. Er schrieb bereits als Student Gedichte in der neuen, aus dem Westen übernommenen Silbenzählform; die Besetzung Istanbuls und das koloniale Gehabe der Besatzungssoldaten machte aus ihm schnell einen glühenden Patrioten. Seine bereits preisgekrönte Dichterkunst stellte er nun »in den Dienst des Vaterlandes«. Er begann die jungen Frauen und Männer des Landes zum Widerstand aufzurufen.

In dem Städtchen am Schwarzen Meer, wo Nazim Hikmet mit seinen Dichterfreunden weilte, traf er auf eine Gruppe junger Studenten, die gerade aus Deutschland zurückgekommen waren. Diese Schüler und Studenten, die zur Weiterbildung nach Berlin und München geschickt worden waren, hatten dort Ideen kennengelernt, die auch auf Nazim Hikmet einen großen Eindruck hinterlassen hatten. Sie bezeichneten sich als Spartakisten und traten für den Sozialismus ein. Sie erzählten mit glühenden Augen von der glorreichen Oktoberrevolution und davon, dass die Sowjetunion den Kampf Mustafa Kemals gegen die Besatzer unterstützt und dass sie als erste Großmacht die von Mustafa Kemal entworfenen Grenzen eines künftigen türkischen Nationalstaats anerkannt hatte. Diese türkischen Spartakisten aus Deutschland machten Nazim Hikmet und andere aus erster Hand mit den Ideen des Kommunismus vertraut. Hier erfuhr der Dichter, der sich später auch vielfach in Ostberlin aufhalten würde, erstmals von Karl Liebknecht und Rosa Luxemburg.

Wenige Jahre, nachdem deutsche Offiziere die Jungtürken für ihre eigenen imperialistischen Ziele auf Engländer, Araber und Franzosen gehetzt hatten, kämpften jetzt junge Türken im Namen Liebknechts und Luxemburgs für den Sozialismus. Aber zuerst musste das Land von den imperialistischen Armeen freigekämpft, die Pläne der westlichen Alliierten zur Zerstückelung des Osmanischen Reiches abgewehrt werden.

Der Befreiungskrieg wurde nicht von allen Bürgern des Reiches geführt. Die griechisch-orthodoxen Osmanen begrüßten die Besatzungsmächte weitgehend begeistert und freuten sich, dass die griechische Armee über die Ägäis kam, um Westanatolien nach Jahrhunderten des »türkischen Jochs« wieder mit dem Mutterland Peloponnes zu vereinigen, die »Megali Idea« zu verwirklichen und eine Art zweites Byzanz zu gründen. Konstantinopel sollte nach nahezu fünf Jahrhunderten zurückerobert werden. Die Armenier waren vertrieben und ermordet. Die wenigen in Istanbul oder Izmir verbliebenen europäischen Familien hielten auch überwiegend zu den Besatzern, deren Staatsbürger sie meist waren. Zurück blieben hauptsächlich drei Bevölkerungsgruppen ohne einen anderen Staat, in den sie auswandern konnten[212]; sie kämpften gemeinsam gegen die Besatzungsmächte für die Befreiung ihres

---

[212] Der Ausdruck stammt von Efendi

Homelands Anatolien: Die muslimischen Osmanen, die Juden und die im 17. Jahrhundert aus dem Judentum konvertierten Dönmehs. Kurden, Tscherkessen, Lasen, Albaner, Bulgaren, vertriebene muslimische Bauern von den ägäischen Inseln und Tschetschenen aus dem Kaukasus bezeichneten sich alle als Muslime, eine Eigenschaft, die sie zusammenhielt. Sie führten Krieg gegen die »ungläubigen« Besatzer. Um es in ausschließlich religiösen Begriffen auszudrücken: Christen haben an diesem Krieg nicht teilgenommen, den die Muslime, Konvertiten und Juden gemeinsam kämpften. Der türkische Unabhängigkeitskrieg hatte jedoch keinen islamischen Charakter, auch wenn vielerorts in Anatolien die »Vertreibung der Ungläubigen aus der Heimat« die Kampfmoral der muslimischen Bevölkerung steigerte.[213] Die kämpfenden Kader hatten selbst bis zum Atheismus reichende areligiöse Lebensphilosophien und sahen in dem real existierenden Glauben und dessen vorherrschender Praxis einen der Hauptgründe für die Unterentwicklung des Osmanischen Reiches. Die Macht der »Hodschas und Hadschis« sollte gebrochen, ein laizistischer Staat nach französischem Vorbild gegründet werden, in dem Religion zur Privatsache wurde. Im Osmanischen Reich waren die religiösen Gruppen auch unabhängig organisiert gewesen und hatten große Glaubensfreiheit genossen. Im Unterschied zu früher hatte die kemalistische Revolution bewirkt, dass das Gemeinwesen nicht mehr nach dem Kriterium des Glaubens geordnet wurde, sondern nach dem Prinzip der individuellen Freiheiten und Pflichten. Die neue Republik machte also aus Juden, Christen und Muslimen mündige Bürger, die nicht mehr ihrer jeweiligen geistlichen Autorität unterstanden, sondern gewählten, säkularen Politikern.

Unter den Weggefährten Mustafa Kemals befanden sich nicht wenige »Selanikli«, konvertierte Anhänger des einstigen Messias‹ Sabbatai Zwi, zu denen auch der Dichter Nazim Hikmet gehört haben soll. Die Idee des Laizismus begeisterte auch sie, die sich im Grunde genommen schon längst säkularisiert hatten und ihren heimlichen Glauben nicht mehr so strikt wie früher befolgten. Jetzt brauchten sie sich nicht mehr zu verstecken; Anhänger Atatürks zu sein, ein modernes, säkulares Leben zu führen galt nicht nur als schick, sondern wurde zur gesetzlich verankerten Norm. Der Kemalismus bedeutete auch für die Juden, die die Dönme nicht zu den Ihrigen zählten, die nächste Etappe auf dem Weg zur Säkularisierung.

---

[213] Deshalb haben die osmanischen Juden das »Türken-Konzept« Atatürks so enthusiastisch begrüßt und haben heute noch am wenigsten Probleme damit, sich als Türken zu bezeichnen.

Aufbruch zu neuen Ufern

Nazim Hikmet schrieb am Ende seiner Reise in Ankara ein Gedicht, das die Istanbuler Jugend zu Teilnahme am Unabhängigkeitskrieg aufrief. Das über drei Seiten gehende Werk wurde per Hand zehntausend Mal vervielfältigt und unter konspirativen Umständen im besetzten Istanbul verteilt. Das Land brauchte jeden, und auch im europäischen Ausland griff der Geist des Patriotismus um sich. Die Revolutionsführer in der Sowjetunion, allen voran Wladimir Iljitsch Uljanow Lenin, unterstützten Mustafa Kemal und seinen Befreiungskampf, und zwar nicht nur verbal, sondern auch mit Waffen und Geld. Das machte für junge türkische Patrioten die sozialistischen Ideen noch sympathischer, zumal die Kritiker der Bolschewiken in Europa, die Engländer und Franzosen mit der Aufteilung Anatoliens beschäftigt waren. Mustafa Kemal rief die jungen Dichter zu sich: »Viele junge Poeten produzieren unter dem Deckmantel der Modernität sinnentleerte Werke. Schreibt Sinnvolles, das Land braucht euch.« Das ließ sich Nazim Hikmet nicht zweimal sagen. Bald wurde er als Lehrer in die Provinzstadt Bolu geschickt.

Der Islam, in Anatolien in der Hand von weitgehend ignoranten, selbst ernannten Klerikern zu einem strengen Regelwerk verkommen, stand den neuen Ideen der Kemalisten skeptisch gegenüber. Unter den revolutionären Kadern waren einige wenige, die auch eine Reform des Glaubens anpeilten; aber die Religion hatte ihre eigene Geschichte, Organisation und Praxis. Wenn diese reformiert und modernisiert werden sollten, mussten das neue, aufgeklärte Religionsleute in Angriff nehmen. Um diese zu erziehen und die Glaubensfragen unter die Kontrolle des Staates zu bringen, wurde das »Amt für Religiöse Angelegenheiten« (*Diyanet*) geschaffen. Die örtlichen Händler und Handwerker vertraten ebenfalls das »Old Ottoman Empire«, in dem patriarchale Traditionen gepaart mit einem autoritären Staat das Leben auf dem Lande bestimmen.

Veränderung, Fortschritt, Reform und Revolution waren die Zauberwörter der jungen kemalistischen Frauen und Männer, die mit dem »tragischen Schicksal« ihres Landes aufräumen, die ignorante Bevölkerung Anatoliens erziehen, ihr moderne europäische Ideen einimpfen und somit eine neue Türkei gründen wollten, die friedlich ihren Platz an der Seite der anderen Staaten einnahm. Jeder, der mitmachte, jeder, der sich zum Mitbürger nannte, war »Türke«. Die neue kemalistische Staatsangehörigkeit räumte mit den ethnischen und religiösen Unterschieden auf. Ob Jude, Muslim oder Christ, Frau oder Mann – vor dem Gesetz sollte jeder gleich sein. Eine Idee, die im Laufe des 20. Jahrhunderts hart gegen Traditionen kämpfen sollte, wie wir im Kapitel über die türkischen Juden gesehen haben – die Wahrnehmung des Türken als Muslim diskriminierte jeden nichtmuslimischen Bürger des Landes. Aber das ändert nichts daran, dass die Ausgangsgedanken die richtigen waren: Alle sind gleichwertig, niemand darf wegen seiner Herkunft, seines Geschlechts oder seiner Religion benachteiligt werden.

Nazim Hikmet aus Saloniki, der hochgewachsene blonde Lehrer mit den blauen Augen und einem glühenden Herzen, fiel in dem anatolischen Städtchen Bolu sofort auf. Er hatte seltsame Ansichten, trug eine Pelzmütze wie die Bolschewiken, und wichtiger noch: Er ging nicht zur Moschee. Bald hatte er einen Weggefährten gefunden. Der Richter Ziya Hilmi vom Strafgericht stellte sich vor den jungen Mann. Ziya war ebenfalls ein begeisterter Anhänger Mustafa Kemals, und damit der Ideen der Französischen Revolution. Er versammelte die Honoratioren der Stadt, die ihre Aufgabe nur in der Befreiung des Landes von den Besatzern sahen, und erzählte ihnen von den Revolutionen im Norden, von Marat, Lenin und Kautsky. Er sprach ganz offen davon, unbedingt einmal die Sowjetunion besuchen zu wollen. Auch Nazim Hikmet hörte ihm zu. Der Druck der konservativen Kreise und der Geheimpolizei zwang den Poeten schließlich zur Aufgabe seines Lehrerpostens. Er wollte sich weiterbilden und erfahren, was in der Welt los war. Sollte er nach Paris gehen, nach Berlin oder nach Moskau? Er fuhr zusammen mit seinem Freund Vala Nureddin an die östliche Schwarzmeerküste und stieg im Hafen von Trabzon auf ein Schiff, das ihn am 30. September 1921 in Batum auf den Kai entließ. Er war knapp zwanzig Jahre alt, als er sich in Moskau bei der »Kommunistischen Universität der Ostvölker« (KTUV) immatrikulieren ließ. Die Dichtung Majakowskis war es, die den Poeten auf neue Wege brachte: In Treppenform verfasste Gedichte in der Zeitung *Izwestija*, die ihn zu solchen, bisher unerhörten Gedichten wie »Die Pupillen der Hungernden« führten. Die neue Welt, in der er sich jetzt als Russisch lernender, begeisterter Revolutionär bewegte, die futuristische Bewegung des Italieners Marinetti, der Enthusiasmus der jungen Russen beeinflussten den türkischen Poeten grundlegend. 1923 schickte er seine ersten Gedichte aus der Sowjetunion an Zeitschriften in der Heimat. Ankara war nunmehr die offizielle Hauptstadt der neu gegründeten Türkischen Republik, Mustafa Kemal deren erster Staatspräsident geworden. Die sozialdemokratisch orientierte Republikanische Volkspartei regierte alleine. Nach Beendigung seines Studiums wollte Nazim Hikmet zurückkehren; im Oktober 1924 bestieg er wieder ein Schiff, das ihn an die türkische Schwarzmeerküste brachte. Seine Odyssee sollte damit nicht enden, sondern erst beginnen.

Die Lebensgeschichte des Dichters Hikmet ist zugleich die kurze Geschichte der türkischen Linken, ja, überhaupt der Türkei im 20. Jahrhundert. So sehen wir schon zwei Jahre nach der Gründung der Republik, 1925, den großen kurdischen Aufstand des Scheichs Said, auf den Notstandsgesetze folgen, die – wie sich später unzählige Male wiederholen wird – am härtesten die Sozialisten treffen: Nazim Hikmets Zeitschrift wird verboten, er wird in Abwesenheit zu fünfzehn Jahren Zuchthaus verurteilt. Die »Unabhängigkeitsgerichte« (*Istiklal Mahkemeleri*) als Sondergerichte beginnen kurzen Prozess mit der Opposition zu machen. Ein Flugblatt zum 1. Mai, das 1925 in Istanbul von kommunistischen Zellen verbreitet wird, führt zur Festnahme von 38 Mitgliedern der illegalen Türkischen Kommunistischen Partei (TKP).

Die Spartakisten am Bosporus

Der legendäre Vorsitzende der TKP im Ausland hieß seit den 1970ern Ismail Bilen. Da er zu den meistgesuchten Türken in der Welt gehörte, sprach man seinen Namen, wie den des dunklen Zauberers Lord Voldemort in den Büchern über Harry Potter, nie offen aus. *Marat, Laz Ismail* (Ismail, der Lase), *Erdem* (Tugend) oder *Bir Bilen* (ein Wissender – als Wortspiel mit seinem Nachnamen) waren seine gebräuchlichen Nicknames. Bilen verfasste 1960 eine Broschüre namens »Die Geburt, Gründung und Entwicklungswege der TKP«. Darin stellt er gleich zu Anfang fest: »Die Große Sozialistische Oktoberrevolution leitete eine völlig neue Ära in der Geschichte der Menschheit ein, ein Zeitalter, in dem der Kapitalismus, Imperialismus und das Ausbeutungssystem abgeschafft wurden, eine Ära der sozialistischen Revolutionen und nationaler Befreiungsbewegungen.«[214] So hätte sich die TKP »auf der Grundlage des Marxismus« entwickelt, »im Kampf gegen den Imperialismus und Kolonialismus, sowie gegen die einheimischen Ausbeuter, auf die sich die ausländischen Kräfte stützten«. Sobald sie das Licht der Welt erblickte, bei ihrem ersten Schritt, ihrem ersten Ruf hätte sie die Parole von der Einheitsfront gegen die aggressiven Kräfte des Westens ausgerufen. »Eine nationale Einheitsfront gründen zu wollen, ist ein richtiger und gerechter Wunsch, der im Einklang mit dem Willen des ganzen Volkes steht«, schrieb der legendäre Vorsitzende der TKP im Jahre 1960. Bis zur Oktoberrevolution, be-

---

[214] I. Bilen, »TKP – Dogusu, Kurulusu ve Gelisme Yollari«, S. 5f.

hauptet Bilen, hätte in der Türkei die Idee des Kommunismus nicht existiert. »Die Bewegung entwickelte sich nicht nach der Parole des Klassenkampfes, sondern mit nationalistischen Gefühlen. Die Klassenwidersprüche, der unüberbrückbare Antagonismus der Klassen war nicht so weit entwickelt, dass sie die nationalistischen Gefühle überlagerten.« Das durch die ausländischen, sprich europäischen Mächte besetzte Anatolien sollte befreit werden – der türkische »Vaterländische Krieg« ausgefochten. Die Türkei hatte ja auch um die Jahrhundertwende kein vergleichbares Proletariat wie in Westeuropa. Die wenigen Industriearbeiter konzentrierten sich auf die Hafenstädte Istanbul, Izmir oder Adana, die wegen ihrer strategischen Lage zuerst von europäischen Truppen besetzt und deshalb voneinander abgeschnitten waren.

Die ersten kommunistischen Gruppen haben sich 1908 in Istanbul zu Wort gemeldet, der Stadt mit der größten Arbeiterschaft. Als die Chefs des »Komitées für Einheit und Fortschritt«, die *Ittihatci*, an der Seite Deutschlands in den Weltkrieg zogen, wurden 2 900 000 Mann zur Armee eingezogen, nahezu drei Millionen Männer. Eine halbe Million ließen in den Wüsten um Bagdad, an mesopotamischen Flüssen und Kanälen, in Sarikamis an der russischen Grenze und in Galizien ihr Leben; 2,5 Millionen Menschen starben infolge von Hunger und Krankheiten. Flüchtlinge machten die Wege unpassierbar, Dörfer und Städte wurden ausgelöscht. Über 300 000 Männer desertierten und gingen auf die Berge.

Der Krieg wurde bekanntlich verloren, am bitteren Ende ein von den Siegermächten diktiertes Abkommen unterzeichnet – das Friedensabkommen von Sévrès, das Versailles der Osmanen. Die Paschas Enver, Talat und Cemal flohen in einem deutschen Kriegsschiff aus dem Land. Am 30. Oktober 1918 fuhren die feindlichen Flotten in Istanbul ein, die alliierten Schiffe passierten die Meerengen und schütteten Soldaten am Schwarzen Meer aufs Land. »Die Staaten der Entente, die Armeen der westlichen Imperialisten kamen aus allen Himmelsrichtungen ins Land. Es begannen fürchterliche Tage der Sklaverei«, schreibt der Kommunist Bilen.[215]

Die erste kommunistische Gruppe in Istanbul formiert sich in der Agrarhochschule »Halkali« (*Ziraat Okulu*). Zwei Arbeiter bilden ihren Keim: der eine ist Schweißer (*demirci*) und trägt den nicht gerade sehr türkisch klingenden Namen Iwan – ein Deserteur der zaristischen Armee. Die Studenten lieben diesen Mann und nennen ihn »Iwan, den Bolschewiken«. Der andere ist Dreher (*tornaci*) und heißt schlicht Ahmet. Er kommt aus Istanbul und hat in der Kanonengießerei und bei der Werft gearbeitet. Er war im Krieg zur Fort-

---

[215] ebd. S. 9

bildung nach Deutschland geschickt worden. Dort traf er auf revolutionäre deutsche Arbeiter und wurde bekehrt. Die Zelle sammelt sich am 30. Oktober 1918 in Kadirga unterhalb der Blauen Moschee, in der Wohnung des Ahmet *Usta* (Meister) aus Deutschland. Unter den Anwesenden sind Eisenbahnarbeiter, Straßenbahnschaffner, Matrosen der Istanbuler Fährgesellschaft, Schreiner. Die Versammlung endet mit der Niederschrift eines Appells an das Volk. Die Arbeiter und Bauern werden aufgerufen, sich zu vereinen und das Land von der feindlichen Besetzung zu retten. Man vergisst natürlich nicht den brüderlichen Gruß an das revolutionäre Volk Russlands.[216]

Die Zelle lebt nicht lange. Im Februar 1919 werden die meisten ihrer Mitglieder bei einer Razzia verhaftet, andere setzen nach Anatolien über, um sich dem Unabhängigkeitskrieg Mustafa Kemals anzuschließen. Die kommunistische Zelle in Kadirga bleibt aber nicht die einzige Istanbuls; bald folgen eine Zelle in Galata-Yagkapani und eine größere am Goldenen Horn, in Kasimpasa, dem Heimatort des Islamisten Recep Tayyip Erdogan, der siebzig Jahre später, nach dem Zusammenbruch der Sowjetunion, die politische Bühne der Türkei betreten wird. Dieser Zelle schlossen sich 1919 fünf bis sechs Bolschewiken an, die gerade aus der UdSSR zurückgekommen waren. Sie wurden angeführt von Baba Mehmet und unterstanden dem Kommunisten der ersten Stunde, Mustafa Suphi. Sie schmuggelten Waffen, Gerätschaft und Arbeiter nach Anatolien und verteilten die kommunistische »Neue Welt« (*Yeni Dünya*) unter den Arbeitern. 1920 brachten die Männer unter die französischen, englischen und insbesondere indischen Besatzungssoldaten Flugblätter in ihren Sprachen, in denen sie dazu aufriefen, die Türkei zu verlassen. Diese Gruppe vom Goldenen Horn pflegte auch engen Kontakt zu den Ruderern auf dem Bosporus, zu den Matrosen und Seeleuten, den Eisenbahnarbeiter und Postbeamten. Die türkischen Kommunisten hatten außerdem zu bulgarischen, ungarischen und französischen Kommunisten Beziehungen aufgenommen. Die mutigen jungen Männer aus diesen Widerstandsgruppen beteiligten sich später am bewaffneten Kampf gegen die Besatzer und die regierungstreuen Milizen. Die Namen des Kapitäns Osman und seiner Leute, der Männer um den Kurden Süleyman oder Abdullahs aus Ardesen wurden zur Legende unter den Kommunisten. Abdullah war ein Bäckergeselle, der sich während der Oktoberrevolution zufällig in Russland aufgehalten hatte. Er hatte sich freiwillig bei der Roten Armee eingeschrieben und gegen die Weißen gekämpft, ein sehr erfahrener Mann im Häuserkampf. 1919 wurde in Istanbul die »Sozialistische Partei der Arbeiter und Bauern« (*Isci-Ciftci Sosyalist Partisi*) ge-

---

[216] ebd. S. 10

gründet; unter anderem von Etem Nejat, der wenig später zum ersten Generalsekretär der TKP gewählt und 1921 getötet werden würde. Das war die erste marxistische Partei der Türken, der Vorläufer der TKP.

Wie auch die aus Deutschland zurückgekehrten Studenten den Dichter Nazim Hikmet mit den kommunistischen Ideen bekannt gemacht hatten, spielten wieder einmal die türkischen Rückkehrer bei der Gründung der Partei die Hauptrolle. Im Ersten Weltkrieg waren ca. 3 000 »Arbeiter«, angeblich zur Fortbildung, aber de facto als Frischzufuhr für die deutsche Kriegsmaschinerie, nach Deutschland geschickt worden. Die Oktoberrevolution weckte auch unter ihnen ein Bewusstsein der Sinnlosigkeit dieses Krieges. Er sollte sofort beendet, die Türken so schnell wie möglich wieder nach Hause geschickt werden. Viele dieser ersten türkischen »Gastarbeiter« des 20. Jahrhunderts in Deutschland beteiligten sich am Spartakus-Aufstand. In Hamburg und Berlin stiegen auch sie auf die Barrikaden und verteidigten mit der Waffe in der Hand die »Proletarische Revolution«, aus der bekanntlich nichts wurde. Aber wie ihre Nachfolger später waren sie eigentlich mit dem Kopf in ihrer Heimat. Im Statut ihres 1918 in Berlin begründeten Vereins setzten sie sich das Ziel, »die imperialistischen Besatzungsmächte aus der Türkei herauszuwerfen und einen Bauern- und Arbeiterstaat zu gründen«. Im September 1919 brachten sie in Berlin die bereits erwähnte Zeitschrift *Kurtulus* heraus. Sie erschien später auch in Istanbul und im mittelanatolischen Städtchen Kirsehir.

Die Arbeit der ersten sozialistischen Partei in der TR war illegal, aber erfolgreich. Sie wurde nicht nur zur Vorreiterin der TKP, sondern auch der Gewerkschaften.

Banden! Vereinigt euch!

1920 versuchte die Partei einen Weg zur Legalität zu finden. »In den Vorstand wurden bürgerliche Leute eingeschleust, die die revolutionäre Arbeit torpedierten«, sagt Ismail Bilen in seiner Broschüre. Tatsächlich wurde im Parteiprogramm der Satz, dass die Partei für einen Arbeiter- und Bauernstaat kämpfe, umgeändert und hieß jetzt, dass die Partei sich an »parlamentarischen Wahlen« beteiligen würde. Die Bauern sollten nicht mehr Land verteilt bekommen, sondern billige Kredite. Die Abschaffung des Großgrundbesitzes, ein Problem der Türkei noch im 21. Jahrhundert, wurde ersatzlos gestrichen.

Statt eines achtstündigen Arbeitstages wurde nun ganz abstrakt ein »neues Arbeitsgesetz« gefordert. Im März 1920 besetzten die Staaten der Entente Istanbul offiziell, als erste Amtshandlung des Besatzungsregimes wurde die sozialistische Partei aufgelöst. Sie sollte zwar Ende 1920 in der Illegalität neu gegründet werden, überdauerte aber nur bis 1925.

Das Goldene Horn als eine tiefe, von Werften und Industrieanlagen umsäumte Bucht am Bosporus war seit jeher ein Arbeiterwohngebiet. Die erste Reaktion gegen die Besatzer kam von dort. Im Dezember 1918 feierten die Besatzungsmächte den »Tag des Sieges«, während am Goldenen Horn die Arbeiter und Seeleute dagegen protestierten. In den Werften steckten die Matrosen eine von den Briten gebaute Garage und ein Benzinlager in Brand. 1919 weitete sich der Widerstand aus. Kommunisten gründeten geheime Zellen, Banden, die sich bewaffneten. Die Männer des Kapitän Osman besetzten in einer dunklen Februarnacht die Werft am Goldenen Horn, sie sperrten die britischen Wachen in den Laderäumen eines Schiffes ein und räumten ein Waffenlager aus. Die Waffen wurden sofort nach Anatolien geschmuggelt.

1920 tritt die »Türkiye Komünist Partisi« mit einem Appell ans Volk auf den Plan: »Die Unabhängigkeit unseres Vaterlandes und die Freiheit unseres Volkes können wir nur durch einen Krieg erreichen! Banden! Kämpft, bis der letzte ausländische Soldat, der letzte Feind unser Land verlassen hat! Überlasst keine Handbreite Erde den Engländern, Amerikanern und den Armeen des in ihrem Dienste stehenden griechischen Königs! Dem Feind wird keine einzige Fabrik, keine Eisenbahnstrecke, kein Hafen überlassen! Erlaubt dem Feind nicht das Voranschreiten auf uns'rer Erde, die mit dem Blut des türkischen Volkes begossen wurde! Banden! Seid euch gewiss, dass das Volk hinter euch steht. Der Arbeiter, der Bauer sind an eurer Seite. Die kommunistische Partei steht hinter euch!«[217]

Es werden Hunderte von Milizeinheiten in Anatolien gebildet, die in den Jahren 1919-20 zusammen mit der einfachen Bevölkerung die Hauptlast des Krieges gegen die Besatzungsmächte tragen.

1919 reift die kommunistische Organisation in Istanbul. Hier ist die Marionettenregierung des Damat Ferit Pascha am Werk, der mit der Tochter des ehemaligen Sultans Abdulhamid verheiratet ist. Er wird in fünf aufeinander folgenden Regierungen der Besatzungszeit in Istanbul zum Großwesir und Außenminister. Er ist berüchtigt für seine Haltung gegen den Befreiungskrieg; in Istanbul gibt es nämlich auch ergebene Befürworter der Besatzung,

---

[217] ebd. S. 14

zum Beispiel die berühmte »Gesellschaft der Freunde Englands« (*Ingiliz Muhipleri Cemiyeti*), die für den verbliebenen Rest des Osmanischen Reiches ein britisches Mandat fordert. Die »Wilsonisten« (*Vilsoncular*) wiederum stehen hinter den vierzehn Prinzipien des US-Präsidenten Woochrow Wilson und treten für ein amerikanisches Mandat ein.

Istanbul ist, wie Berlin nach dem Zweiten Weltkrieg, unter den Besatzungsmächten aufgeteilt worden. Die Engländer kontrollieren von dem Stadtteil Galata-Pera bis zum Schwarzen Meer den gesamten Bosporus. Die Italiener haben sich auf dem asiatischen Ufer, in Üsküdar, niedergelassen. Die Franzosen haben die historische Halbinsel in Beschlag genommen. Und die Amerikaner sind überall. Der berühmte US-Admiral Mark Bristol ist einer der »High Commissioners« der Besatzungsmächte, sein britischer Kollege heißt General Sir Charles Harrington. Die gesamten Sicherheitskräfte des Osmanischen Reiches, bis hin zu den Spitzeln es Sultans, stehen unter dem Kommando der Besatzungsmächte.

1921 gelingt es den Kommunisten im besetzten Istanbul tatsächlich eine Kundgebung zum Ersten Mai. Mit roten und türkischen Fahnen marschieren Arbeiter aus den Werften und Fabriken durch das Herz der Stadt, durch die Pera, und tragen Transparente mit der Aufschrift »Unabhängige Türkei«. Neben Istanbul haben sich vor allem am Schwarzen Meer, aber auch in den östlichen Städten wie Sivas und Erzurum Zellen formiert. In Trabzon am Schwarzen Meer bringen Kommunisten die Zeitschrift »Gleich« (*Es*) heraus. Dabei spielen die aus russischer Gefangenschaft zurückkehrenden Türken eine entscheidende Rolle. So wie die Türken in Berlin den Spartakusbund gesehen haben, haben diese die Oktoberrevolution hautnah miterlebt. Manche haben sich während der Kämpfe den Bolschewiken angeschlossen, die sie aus den Gefängnissen des Zaren befreiten. Sie sind zu der Überzeugung gekommen, dass sich das Osmanische Reich niemals hätte an die Seite des imperialistischen deutschen Kaisers schlagen sollen. Die russischen Arbeiter und Bauern lebten unter den selben miserablen Bedingungen wie die anatolischen. Es gab keine Unterschiede. Dabei war Russland seit Jahrhunderten einer der Erzfeinde des Sultans gewesen. Die Rückkehrer hatten die Russen kennengelernt und keine Angst mehr vor Moskau. General Ali Fuat Cebesoy, Kommandant der Westfront 1920, beschreibt in seinen Memoiren, wie »heldenhaft« die freiwilligen kommunistischen Milizen kämpften und wie viele dabei ihr Leben verloren hatten.

In den Bergwerken Zonguldaks, von wo aus vierzig Jahre später die Arbeiter massiv ins Ruhrgebiet abwandern würden, organisierten sich die Kommunisten erwartungsgemäß recht früh. Die Bleiwerke in Balikesir, die

Rüstungsfabriken Ankaras, die Textilmanufakturen in Adana, die Seidenfabriken von Bursa und die Schwarzmeerhäfen – überall gab es, wenn auch kleine, linke Arbeiterkreise. Außer den streng gläubigen Sektenanhängern in den Kleinstädten Anatoliens fiel niemandem ein, die Religion bei der Beseitigung der sozialen Missstände zu Rate zu ziehen. Weltliche Probleme verlangten weltliche Lösungen, und von nichts anderem erzählten die linken Theorien. Die Revolution in Russland war das beste Beispiel dafür, dass »unterentwickelte Ostvölker« ihr Schicksal besiegen konnten.

Die TKP wurde am 14. Juli 1920 in Ankara offiziell gegründet. Sie hieß anfangs »Kommunistische Partei des Volkes der Türkei« (*Türkiye Halk Komünist Partisi*), weil der Name TKP in Beschlag genommen war. Mustafa Kemal und seine Leute, die den Einfluß der russischen Kommunisten auf den gerade gegründeten neuen türkischen Staat fürchteten, hatten bereits eine »falsche« »Kommunistische Partei« gegründet, um das linke Potential dort zu bündeln und zu kontrollieren. Atatürk wurde Mitglied Nummer eins, und schickte seinen Außenminister Tevfik Rüstü Aras als Delegierter zur Ersten Kommunistischen Internationale nach Moskau. Ein Abgeordneter des ersten türkischen Parlaments, der Großgrundbesitzer aus Maras, Tahsin Bey, erzählt den Hintergrund: »Das Volk liebte die Kommunisten, die Bolschewiken. Wenn du nichts dagegen unternommen hättest, wären sie beinahe gemeinschaftlich zum Kommunismus übertreten. Wir wollten ja außerdem mehr Hilfe von den Sowjets bekommen. Das Wichtigste war, mit Moskau zu flirten und damit die Westler nachdenklich zu machen. Die Ideen der Bolschewiken nutzten uns eigentlich überhaupt nicht. Aber die Bolschewikenhilfe war uns ganz nützlich. Der Gazi Pascha (Atatürk) dachte lange darüber nach. Eines Abends lud er uns zum Essen ein. Er warf die Idee der Gründung einer ›Kommunistischen Partei‹ auf.(...) Als wir uns vom Tisch erhoben, war die Partei gegründet. Wir setzten uns rote Bolschewikenmützen auf und marschierten voran.«[218]

Die »richtige« Kommunistische Partei setzte sich aus zwölf anatolischen Zellen zusammen. Die Istanbuler waren nicht dabei, weil es ihnen nicht gelang, aus dem Besatzungsgebiet zu entkommen. Die Partei rief zwar zum Kampf gegen die Besatzer auf, stellte sich jedoch nicht an die Seite der Regierung Atatürks in Ankara: »Das Land und das Volk wird zwischen zwei Regierungen – den Regierungen in Istanbul und Ankara – aufgerieben«, hieß es in einem Appell, »beide Regierungen arbeiten gegen die Hauptinteressen der schaffenden Menschen.«[219] Dass die Istanbuler Regierung eine verräteri-

---

[218] ebd. S. 18
[219] ebd. S. 19

174

sche Kooperation mit den imperialistischen Besatzern eingegangen war, bestritt niemand. Aber die Regierung in Ankara wurde auch beschuldigt:»Die vom Verrat des Sultans angewiderten Patrioten haben sich um Mustafa Kemal geschart. Sich auf die bürgerliche Klasse stützend, haben sie das Große Parlament zusammengerufen. Sie haben die Macht an sich gerissen. Die Sachlage zwang diese Regierung, die Russische Revolution zu begrüßen, aber das ist heuchlerisch. Der alte Verwaltungsapparat wurde übernommen, die Kommunisten werden fortwährend verfolgt.«[220]

Die TKP würde sich später damit rühmen,»die positiven und negativen Seiten des nationalen Bürgertums rechtzeitig erkannt und kritisiert« zu haben. Die»Kemalisten«, wie die TKP die Anhänger Atatürks schon sehr früh nannte, waren die in den Augen der Kommunisten die Vertreter der Bourgeoisie, die den Kapitalismus im Land etablieren wollten. Sie waren für das Privateigentum, das»ausbeuterische System«. Die Volksmilizen aus Arbeitern und Bauern, die den Befreiungskrieg getragen hatten, strebten dagegen die»volle wirtschaftliche, politische und kulturelle Unabhängigkeit des Vaterlandes« an. Die TKP würde später immer auch die Unterstützung der UdSSR für Atatürks nationalen Befreiungskampf betonen:»Die Sowjetunion hat uns damals nicht nur Waffen, Munition und Geld gegeben, sondern auch etwas viel Wichtigeres: Die Russen kämpften gegen vierzehn imperialistische Staaten gleichzeitig. Die siegreich aus diesem Krieg hervorgegangene Rote Armee konnte niemals zulassen, dass die Engländer, Amerikaner, Franzosen und Griechen mit ihrer ganzer Wucht Anatolien angriffen und an sich rissen. Deshalb freute sich unser Volk aufrichtig über jeden Sieg der Roten Armee. Die glorreichen Kämpfe der Roten Armee stachelten die anatolischen Banden stets zu großen Heldentaten an.«[221]

Ismail Bilen schreibt in seiner kurzen Geschichte der TKP, dass die Wilsonschen Prinzipien nichts anderes bedeuteten, als Anatolien unter den Siegermächten aufzuteilen und es als eine Basis gegen die Sowjetunion zu nutzen. Die Kemalisten hätten sich schließlich, aus nie vergehender Angst vor einer kommunistischen Revolution in der Türkei, mit den Feinden des Volkes, den Großgrundbesitzern und den Kapitalisten, verbündet. Die gesamte Geschichte der modernen Türkei nach dem Zweiten Weltkrieg verging tatsächlich im Schatten des Kalten Krieges, wobei das Land zur Vorhut des antikommunistischen Lagers gemacht wurde und immer tiefer in Abhängigkeit von den USA und den westeuropäischen Mächten geriet.

---

[220] ebd. S. 20
[221] ebd. S. 21

Aber da ist noch etwas. Die Kommunisten beschuldigen die damalige kemalistische Regierung in Ankara, im Jahre 1921 wichtige Genossen hinterrücks ermordet zu haben – es geht um die Tötung von Mustafa Suphi und seiner Freunde durch einen Mann namens Osman der Lahme (Topal Osman), der angeblich von Atatürk den Befehl erhalten haben soll, die Kommunisten im Schwarzen Meer zu versenken.

Mustafa Suphis Biografie ist exemplarisch für die türkischen Kommunistenführer der ersten Generation. Er war ein sehr fähiger Organisator und Redner. 1883 in Giresun an der Schwarzmeerküste geboren, studierte er zuerst in Istanbul Jura, und danach an der Sorbonne Soziologie. Hier in Paris lernte er sozialistische Ideen kennen. 1905-1907 beeindruckten ihn die politischen Umbrüche in Russland außerordentlich. »Diese Revolution rüttelte den seit Jahrhunderten schlafenden Orient wach«, schreibt Ismail Bilen in seinem Büchlein in Anlehnung an Lenin, [222] »sie erweckte die Völker des Ostens zu einem neuen Leben, sie rief die Ostvölker zum Kampf für die Demokratie auf und brachte ihnen das Alphabet der Menschenrechte bei.« In Paris trat Mustafa Suphi dem Büro der Internationalen Sozialisten der Zweiten Internationale bei. In jenen Tagen kam es in Istanbul zur 1918er Revolution der Jungtürken, die, ebenfalls in westlichen Hauptstädten mit dem Virus der Demokratie infiziert, dem Sultan eine Verfassung abringen und die Macht an sich reißen wollten. Ihr Ziel war, das untergehende Osmanische Reich zu retten.

»Wie Lenin auch unterstreichen sollte, begannen die Imperialisten nach einem kurzen Schreck, die Jungtürken zu loben, die die Arbeiterbewegung in Saloniki, Izmir und Istanbul unterdrückten«, sagt Ismail Bilen, »außerdem waren die Mitglieder des Komitees für Einheit und Fortschritt extrem chauvinistisch«.[223]

Mit der Parole der »einzigen osmanischen Nation« hätten sie »eineinhalb Millionen Armenier massakriert und vertrieben«. Die Regierungen in Ankara würden nun[224], die nationalen Minderheiten und allen voran die Kurden mit Zwang zu türkisieren versuchen. Die TKP stellte sich also hinter die Minderheiten und lehnte die Assimilierungspolitik der türkischen Regierungen ab und bekannte sich zu den an den Armeniern verübten Massakern. Die armenischen Nationalisten und ihre bewaffnete Unterstützung für die vorrückende

---

[222] ebd. S. 25
[223] ebd. S. 26
[224] D.h. im Jahre 1960, dem Erscheinungsdatum des Büchleins des TKP-Führers.

russische Armee im Ersten Weltkrieg hat die TKP auch später als auslösenden Moment der Massaker in Ostanatolien thematisiert. Gleichwohl lehnte die TKP die erst ab Mitte der 1960ern von den Diaspora-Armeniern aufgestellte These des »Völkermords an den urchristlichen Armeniern« ab. Sie stellte sich zunehmend über die Nationalfrage und sah die Lösung in der »Brüderlichkeit aller Völker«. Als die einzigen Verantwortlichen wurden die Kader des Komitées für Einheit und Fortschritt und die späteren bürgerlichen Regierungen in Ankara bezeichnet, die deren Denkweise übernommen hätten.

Das Leben des TKP-Führers Mustafa Suphi liest sich wie ein Abenteuerroman, wie das bei vielen Biographien der Fall ist, die mehrere Kriege, Umbrüche und Regierungswechsel und den Untergang eines großen Reiches erlebt haben. Suphi nahm sich nach seiner Bekehrung zum Sozialisten in Paris vor, eine sozialistische Partei in der Türkei zu gründen. 1912 wurde er, zurück in der Heimat, Chefredakteur der linken Zeitschrift »Warnung« (*Ifham)*«' Neben der Preisung der Ideen des Sozialismus warnte er hier die Jungtürken vor der Teilnahme an einem »kommenden imperialistischen Krieg«. In Istanbul wurde zwischen den Anhängern Deutschlands und der englisch-französischen Allianz ein bitterer politischer Kampf ausgefochten. Beide wollten das Land an der Seite ihrer Freunde in den Krieg ziehen. In diesem Chaos wurde der Ministerpräsident Memduh Sevket Pascha erschossen. Mustafa Suphi wurde 1913 verhaftet und in der Burg in Sinop exiliert – eine bis in die 1970er Jahre hinein verbreitete Strafpraxis für Regimegegner. Anfang 1914 gelang ihm mit einem Boot übers Schwarze Meer die Flucht nach Russland.

Mustafa Suphi war natürlich kein Freund des Zaren, aber es blieb ihm nichts anderes übrig, denn das östliche Schwarze Meer war und blieb auch später im Kalten Krieg einer der besten Fluchtwege ins Ausland. Suphis Ziel war eigentlich Europa, wo er Gleichgesinnte treffen und publizistisch und organisatorisch gegen den Sultan und die Freunde des Kaisers kämpfen konnte. Aber da brach auch schon der Krieg aus. Die Jungtürken trafen ihre fatale Entscheidung und erklärten England, Frankreich und Russland den Krieg. Der türkische Kommunist Mustafa Suphi wurde sofort in Russland verhaftet und als Kriegsgefangener in den Ural geschickt.[225] Hier musste er in Fabriken schuften. Durch die Vermittlung der ebenfalls dort arbeitenden Tataren nahm er Kontakt zu den Bolschewiken auf. Er verschaffte sich Bücher, lernte Russisch und begann, die Standardwerke zu lesen. Geistig schlug er sich an die

---

[225] ebd. S. 28

Seite des »neuen Vaterlandes des Kommunismus«, was ihn in den Augen der rechten Nationalisten in der Türkei zum Verräter machte. Seine erste Propaganda verbreitete Mustafa Suphi unter den türkischen Kriegsgefangenen im Ural; aus den ehemaligen Bauern in osmanischer Uniform bildete er die erste aktenkundig gewordene kommunistische türkische Zelle.

Dann kam die Oktoberrevolution, und die Kriegsgefangenen des Zarenrusslands wurden freigelassen. Im Februar 1918 reiste Mustafa Suphi, der Sozialist aus gutbürgerlichen Kreisen mit dem Sorbonner Diplom nach Moskau. Er war jetzt ein glühender Verteidiger der jungen Sowjetunion. Und er war damit nicht alleine. Am 18. Juli 1918 riefen die türkischen Kommunisten in Moskau einen ersten Kongress zusammen, wählten sich ein Zentralkomitee (ZK) und zum Vorsitzenden niemand anderen als Mustafa Suphi. Sofort brachte er mit tatarischen und baschkirdischen Revolutionären zusammen eine Zeitung heraus: »Neue Welt« *(Yeni Dünya)*, die er im Reisegepäck zurückkehrender türkischer Gefangenen nach Anatolien schickte – die neue Welt brauchte neue Ideen, und diese neue Zeitungen zu ihrer Verbreitung. In Istanbul und am Schwarzen Meer richtete Mustafa Suphi geheime »Postkasten« ein, über die er mit türkischen Kommunisten kommunizierte.

Am 25. Juli 1918 sammelte er den ersten »Kongreß der Türkischen Linken« und im November 1918 den ersten »Kongreß der Muslimischen Kommunisten«. Im März 1919 redete er als Vertreter der türkischen Kommunisten auf dem ersten Kongreß der Dritten Internationale, der Komintern. »Hier in Moskau, auf der großen Versammlung der Dritten Internationale sprechen zu können, die die Zukunft der ganzen Menschheit verändern wird, hier zu stehen und im Namen der unterdrückten türkischen Bauern und Arbeiterklasse zu reden, für Freiheit, Gleichheit und Brüderlichkeit einzutreten, im Namen des Volkes der Türkei zu Euch zu appellieren, das unter dem Joch der imperialistischen Ungeheuern ächzt, ja, das ist die größte Ehre, die mir zuteil werden kann, das größte Glück, das ich je erleben werde«, rief er seinen Zuhörern pathetisch zu.[226]

Jetzt galt es die verschiedenen Zellen und Gruppen unter dem Dach einer einzigen Partei zu sammeln. Diesen großen »Vereinigungskongreß« wollte Mustafa Suphi in Ankara veranstalten. Gerade war ja auch die echte Kommunistische Partei der Türkei, die des Volkes, gegründet worden. Das ZK bat die Atatürksche Regierung in Ankara um Erlaubnis für diese Versammlung und bekam eine Absage. Es blieb den Kommunisten nichts anderes übrig als ihren Gründungskongress ins Ausland zu verlegen. Die sozialistische Regie-

---

[226] ebd. S. 30

rung der Republik Aserbeidschan bot sich dafür an, der neue Versammlungsort hieß Baku.

Am 10. September 1920 begann der erste, legendäre Kongress der TKP in Baku, in den Klubräumen der Roten Armee. Trotz der Illegalität erschienen zahlreiche Delegierte aus dem türkischen Kerngebiet, von angerufenen 15 Organisationen waren 75 Deligierte gekommen, insgesamt waren 121 Kommunisten anwesend. Ein Parteiprogramm und ein Statut wurden beschlossen, ein ZK gewählt. Mustafa Suphi betonte in seiner Eröffnungsrede die Bedeutung der Oktoberrevolution für die türkischen arbeitenden Massen:»Die Sowjetrevolution ist die unerschöpfliche Antriebskraft der Völker des Orients gegen die Imperialisten und Kolonialisten«, rief er unter tosendem Beifall.[227] Grüße schickte man an Lenin und die Komintern. Moskau war und blieb die Zentrale der erwarteten und erhofften Weltrevolution; die Komintern sollte die führende Rolle aller kommunistischen Schwesterparteien weltweit übernehmen und ihre Arbeit, den Arbeiterkampf, koordinieren. Die erste Aufgabe der TKP war es, den Unabhängigkeitskrieg Mustafa Kemals zu unterstützen und dabei die Idee des Kommunismus in Anatolien zu verbreiten.

In den Augen der Republikgründer um Mustafa Kemal in Ankara war das jedoch nichts anderes als eine freiwillige Unterwerfung unter das jetzt sowjetisch geführte Russland. Waren nicht erst vor wenigen Jahren, im Winter 1914, in Sarikamis bei Kars an der östlichen Grenze des Reiches zum Kaukasus, Hunderttausende türkischer Soldaten erfroren, die von Enver auf Befehl des deutschen Generalstabs hin mit Sommerkleidung und armseligem Proviant gegen die Russen ins Feld geschickt worden waren? Hatten die Russen nicht den Armeniern im Osmanischen Reich ihre Unabhängigkeit versprochen und sie gegen den Sultan und die Muslime gehetzt, was zu der schlimmsten Tragödie der Neuzeit auf anatolischem Boden geführt hatte, die der Republikgründer übrigens auch selbst bei verschiedenen Gelegenheiten verurteilt hatte? Der Russe war, wie die Perser, seit Jahrhunderten ein Erzfeind des Osmanischen Reiches. Heute mochten die von Brüderlichkeit sprechenden Bolschewiken an der Macht sein, deren Hilfe man für den Befreiungskrieg gerne annahm, aber was würde morgen passieren? Mustafa Kemal strebte die »volle Unabhängigkeit« seines Landes an. und was er niemals akzeptieren würde, war eine neue, erstarkende sozialistische Bewegung mit Sympathien im Volk und Verbindungen nach Moskau.

Die TKP trat wiederum für den gemeinsamen Kampf ein und lehnte nationalistische Alleingänge ab. Sie kritisierte die der Republikgründung vorange-

---

[227] ebd. S. 31

gangene Vertreibung der Armenier und den Bevölkerungsaustausch, den Atatürk mit dem damaligen griechischen Präsidenten Venizelos vereinbart hatte und im Zuge dessen Millionen von Menschen ihre Heimat verlassen und in das andere Land ziehen mussten, als »Vergehen am Volk«. Auf der anderen Seite wies sie zu Recht darauf hin, dass die türkische Bourgeoisie niemals Bedenken dagegen hatte, mit der im Lande gebliebenen griechischen, armenischen oder kurdischen Oberschicht zusammenzuarbeiten. Die TKP verurteilte auf ihrem ersten Kongress in Baku die »extrem brutale« Behandlung der nationalen Minderheiten durch die vorangegangene Jungtürken-Regierung und sprach davon, dass die »Barbarei unser Volk befleckt« hätte. Die Kommunisten traten für eine umfassende Bodenreform ein und bekämpften gerade die kurdischen Großgrundbesitzer im Osten, die sich mit der Türkischen Republik arrangierten. Im türkischen Parlament saßen auch kurdischstämmige Abgeordnete, die sich in der neuen Definition des »Türken« wohl fühlten. Unter den Kurden gab es aber auch schon damals nationalistische Tendenzen. Anstatt für einen eigenen kurdischen Staat zu kämpfen, sagte die TKP, sollten alle – ungeachtet ihrer Herkunft – gegen die Diktatur des Kapitals kämpfen. »Nur eine demokratische Revolution kann die zwischen den Nationen der Türkei gesäte Feindschaft beseitigen.«[228] Im Schlussappell an die »Arbeitenden der Türkei« waren Forderungen enthalten, die auch in westeuropäischen Ländern auf der Tagesordnung waren, wie gewerkschaftliche Freiheiten, Streikrecht, Tarifverhandlungen oder der Acht-Stunden-Tag. Neben kostenloser Bildung für alle und Bodenreform forderte die TKP auch die Abschaffung der Monarchie und die Gründung der Republik. Zu den Altlasten des untergegangenen Osmanischen Reiches gehörten immense Auslandsschulden, die zum Bankrott des Staates geführt hatten. 1881 war daraufhin von den Gläubigern das Schuldenkonsortium (*Düyun-u Umumiye*) gegründet worden, in dessen Vorstand Vertreter von Unternehmen aus England, Holland, Österreich, Frankreich, Italien und Deutschland saßen. Die Banker von Galata, hauptsächlich nichtmuslimische Geschäftsleute, wurden ebenfalls vertreten. 1884 gründete man in Istanbul die *Tabakregie*, eine Monopolgesellschaft, an der auch Deutschland beteiligt war. Die Einkünfte aus dem Verkauf des Tabaks flossen somit sofort in deutsche oder österreichische Kassen. Die Deutschen hatten eigene bezahlte Wachmannschaften vor den Tabaklagern eingesetzt, um den Schmuggel zu unterbinden. Das System blieb bis 1929 in Kraft; die letzten Auslandsschulden beglich die Türkei im Jahre 1954.

---

[228] ebd. S. 36

Die Kommunisten forderten nicht nur die komplette Streichung aller Staatsschulden, sondern auch die Aufhebung der Handelsprivilegien der westlichen Großmächte, die durch die Einfuhr ihrer Waren in der Türkei der einheimischen Produktion schadeten. Das Eigentum der »Feinde des Befreiungskrieges« sollte konfisziert und unter dem Volk verteilt werden. Renten- und Krankenversicherung für alle, Abschaffung der Kinderarbeit, Mindestlohn und ein faires Arbeitsgesetz waren 1920 weitere Forderungen der Kommunisten, die 80 Jahre später immer noch aktuell sind. Die TKP gab sich auf diesem ersten Kongress auch eine klare Struktur und wählte Mustafa Suphi zu ihrem ersten Vorsitzenden. Ein »Außenbüro« *(Dis Büro)* sollte die Arbeit im Ausland koordinieren. Eine Frauenorganisation sollte sich der besonderen Probleme der Frauen annehmen, ihre Einschulung und Bildung fördern, die Situation der weiblichen Arbeiter verbessern.

In seiner Abschlussrede sagt der erste TKP-Vorsitzende: »Die türkischen Kommunisten, die bis jetzt in separaten Gruppen organisiert waren, gehen aus diesem Kongreß als eine einheitliche Partei heraus und schreiten somit in eine neue Phase ihrer Entwicklung. Die erste Aufgabe der Partei ist: Unsere Ideen unter den Arbeitern und den armen Bauern unseres Landes effizient und schnell zu verbreiten, und die Fähigkeiten der Partei auszubauen. Wir müssen dem Volk sein Schicksal in die eigene Hand geben.«[229] Das Ziel ist eine »Arbeiter- und Bauernrepublik Türkei«.

Am 28. Dezember 1920 kommt Mustafa Suphi nach einiger Korrespondenz mit Ankara von Baku nach Kars. Er will nach Ankara, um mit Mustafa Kemal zu sprechen, denn er will sich am bewaffneten Kampf in Anatolien beteiligen. Aber als er und seine Kameraden von Kars nach Erzurum kommen, werden sie bereits mit Protesten empfangen und nicht in die Stadt hineingelassen. Offenbar ist ein Komplott gegen sie im Gange. Weil sie ihr Leben bedroht sehen, geht Suphi zusammen mit vierzehn Freunden nach Trabzon, um von dort aus über Batum nach Baku zu gelangen. Auf einem Motorboot fahren sie aufs Schwarze Meer hinaus. In der Nacht vom 28. auf den 29. Januar 1921 werden sie auf dem Meer angegriffen, getötet und in die tobenden Wellen geworfen. Ihr Bootsmann heißt Yahya und steht Enver nahe. Die Hintergründe dieses Attentats werden nie erhellt. Mustafa Suphi ist nur 38 Jahre alt, als er ermordet wird.

Die »15« Märtyrer haben zu zahllosen Liedern und Gedichte in der Türkei inspiriert. Die Sympathien der Kommunisten für den Befreiungskrieg Ata-

---

[229] Der Erste Kongreß der Türkischen Kommunistischen Partei / »Türkiye Komünist Firkasi Birinci Kongresi, Türkiye Komünist Firkasi Nesriyati Nesriyati, Baku 1920«, in: Mete Tuncay, »Türkiyede Sol Akimlar I (1908-1925), Belgeler 2«, BDS Yayinlari, Istanbul 1991, S. 313

türks hat dieses Ereignis nicht gemildert, zu den schönsten Gedichtzyklen Nazim Hikmets gehört »Kuvayi Milliye«, ein Epos über den Unabhängigkeitskampf Anatoliens, in dem zahlreiche Charaktere aus dem Volk entworfen und liebevoll ausgemalt worden sind. Die türkischen Kommunisten hegten insgesamt große Sympathien für die Theorien über die »Befreiung der unterdrückten Ostvölker«[230]. Diese erregen heute wieder Aufmerksamkeit, zumal die Angriffe der USA und anderer westlichen Mächte auf Afghanistan, den Irak und andere Länder des Ostens als eine neue Art des Kolonialismus und Imperialismus empfunden und interpretiert werden. Die »Neo-Imperialismus«-Theorien der heutigen Linken stoßen in der Türkei auf einen sehr fruchtbaren Boden, weil die durch militärische und politische Macht unterstrichene wirtschaftliche Dominanz der westlichen Industrieländer und die dadurch entstehenden Abhängigkeiten viele Türken an die Ära vor dem Ersten Weltkrieg erinnern.

Der zweite Kongress der TKP soll am 15. August 1922 in Ankara stattfinden, wird jedoch vom Innenministerium kurzerhand verboten. Auf der illegalen Versammlung, die auf den Weinbergen in der Nähe der designierten Hauptstadt der Republik stattfindet, beschließen die enttäuschten Kommunisten, das Volk über »das eigentliche Gesicht der kemalistischen Bourgeoisie« aufzuklären. Einen Monat später werden die griechischen Armeen endgültig besiegt und wird Anatolien weitgehend von der Besatzung befreit. Anfang 1923 wird die Türkische Kommunistische Partei offiziell verboten, viele Anhänger verhaftet und ins Gefängnis gesteckt.

---

[230] Die bolschewistische Nationalitätenpolitik und die Stalinsche Praxis wurden unter den türkischen Kommunisten stets heiß diskutiert, denn sie waren durch Abstammung mit den unter Repressalien leidenden Turkvölkern verbunden. Der Wolgatatare Sultan Galijew, ein hoher kommunistischer Funktionär, wandte sich nach der Oktoberrevolution in den 1920ern gegen den »neuen russischen Kolonialismus« und versuchte die theoretische Grundlage eines »muslimischen, antikolonialistischen Sozialismus« zu schaffen und eine neue »Internationale der Unterdrücken« zu gründen. Er wurde 1923 aus der Partei ausgeschlossen. Das erregte in der TKP Aufsehen. Heute, nach 80 Jahren entdeckten linksnationale Intellektuelle wie Atilla Ilhan Sultan Galijew und seine Theorien über die Befreiung der Ostvölker. Für eine Kurzfassung der damaligen Diskussion siehe: Alexander Bahar, »Historische Zäsur, Die Bolschewiki und die nationale Frage, Teil I und II, 11.-12.Juli 2005, Junge Welt. In Türkisch ist empfehlenswert: Halit Kakinc, »Destanci Kuramci Sultan Galiyev« (Sultan Galiyew als Epiker und Theoretiker), Bulut Yayinlari, Istanbul 2004

»Ja, in der Tat bin ich Kommunist, ein kommunistischer Dichter«

Unser Poet, Nazim Hikmet, bewegt sich derweil auch wie alle seiner Genossen im Untergrund. Ende Juni 1925 ist er wieder, nach einem knapp sieben Monate langen Aufenthalt in seiner geliebten Heimat, in Moskau angekommen. Das Sondergericht in Ankara hatte ihn und einige wenige zu fünfzehn Jahren Zuchthaus verurteilt; die Kader der ersten Stunde mussten, sofern sie nicht fliehen konnten, mindestens sieben Jahre absitzen.

Die Partei versuchte sich zu retten. Um die Jahreswende 1924/25 wurde Sefik Hüsnü zum Generalsekretär gewählt. Bis 1929 dauerte die Haftwelle in der Türkei an, die Kommunisten flohen ins Ausland, vornehmlich in die Sowjetunion. In diesem Jahr kam es aber auch zu einer großen Spaltung zwischen den Linken in der Partei, die eine Kooperation mit den Kemalisten ablehnten, und den Unterstützern der kemalistischen Reformen. Nazim Hikmet und andere wurden als »Trotzkisten« beschuldigt und aus der TKP ausgeschlossen. Aber die Opposition hat diese Beschlüsse niemals akzeptiert und führte den Namen der TKP weiter.

Die Verhaftung von Kommunisten wurden in der jungen Türkei bald zur Regel. In den ganzen 1930ern folgte eine Welle auf die andere. Nazim Hikmet und seine Genossen waren bis in die 1930er Jahre ohnehin mehrere Male verhaftet und vor Gericht gestellt worden, mal verurteilt, mal freigesprochen.

Jetzt ist der Dichter in seiner Heimat ein berühmter Mann und fasziniert vor allem die Großstadtjugend. Seine Gedichte sind nach unseren heutigen Maßstäben Bestseller; zwei Werke, die er 1930 bei Columbia aufnimmt, werden überall in Kaffeehäusern, Vereinslokalen und Wohnungen vorgespielt. Die Zivilpolizei ist auf der Hut und »begleitet« den berühmten Kommunisten, den das Volk nicht zuletzt wegen seines aufrichtigen Patriotismus liebt, auf Schritt und Tritt. Im Mai 1931 erscheint Nazim Hikmet in Istanbul im Gerichtssaal. Der Staatsanwalt behauptet, dass er mit seinen Werken »die Diktatur einer Gesellschaftsschicht auf der anderen« anstrebe, was laut der Verfassung streng untersagt ist. Der Dichter trägt einen schicken dunklen Anzug, eine gestreifte Krawatte und hält einen Hut in der Hand. Der kleine Gerichtsraum ist besetzt mit jungen Dichtern und westlich gekleideten Damen. Während seiner Vernehmung sagt er: »Unter den fünf bis sechs Anklagepunkten wird erwähnt, dass ich mich mit der Verkündung meiner kommunistischen Identität strafbar machte. Ja, in der Tat bin ich Kommunist, ein kommunistischer Dichter, und mein Ziel ist es, ein noch besserer Kommunist zu werden.« Er müsse deshalb nicht in der Türkei, wo die Massen unter der

Armut ächzten, angeklagt werden, sondern in den westlichen imperialistischen Ländern. Wenn es strafbar sei, die Statistiken über die Armut zu zitieren, sollten die Herren Richter doch die Wirtschaftswissenschaften verbieten. Auf keinen Fall strebe er eine Diktatur an, sondern die richtige, wahrhaftige Volksdemokratie. Die flammende Rede hat zur Folge, dass der Staatsanwalt sein Plädoyer zurückzieht und seinen Freispruch fordert.

Aber der Dichter kann sich vor weiteren Anklagen kaum retten. Mal werden seine Bücher beschlagnahmt, mal die Aufführung seiner Theaterstücke verboten, und immer öfter wird er wegen Regimegegnerschaft vor Gericht gestellt. Ein Verfahren, das 1933 in der Seidenraupenstadt Bursa südlich von Istanbul beginnt, endet mit einer fünfjährigen Freiheitsstrafe. Nazim Hikmet sitzt aufgrund einer Amnestie »nur« eineinhalb Jahre im Gefängnis und heiratet 1935 in Istanbul seine Geliebte Piraye, für die er seine schönsten Gedichte verfasste. Das ist seine dritte und ihre zweite Ehe. Jetzt muss der Poet nicht nur für sich selbst und seine Frau, sondern auch für die beiden Kinder aus ihrer ersten Ehe sorgen. Er schreibt weiterhin Gedichte, schreibt Theaterstücke, macht Übersetzungen über den deutschen Faschismus. Vor dem Zweiten Weltkrieg, Ende der 1930er, steigt die Spannung im Land. Während die Alliierten die Türkei unter der Führung Ismet Inönüs, des »zweiten Mannes« nach Mustafa Kemal Atatürk, an ihrer Seite in den Krieg hineinziehen wollen, versucht Hitlers Botschafter in Ankara, Franz von Papen den einstigen Verbündeten Deutschlands zumindest neutral zu halten.

1935 kam aber der eigentliche Schlag von ganz unerwarteter Seite: von der Sowjetunion. Die UdSSR wollte sich angesichts des kommenden Krieges mit der Türkei gut stellen und die Kommunisten im Zügel halten. Die »Komintern« beschloß auf ihrer 7. Sitzung im Jahre 1935 die berühmte »Einheitsfront gegen den Faschismus«. Für die TKP bedeutete das, dass sie von der Komintern abgestoßen und auf sich gestellt wurde; das heißt, Moskau stand nicht mehr dahinter und »bat« seine Kader in der Türkei stillzuhalten und nicht gegen die Regierung in Ankara zu arbeiten. Dieser Beschluss der »Dezentralisation« (*desantralizasyon*) oder im Türkischen kurz als »*Separat*« bezeichnet, sollte die türkische Regierung in die antifaschistische Front unter der Leitung der Sowjetunion ziehen. Wie in ihrem Programm angekündigt, sollte die TKP nicht mehr »unversöhnlich gegen die Republikanische Volkspartei« Atatürks arbeiten. Die Linie des Ministerpräsidenten Ismet Inönü, die nationale Unabhängig zu wahren und die Reformen fortzusetzen, sollte vielmehr unterstützt werden. Die illegalen Arbeiter- und Jugendverbände der TKP wurden aufgefordert, sich aufzulösen und in die legalen Gewerkschaften und Jugendorganisationen einzutreten.

Da passiert etwas, was dem Leben des Dichters Nazim Hikmet eine Wende gibt. Kurz nach einem erneuten Freispruch wird er erst auf der Straße, dann zu Hause von einem jungen Studenten der Kriegsakademie aufgehalten und besucht, der ihm eine Reihe politischer Fragen stellt. Der Dichter geht zwar nicht aus der Deckung, wird aber trotzdem angeklagt – diesmal von einem Militärgericht wegen »Anstachelung von Militärpersonen zum Aufstand gegen ihre Vorgesetzten«. Die gut vorbereitete Provokation endet im März 1938 mit einem harten Urteil, das kurz darauf in der Revision bestätigt wird: 15 Jahre schwere Zuchthausstrafe für den Dichter, der nie eine Waffe in die Hand gehalten hat und nie einen Hehl daraus machte, dass er Kommunist war. Die Sowjetunion bereitet sich auf den kommenden großen Krieg vor, und die türkischen Politiker fürchten nichts so sehr wie eine russische Invasion. Im August 1938 folgt ein zweites Verfahren, diesmal vor einem Militärgericht der Marine. Dieses Mal lautet das Urteil 20 Jahre. Beide Rechtssprüche werden zusammengelegt und die Strafe von 35 auf 28 Jahre »reduziert«. Nazim Hikmet bleibt ab dem 1. September 1938 in Istanbul und anderen anatolischen Gefängnissen insgesamt zwölf Jahre ununterbrochen gefangen. Hier schreibt er seine schönsten Gedichte; er lernt arme, getretene Menschen kennen, über deren Schicksal er in seinen Versen berichtet. Sein berühmtestes Epos »Die Menschenlandschaften« werden hier geboren. Er stellt mehrere Anträge auf Begnadigung oder die Berichtigung dieses schweren Justizfehlers, ohne Erfolg.

Schließlich bildet der aus Saloniki stammende berühmte jüdische Konvertit Ahmet Emin Yalman durch beharrliche Berichterstattung in seiner Tageszeitung »Vatan« (*Heimat*) eine Öffentlichkeit zugunsten des Dichters. Intellektuelle und Künstler sammeln im In- und Ausland Unterschriften für seine Freilassung; der Internationale Juristenverband schickt 1950 Briefe an den türkischen Staatspräsidenten und Regierungsmitglieder. Als der Dichter die Vergeblichkeit dieser Mühe erkennt, tritt er im April 1950 in den Hungerstreik. Er leidet derweil an Angina Pectoris und hat eine schwache Leber. Alles was er zu sich nimmt, sind fünf Gläser Wasser und die vielen Zigaretten, die er raucht. Am zwölften Tag hat er bereits acht Kilo abgenommen und wird ins Krankenhaus eingeliefert. Es treffen ungezählte Telegramme und Briefe ein. Tausende von Menschen bitten ihn, seinen Hungerstreik zumindest bis zu den Wahlen Mitte Mai 1950 zu unterbrechen, was er denn auch macht. Am 15. Juli erfährt er im Krankenhaus, dass die frisch gewählte Regierung der Demokratischen Partei ihn begnadigt hat. Aber auch nach seiner Entlassung findet er keine Ruhe: Vor seinem Haus steht stets ein Militärjeep, er findet keinen Verlag für seine Gedichte. Seine früheren Verleger haben

Angst, seine Bücher neu aufzulegen. Eines Tages bekommt er einen Brief von der Armee. Er hätte seinen Wehrdienst noch nicht abgeleistet, heißt es darin, deshalb solle er zum nächsten Rekrutierungsoffice gehen. Nazim Hikmet geht hin und legt sein Attest vor, mit dem er aus dem Militärdiest entlassen worden war; bei der trotzdem stattfindenden gesundheitlichen Untersuchung flüstert ihm der Arzt ins Ohr, dass die ganze Sache doch »zum Himmel stinke« und bestimmt nicht gut enden würde. Am 17. Juni 1951 verlässt er sein Haus und gibt vor, wegen der Wehrdienstangelegenheit nach Ankara zu fahren. Statt dessen besteigt er ein Motorboot, das von einem Verwandten gefahren wird und fährt durch den Bosporus ins Schwarze Meer. Sein Ziel ist eigentlich die Küste Bulgariens, aber unterwegs treffen die zwei Männer auf ein rumänisches Schiff. Nazim Hikmet springt kurzerhand ins Wasser und schwimmt zu dem Schiff rüber, das ihn als politischen Flüchtling aus dem kapitalistischen Westen gerne aufnimmt. Von Rumänien aus fährt er sofort nach Moskau. Als dies bekannt wird, beschließt der Ministerrat auf seiner Sitzung vom 25. Juli 1951 seine Ausbürgerung.

Im sozialistischen Ausland unternimmt Nazim Hikmet viele Reisen und nimmt an zahlreichen Kongressen teil. Seine Werke werden in verschiedene Sprachen übersetzt. Aber es dauert nicht allzu lange, bis der Dichter erkennt, dass die in seiner Jugend so enthusiastisch gefeierte Sowjetunion nicht mehr existiert. Die Literaturzeitschriften erwähnen den Namen Majakowskis nicht mehr, Meyerhold und Tairov sind abwesend, seine Freunde von damals wie vom Erdboden verschluckt.[231] Seine Gedichte werden falsch übersetzt. In der neuen sowjetischen Literatur finden sich Lobpreisungen Stalins, in seinen Augen völlig überflüssig und albern. Er erzählt seiner Umgebung offen von seinem Befremden und bekommt eine indirekte Rüge erteilt.. Das Politbüro will den weltberühmten und in der Türkei so beliebten Dichter nicht verprellen. Im Sommer 1951 nimmt Nazim Hikmet am Weltjugendfest in Ostberlin teil. Im Herbst reist er nach Bulgarien, trifft dort die Genossen von »Radio Sofia« und besucht die Dörfer der türkischen Minderheit. Man lässt ihn zu Propagandazwecken zu Türkstämmigen in den Ländern des Ostblocks sprechen. Im Dezember 1951 ist er auf dem Weltfriedenskongress in Wien; er lernt Luis Aragon kennen und trifft den chinesischen Revolutionären Emi Siao, mit dem er als junger Student in Moskau zusammen war. In Prag nimmt er den Internationalen Friedenspreis entgegen. 1952 ist er wieder in Berlin, um einer Konferenz gegen den Korea-Krieg beizuwohnen – die Türkei sollte auch einige Einheiten nach Korea schicken, damit sie an der Seite der Ame-

---

[231] http://www.nazimhikmetran.com

rikaner gegen die Kommunisten kämpften. Ankaras Belohnung dafür sollte der Eintritt in die NATO sein. Im Dezember des Jahres 1952 ist er in Wien wieder auf einer Friedenskonferenz, diesmal zusammen mit Jean-Paul Sartre, Pablo Neruda, Diego Rivera und Arnold Zweig. Er wird in den Vorstand des Weltfriedensrates gewählt. Da er polnische Vorfahren hatte, bekommt er einen polnischen Pass, denn er ist heimatlos. Das Dokument lautet jetzt auf den Nachnamen seines Urgroßvaters, der übrigens auch vor einem der zahlreichen polnisch-russischen Kriege in die Türkei geflüchtet war, indem er von einem Schiff in den Bosporus sprang: »Nazim Hikmet Borzenski« hatte seine Heimat auf dem selben Wege verlassen.

Von Helsinki nach Hiroshima, von Wien nach Warschau war Nazim Hikmet war in diesen Jahren viel gereist, hatte auf zahlreichen Podien gesessen, Gedichte vorgetrageb, war unermüdlich für den Frieden ein getreten. Die vom Westen als »Propaganda« verworfene Idee des Friedens gefiel ihm. Seine Friedensgedichte wurden von bekannten Protestsängern wie Pete Seeger vertont. Aber der Dichter war auch nicht so naiv, den Personenkult in der Sowjetunion, die Pervertierung des »Arbeiter- und Bauernstaats« zu übersehen. Er schwieg wie alle anderen aus Angst, hatte aber auch Freunde, mit denen er seine Kritik teilen konnte. 1951 soll er Ilja Ehrenburg gesagt haben: »Ich habe großen Respekt vor dem Genossen Stalin, aber ich kann es nicht ertragen, Gedichte zu lesen, die ihn mit der Sonne vergleichen; das ist nicht nur schlechte Dichtung, sondern auch ein schlechtes Gefühl.« Die TKP-Kadern, unter denen sich Nazim Hikmet bewegte, mochten ihn einerseits sehr und waren stolz darauf, ihn in den Reihen der Partei zu haben, andererseits hielten manche nicht viel von ihm als Kommunisten, da sie einen Kommunisten als viel härter, gefühlloser und konformistischer definierten. Nazim Hikmet wurde einige Male von Moskau gewarnt. Freunde befürchteten, dass er mit Chemikalien, die seinem Essen beigemischt würden oder durch einen fingierten Unfall getötet werden könnte.

Als Stalin am 5. März 1953 starb, wird auch er angehalten, ein Gedicht für den Georgier zu schreiben. Auch hier weigert er sich, Stalin zu vergöttern. Als 1956 auf dem XX. Kongreß der KP der UdSSR Chruschtschow die Stalinsche Verfolgung publik machte, schreibt er sein Gedicht »Der Zwanzigste Kongreß« und feiert darin die »Rückkehr Lenins«. Nach einer schweren Lungenentzündung beginnt er 1957 im Namen des Schriftstellerverbands der Sowjetunion Reisen zu den »Ostvölkern« der UdSSR zu unternehmen. In Aserbeidschan, Turkmenien, Usbekistan oder Kasachstan gewinnt er wahre Freunde, die ihm etwas anderes über Moskau erzählten, als er in westlichen Teilen der UdSSR zu hören gewohnt war. Hier beklagen sich viele über den

»Rassismus« der Russen und darüber, dass sie diese Regionen ausbeuteten und nicht auf die Stimme der wahren Besitzer des Öls oder Erdgas hörten. Hätte einer diese »Ostvölkern« vor fünfzig Jahren erzählt, dass die UdSSR eines Tages zusammenbrechen, die Russen ihre Länder freigeben, aber statt dessen die westlichen Konzerne mit Hilfe bewaffneter Truppen des Westens einziehen würden, um ihre Ressourcen für sich gewinnbringend zu vermarkten – sie hätten es nicht geglaubt und auch nicht, dass anachronistische, korrupte Politiker eines Tages die besten Freunde der »Demokraten« im Westen werden würden, weil sie ihre Wünsche erfüllten.

Der von ausgedehnten Reisen in den Osten noch skeptisch gewordene zurückgekehrende Nazim Hikmet verfasst ein Theaterstück namens »Hat Iwan Iwanowitsch tatsächlich existiert?« und übt darin harte Kritik an der Stalinzeit. Das Spiel wird am 11. Mai 1957 in Moskau uraufgeführt und sofort verboten. Das deprimiert den Dichter sehr und lässt ihn sogar mit dem Gedanken an Selbstmord spielen. Sein Stück wird aber etwas später in Riga, Prag, Sofia aufgeführt. Er kann frei verreisen und fährt 1958 nach Paris, wo er türkische Dissidenten und Künstler trifft. Im Juni desselben Jahres geht er nach Leipzig.

Bis er am 3. Juni 1963 an einem Herzinfarkt starb, verbrachte Nazim Hikmet seine Zeit mit verschiedenen Frauen, in die er sich jedes Mal wie zum »ersten Mal« verliebte, in Europa, Asien und auf Kuba. Er wurde von der Sowjetunion eingebürgert und bezeichnete sich bis zum Schluss als einen türkischen Dichter. Seine Werke machen der Türkei bis heute Ehre. Aber jeder Versuch, den »Landesverräter Nazim Hikmet« wieder einbürgern zu lassen und seine sterblichen Überreste von Moskau in seine Heimatstadt Istanbul zu bringen, ist bisher an der Reaktion der extremen »Nationalisten« gescheitert.

»Tage, die nie wieder kehren« oder: Befreiung durch die TKP

Zwei Jahre vor Kriegsende, 1943, als sich die Niederlage Hitlerdeutschlands ankündigt, beginnt sich die TKP neu zu orientieren. Der Übergang zum Mehrparteiensystem in der Türkei bringt gemäß der Spaltung der türkischen Kommunisten zwei legale linke Parteien zustande: Die Sozialistische Partei (*Türkiye Sosyalist Partisi,* TSP) und die von Sefik Hüsnü gegründete Sozialistische Arbeiter- und Bauernpartei (*Türkiye Sosyalist Emekci ve Köylü Partisi,* TSEKP), die aus TKP-Kadern besteht. Beide Parteien werden jedoch im

Dezember 1946 verboten, die Führungsriege ins Gefängnis gesteckt. Aufgrund der Amnestie 1950 nach der Machtübernahme der Demokratischen Partei kommen die Kommunisten zwar frei, aber die größte Verhaftungswelle der Geschichte folgt nur ein Jahr später. Bei der berüchtigten »*Komünist Tevkifati*« von 1951 und 1952 werden 184 führende Köpfe der linken Parteien verhaftet und zu hohen Gefängnisstrafen verurteilt. Man befindet sich auf dem Höhepunkt des Kalten Krieges, die Türkei wird zunehmend von den USA abhängig und zum Grenzposten des Kapitalismus. Der kleinste Verdacht auf »kommunistische Ansichten« führt zu mehrjährigen Haftstrafen. Völlig Unbescholtene werden aufgrund des Verdachts abgeführt, dass sie einem vorbeifahrenden Sowjetschiff im Bosporus zugewunken hätten. Der türkische Hexenkessel lässt auch für den Geschmack des Senatoren McCarthy in Washington nichts zu wünschen übrig. »Die Kommunisten sind gottlos und wollen sogar Eure Frauen zum Allgemeingut machen«, lautet die gängige Propaganda der Rechten und Konservativen in Anatolien, die den Islam zur Waffe gegen die »ungläubigen Roten« machen. Überall im Land werden Moscheen gebaut, der eigentlich liberal gesinnte Ministerpräsident Adnan Menderes wird zum Helden erklärt. Dass er ein westlich geprägtes Leben führt, tut nichts zur Sache. Hauptsache, er lockert die streng laizistischen Gesetze und erlaubt den Religiösen, aus ihrer Deckung zu kommen. Das Land atmet aber auch tatsächlich etwas auf, denn der rigorose Laizismus der Republikgründer hatte jedes Zeichen des Glaubens aus dem öffentlichen Leben verbannt. Viele Probleme, die die Türkei ab den 1980er Jahren haben wird und die auch in westeuropäischen Einwanderungsgesellschaften für hitzige Debatten sorgen, werden in den 1950ern geboren. Dazu gehört auch die Binnenmigration: Unzufriedene Bauernsöhne, Handwerker und Gesellen wandern vom Land in die Städte, und bald von dort aus nach Europa, Amerika und Australien. Die zweite große türkische Völkerwanderung beginnt.

TKP-Chef Zeki Bastimar stirbt 1973 und wird durch Ismail Bilen ersetzt. Für die Partei beginnt eine neue Organisationsphase. Das Politbüro-Mitglied Aram Pehlivanyan reist in Begleitung von zwei TKPlern in der Bundesrepublik von Stadt zu Stadt, um das neue Zentralkomitée zu bestimmen. Der bereits im letzten Kapitel zu Wort gekommene Metin Gür gehört zu den Neuen. »Wie vor 40 Jahren sollten Mitglieder überall in kleinen Zellen bis zu drei Mann zusammengeschlossen werden.« Die Illegalität befiehlt eine zentralistische, hierarchische Struktur. 1976 hat die TKP in der Bundesrepublik mehr Mitglieder als in der Türkei: ganze 216 im Vergleich zu 200![232]

---

[232] ebd. S. 106

Die linke, kommunistische Organisation bringt vor allem ihren weiblichen Mitgliedern eine prompte Befreiung. Eine TKPlerin erzählt[233] Anfang der 2000er Jahre Metin Gür, dass sie mit 16 Jahren nach Deutschland kam. Wie viele Andere ließ sie ihr Alter durch Gerichtsbeschluss um vier Jahre erhöhen, um sich als eine Zwanzigjährige auszugeben. Ihre kommunistische Zeit erscheint ihr heute wie ein Märchen, als »Tage, die leider nie wiederkehren«: »Bevor ich der Partei beitrat, war ich einfache Mutter und Arbeiterin. Oft überkam mich eine große innere Leere. Als ich Parteimitglied wurde, ging es mir merklich besser, denn ich fühlte mich jetzt auch zu Hause stark. Eine gewisse Gleichstellung trat ein. Ich reiste alleine zu 15tägigen Gewerkschaftsseminaren. Wenn ich nicht in der Partei gewesen wäre, hätte mir das mein Mann niemals erlaubt.«

Und weiter: »TKPler waren Menschen auf einer höheren Stufe. Ich war ein Mädchen vom Lande. Ich wollte lernen, das war mir sehr wichtig. Ich ging jedes Jahr zu den ›Unsere Zeit‹-Veranstaltungen der Deutschen Kommunistischen Partei in Dortmund oder Duisburg. Bei diesen Anlässen besuchte ich das aus der Sowjetunion kommende Ballett.« Das bildete und erweiterte den Horizont der türkischen Fabrikarbeiterin, obwohl sie nicht in der Osttürkei, sondern mitten in Westeuropa lebte, wo es vor Theatern, Ballett und Konzerten nur so wimmelte. Aber sie lebte in einer anderen Welt. Diese bestand aus Arbeit und Zuhause.

Die bundesrepublikanische Gesellschaft war wie hinter einer unsichtbaren Mauer verborgen, die Türken hatten keinen Zugriff auf sie. Statt dessen öffneten ihnen Andere aus dem Osten, jenseits der sichtbaren Betonmauer die Augen, machten sie mit Literatur, Theater, Musik bekannt. Die TKPlerin Sümeyra, eine Sängerin mit einer wunderbar klaren, hellen Stimme, bildete ab dem Ende der 1970er in Westberlin den ersten, ernsthaften türkischen Arbeiterchor aus, der über zehn Jahre lang in westeuropäischen Städten auf Tournee ging. Junge TKPler gründeten Theatergruppen, deren Niveau über das eines Agitprop-Theaters aus der Fabrik hinausging. Die Arbeiter fühlten sich der Kulturwelt des sozialistischen Ostens näher als der des Westens, zu der sie keinen Zugang hatten, und die sie als bürgerlich verwarfen. Statt dessen interessierten sie sich für das, was heute als »Weltmusik« oder »Alternativtheater« bezeichnet wird.

Wer der TKP beitrat, erfuhr eine sichtbare Veränderung, was sein Bildungs- und Kulturniveau anging. Die Autorin selbst wunderte sich viel später, nach dem Mauerfall in Berlin über ihre Haushaltshilfe aus dem Osten.

---

[233] ebd. S. 109

Die DDRlerin war eine Proletarierin wie aus dem Bilderbuch, hatte lange Arbeitsjahre in den dreckigsten Fabriken ihrer Heimat inklusive Bitterfeld verbracht. Daneben hatte sie aber Steinbeck und Zola, Aimatow und Dostojewski gelesen.

Die türkische Kommunistin war in einer Montagefabrik beschäftigt, in der 60 Prozent der Belegschaft aus Türken bestand, wobei Frauen in der Mehrheit ausmachten – bei Feinarbeit sind die zierlichen Hände der Türkinnen gefragt. Sie war die einzige TKPlerin im Betrieb, außerdem gab es je ein Mitglied der portugiesischen und griechischen kommunistischen Parteien. Die Arbeiter hatten Angst vor politischem Engagement. Einmal gab man ihr fünfzehn Exemplare der Parteizeitung zum Verkaufen. Darin kamen vielfach die Begriffe Kommunismus, Sowjetunion etc. vor. Es gelang ihr mit größter Mühe, zwei, drei Stück loszuwerden, den Rest bezahlte sie aus der eigenen Tasche, um nicht wie eine Versagerin dazustehen. Die Arbeiter reichten die Zeitung wie eine heiße Kartoffel sofort an den Arbeitgeber weiter. Diese Frau ließ sich aber nicht einschüchtern. Alles was sie wollte war, dass die Arbeiter ihre Rechte wahrnahmen, sich wehrten. Aber diese waren passiv und ängstlich. Die Angst galt dem Arbeitgeber, der ihnen die Tür zeigen könnte. Auch das geschah vor wenigen Jahrzehnten mitten in Westeuropa: »Zum Beispiel hatte jeder Arbeiter alle drei Monate ein Anrecht auf neue Schuhe. Meine Kollegen hatten aber nicht einmal den Mut, danach zu fragen. Und niemand erinnerte sie an dieses Recht. Wie konnte ich ihnen die Parteizeitung in die Hand drücken?« Dabei hätten sie diese offenbar dringend gebraucht.

Ein anderer, Ex-Fordarbeiter aus Köln erzählt Metin Gür, wie er lange Zeit mit der TKP sympathisierte und schließlich im Jahre 1978 Mitglied wurde. Er hat dieselbe »Entwicklung« durchgemacht wie viele ehemals politisch Aktive: »Heute würde ich nicht mehr Parteimitglied werden. Um Objektivität zu bewahren, sollte man besser unorganisiert bleiben.« Auch dieser Türke erzählt von den damals »warmherzigen und solidarischen« zwischenmenschlichen Beziehungen in den Parteikreisen, davon, aß man seine Kinder Suphi, Nazim oder Bilen nannte. »Wir fühlten uns täglich unserem Ziel näher. Wir glaubten daran, daß die Partei in der Türkei eine Revolution vollbringt. Das war ein schönes Gefühl, aber leider eine Illusion.«[234]

Der Ex-TKPler mit dem Pseudonym Caloglu, der Sohn eines Kommunisten in der Türkei, kam mit 26 Jahren sozusagen als »geborener Kommunist« nach Berlin und erzählte Metin Gür die Rolle Westberlins für die linke Bewegung der türkischen Arbeiter in Deutschland: »Als Westberliner waren wir

---

[234] ebd. S. 112

das Schaufenster des Westens. Die Parteipolitik wurde hier diskutiert und beschlossen. Das brachte in unsere Parteiorganisation eine ungeheure Dynamik hinein. Berlin war für uns eine besetzte Stadt. Die menschliche Zusammensetzung der Partei in Berlin war sehr harmonisch. Die richtigen Menschen waren am richtigen Platz zusammengekommen. Die Anführer gehörten der Elite der Türken an, sie beherrschten mehrere Fremdsprachen, und konnten ausländische Publikationen lesen. Ihre Reden, ihre Schriften waren dementsprechend gehoben. Wir waren der Quelle hier sehr nahe. Durch eine Reise in die DDR konnten wir alles aus erster Hand bekommen.«[235] Die Mauer war aber zugleich die Grenze der Kritik und Selbstkritik: Die Anbindung an die UdSSR setzte auch der Türkischen Kommunistischen Partei Grenzen. Im linken Spektrum bekämpften die TKPler die türkischen Maoisten, und im Rechten die Grauen Wölfe und die islamischen Fundamentalisten, die langsam aber sicher ihr Terrain erweiterten

Die Panzer rollen: Die Militärjunta von 1980

Vor dem Militärputsch am 12. September 1980 ging es in der Türkei buchstäblich drunter und drüber. Der Schauplatz der Kalten Krieges hatte sich in ein Schlachtfeld verwandelt. Universitäten, Städte und Stadtviertel waren nach ihrer politischen Couleur in links und rechts gespalten. Innerhalb einer Universität, die nur von linken Gruppen beherrscht wurde und in die man keinen rechten hineinließ, bekämpften sich die linken Gruppierungen gegenseitig. Auf der einen Seite waren die moskautreuen TKPler, die seit jeher einer gehobeneren Klasse angehörten und elitär auftraten, auf der anderen Seite waren die viel proletarischer daherkommenden Maoisten. Die elitärste Gruppe bildeten die Trotzkisten, die meist nur aus einer Handvoll Intellektuellen bestanden und die mit runden Trotzki-Brillen hochtheoretisch von der kontinuierlichen Revolution erzählten. Die Anhänger des Enver Hodscha in Albanien waren wie die Maoisten der Meinung, dass die Revolution von den Dörfern in die Städte getragen werden müsse. Die »mittigen« Gruppen wie Dev-Yol legten großen Wert auf Selbstverwaltungsversuche, wie sie in der Kleinstadt Fatsa am Schwarzen Meer ausprobiert wurden. Keiner war bereit, mit dem anderen zusammenzuarbeiten, nicht einmal der offensichtlich nahende

---

[235] ebd. S. 114

Militärputsch konnte etwas daran ändern. Die heillose Zersplitterung der linken Szene fand erst durch die anrollenden Panzer ein jähes Ende.

Am Morgen des 12. September wurde die Türkei durch Marschmusik und eine Annonce im Radio geweckt. Es existierte ohnehin nur der staatliche Rundfunk TRT. Es war Freitag. Exakt um 03.59 Uhr begann die Sendung des TRT mit der Nationalhymne. So weit war alles normal. Aber gleich darauf spielte die Anstalt den Marsch der Kriegsakademien. Im Anschluss verlas eine tiefe, männliche Stimme die erste offizielle Verlautbarung des Nationalen Sicherheitsrats, gezeichnet von dem Generalstabschef Kenan Evren, die mit den Worten »Werte Türkische Nation« begann und so weiterging:

»Die Existenz, das Regime und die Unabhängigkeit des Staates der Türkischen Republik, die uns der große Atatürk in die Hände legte, und der mit seinem Territorium und seiner Bevölkerung ein unteilbares Ganzes darstellt, wird seit einigen Jahren, wie Sie auch selbst verfolgen konnten, durch seine inneren und äußeren Feinde geistig und physisch auf eine niederträchtige Art und Weise angegriffen.« Die Politik hätte sich nicht in der Lage gezeigt, diese Angriffe abzuwehren. Die »zerstörerischen und separatistischen Zentren« hätten daraufhin erst recht Mut gefasst und ihre Aktivitäten intensiviert. Damit sei, und das war zweifellos richtig, das Eigentum und das Leben des Bürgers nicht mehr sicher. So hätten die Streitkräfte gemäß ihres Statuts, der ihnen jenseits der Verfassung die Aufgabe gibt, die türkische Republik zu beschützen, »in hierarchischer Ordnung und auf Befehl die Regierungsgewalt vollkommen in die Hand genommen«. Das Ziel sei es, »die nationale Einheit wieder herzustellen, einen möglichen Bürgerkrieg zu verhindern, die staatliche Autorität zu rekonstruieren und die Hindernisse vor einem reibungslosen Funktionieren der Demokratie zu beseitigen«. Die Folge:

»Das Parlament und die Regierung sind aufgelöst. Die Immunität der Parlamentsmitglieder ist aufgehoben. Überall im Land gilt ab jetzt der Ausnahmezustand. Ausreisen ins Ausland sind untersagt. Um die Sicherheit für das Eigentum und das Leben unserer Bürger schnellstens wiederherzustellen, wird ab 5 Uhr bis zu einem weiteren Befehl Ausgangssperre verhängt. Die umfassende Erklärung über diese Schutzaktion wird heute um 13 Uhr in den Hauptnachrichten der Türkischen Rundfunk- und Fernsehanstalt von mir selbst verlesen. Ich erwarte von unseren Bürgern, dass sie in Ruhe vor ihren Radios und Fernsehern sitzen, die Erklärungen verfolgen, diese genauestens beachten und den türkischen Streitkräften vertrauen, die aus ihrem Schoß geboren sind.«[236]

---

[236] Auf Türkisch liest sich der letzte Absatz so: »Bu kollama ve koruma harekatı hakkında teferruatlı açıklama bugün saat 13.00'deki Türkiye Radyoları ve Televizyonun haber bülten-

Eine Schockwelle ging durch das Land. Die Straßen waren wie leergefegt, niemand wusste, was er jetzt tun sollte. Die Studenten von 1980 hatten den letzten Putsch von 1971 nur noch sehr vage in Erinnerung. Die Panzer, die sich an den Hauptknotenpunkten Istanbuls und anderer Städte positioniert hatten, die Militärjeeps an jeder Straßenecke, die vorbeifahrenden und überfüllten Gefangenentransporte waren aber sehr real. Die olivfarbene Farbe des Krieges herrschte nun über dem Land, um einen drohenden Bürgerkrieg zu verhindern – die Linke musste bitter feststellen, dass sie schon vor dem Putsch besiegt worden war und die türkische Gesellschaft mehrheitlich den Generälen zujubelte. Die von General Evren vorbereitete neue Verfassung wurde 1982 dem Referendum freigegeben und mit überwältigender Mehrheit der Stimmen angenommen. Auch wenn zwei Jahre Militärherrschaft und die offiziellen Ja-Kampagnen im Vorfeld de Nein-Sager eingeschüchtert hatten; auch wenn die Umschläge in den Urnen fast durchsichtig waren und den Wahlleitern aufgetragen worden war, jeden Nein-Sager anzuzeigen, wurde die stark restriktive Verfassung von den Türken begrüßt. Denn »endlich«, sagten viele, »können wir wieder vor unserem Fenster stehen, ohne Angst erschossen zu werden«. Der Ausnahmezustand blieb in manchen Regionen bis 1987 bestehen, zuletzt wurde er in der Kurdenregion um Diyarbakir aufgehoben.

Die Ausgangssperre, die lange anhielt, diente der Verhaftung der Abertausenden, deren Namen auf den Listen des Militärs standen. Jeder, der auf irgendeine Weise mit linken Gruppen in Kontakt gekommen war, zitterte davor, verhaftet zu werden. Viele schliefen nicht und saßen wochenlang jede Nacht an ihrem Fenster und warteten darauf, abgeholt zu werden. An jeder Straßenecke stand ein Jeep mit Soldaten, die ihre Gewehre schussbereit hatten. Wer verdächtig wirkte und losrannte, riskierte sein Leben. Nur Ärzte und Bäckereien arbeiteten mit Sondererlaubnis der Militärverwaltung. Wer Bücher oder Flugblätter zu Hause hatte, versuchte diese notdürftig zu verstecken. Die gängigste Methode war, sie im Dunkeln unbemerkt im Garten zu begraben. Manche weichten das Papier ein und bastelten Pappmaché-Figuren daraus; andere füllten Sitzkissen und Matratzen mit ihren gesammelten MEW-Ausgaben.

Die Gefängnisse füllten sich mit verhafteten linken und zu einem viel

inde tarafımdan yapılacaktır. Vatandaşların sükunet içinde radyo ve televizyonları başında yayınlanacak bildirileri izlemelerini ve bunlara tam uymalarını ve bağrından çıkan Türk Silahlı Kuvvetlerine güvenmelerini beklerim.« Eine umfassende Dokumentation der Dekrete und Erklärungen des Putsches von 1980 ist unter der folgenden Internet-Adresse zu finden: http://www.belgenet.com/12eylul/12091980_01.html

kleineren Teil rechten Militanten, Denkern, Journalisten oder Schriftstellern. Wer nicht abgeholt wurde, litt auf eine andere, sonderbare Weise. Er fühlte sich schuldig wegen der abgeführten Freunde, die fürchterliche Foltern erlitten. Der psychische Druck war so groß, dass viele ihm nicht standhalten konnten, sie wurden seelisch krank und für ihre Familien zu einem lebenslangen Pflegefall. Man war aufgebrochen, das Land zu verändern und lebenswerter zu machen, und war mit der Waffe in der Hand auf der Straße gelandet, um Andersdenkende zu verfolgen und zu töten. Auch wenn die Mehrheit der Linken die Waffe zu ihrer Verteidigung gegen die rechten Angreifer nutzte, war sie doch immer öfter eingesetzt worden. Dass dann die erst richtig bewaffnete Macht, die Armee, eingreifen würde, war zwar erwartet worden, aber nicht so schnell.

Der Militärputsch von 1980, in der Türkei nach seinem Datum kurz »12. September« genannt, geht heute im Schatten des 11. September (2001) unter. Dabei veränderte er das Land grundlegend. Danach war wirklich nichts mehr so, wie es einmal war. Und wenn man so möchte, hatte er indirekt auch etwas mit dem 11. September 2001 zu tun: Erstens freute sich Washington unverhüllt darüber, dass »our boys did it«, denn dem Antikommunismus opferten die USA woanders gerne die Demokratie und den Rechtssaat. Nicht einmal die westeuropäischen Regierungen konnten nach anfänglichem und oberflächlichem Protesten konsequent bleiben. Als sich General Evren gleichzeitig mit der Verfassung zum Staatspräsidenten machte, wurde er auch auf Staatsbesuch in Bonn mit allen Ehren begrüßt. Zweitens konnte sich die Linke in der Türkei davon nie wieder erholen. Nicht nur, dass eine ganze Generation, die 1978er, »draufgingen«, nicht nur, dass die Repression gepaart mit aufsteigendem Neoliberalismus die neuen, heranwachsenden Generationen von Fragen und der eigenständigen Suche nach Antworten abhielten – die Armeespitze hatte augenscheinlich beschlossen, den Islam dem Kommunismus vorzuziehen. Entsprechend der amerikanischen Doktrin des »grünen Gürtels« um die UdSSR herum wurden in allen Nachbarstaaten und den Ländern mit potentiell linken und linksnationalistischen Bewegungen der Islam und islamische Organisationen lange Jahre unterstützt. General Evren ging vor und nach seiner Wahl zum Staatspräsidenten auf Tournee und begann seine Reden stets mit Versen aus dem Koran. Diese besagten, dass Streit nichts Gutes war oder dass man den Staat ehren sollte, oder etwas anderes, was dem Redner opportun erschien. Dass die Lücke, die die Armee durch ihr rigoroses Vorgehen gegen die Linke in der Gesellschaft schuf, eines Tages von den Islamisten gefüllt werden würde, dass sich junge Menschen nur zehn Jahre später auf ihrer Suche nach Gerechtigkeit auf den Koran statt auf das

Kapital berufen würden, hatte sie als konsequente Hüterin des Laizismus bestimmt nicht vermutet.

Der Militärputsch vom 12. September 1980 veränderte das Leben der Türken in Westeuropa fundamental. Wegen der großen türkischen Population in Deutschland, und weil die Linke hier Fuß gefasst hatte, flüchteten viele hierher. Der beliebteste Fluchtweg, der auch den größten Erfolg versprach, verlief über die Ägäis nach Griechenland, und von dort aus über Österreich nach Deutschland. Da die Flüchtlinge gesucht wurden, konnten sie nicht einfach zum Flughafen fahren und ein Flugzeug nach München besteigen. Viele mussten auf abenteuerlichen Wegen und unter Lebensgefahr ihre Heimat verlassen. Da sie danach sofort ausgebürgert wurden, bedeutete die Flucht einen endgültigen Abschied, der nur angesichts langjähriger Gefängnisstrafen oder dem Tod am Galgen erträglich wurde. Es war etwas Schreckliches, sein Land verlassen zu müssen, zumal Freunde, Weggefährten da blieben und mit Folter und Tod konfrontiert waren. Das Militärregime verhängte durch seine Sondergerichte 517 Todesstrafen; 124 wurden in der Revision durch die letzte Instanz bestätigt, davon »nur« 50 vollstreckt. 18 Gefangene gehörten dem linken Lager an, acht dem rechten, die übrigen 23 waren gewöhnliche Kriminelle. Die Todesstrafen der restlichen Gefangenen wurden in lebenslänglich umgewandelt.

Mord am Kottbusser Tor oder: lieber fromm als links

Die bürgerkriegsähnlichen Kämpfe der Ära vor dem Putsch waren natürlich auch nach Deutschland »übergeschwappt«. Auch wenn sich die meisten Arbeiter ruhig verhielten und von dem »Links-Rechts-Streit« nichts wissen wollten, beäugten sich die beiden Lager vor allem in den Großstädten mit größtem Misstrauen. Die extrem rechten »Grauen Wölfe« und die islamischen Fundamentalisten des Politikers Necmettin Erbakan waren in ihrer Einheitsfront gegen den Kommunismus kaum voneinander zu unterscheiden. Moscheen und die Vereine der Nationalen Bewegungspartei MHP, die sich oft einfach »Türkischer Kulturverein« nannten, terrorisierten die Linke, die selbst Gewalt gegenüber nicht abgeneigt war. Schlägereien waren an der Tagesordnung, Überfälle auf die Vereinslokale der Gegenseite ebenfalls.

Am Samstag, den 5. Januar 1980, also acht Monate vor dem Putsch, kam es zu einer größeren Konfrontation zwischen den beiden Lagern am Kottbusser Tor in Berlin-Kreuzberg. Eine Handvoll TKPler von FIDEF stand auf dem Platz und rief die Passanten per Flugblatt zu einer Demonstration vor dem türkischen Konsulat auf. Die Grauen Wölfe und die Islamisten stießen dazu. Sie kamen aus der Mevlana-Moschee, die nach 25 Jahren wegen seines Imams in die Schlagzeilen kommen sollte, der bei einer Predigt gesagt hatte, dass die Deutschen stanken. Die Islamisten waren den TKPlern gegenüber wegen des sowjetischen Einmarsches in Afghanistan im Dezember 1979 besonders feindselig eingestellt. Auf ihren Flugblättern stand: »Deine Aufgabe ist es, jeden, der sich gegen deine Religion und gegen deine Glaubensbrüder richtet, zum Schweigen zu bringen, auch wenn du dein Leben dafür opfern musst.«[237] Innerhalb der TKP gärte es zwar auch wegen Afghanistan, aber nach außen standen sowohl die DKP als auch ihre türkische Schwesterpartei stramm hinter Moskau. Was sich an jenem kalten Januarmorgen am Kotti abspielte, schilderte Murat Alp der Zeitung »Jungle World«: »Wir gingen in Richtung unseres Vereinslokals los, machten aber den Fehler, uns nicht geordnet zurückzuziehen. Einige hatten schon die Skalitzer Straße überquert, als die Ampel auf rot schaltete. Der Rest, darunter Celalettin Kesim, blieb stehen. Plötzlich stürmte die Menge, mit Knüppeln, Messern und Ketten bewaffnet und ›Allah, Allah‹ rufend, auf uns zu.« Ungefähr 70 Männer fallen über die wenigen Linken her. Alp kam mit leichten Verletzungen davon, aber der Lehrer und Sekretär des Türkenzentrums in Neukölln bekommt einen Messerstich am Oberschenkel, nahe dem Schritt, der deshalb tödlich wirkt, weil eine Schlagader getroffen ist. Seine Freunde werden deshalb später von einem gezielten Mord sprechen. Die Wunde lässt sich nicht abbinden. Die Genossen schleppen den Verletzten bis zur Kottbusser Brücke, wo er blutend im Schnee liegenbleibt. Die Polizei und Feuerwehr kommen erst nach einer halben Stunde nach dem Beginn des Angriffs der Rechten. Als Kesim ins Urban-Krankenhaus gebracht wird, ist er bereits tot. Der 36jährige Pädagoge und Gewerkschafter war 1973 nach Westberlin gekommen und hatte zuerst als Dreher bei Borsig gearbeitet, wo er sich gewerkschaftlich engagierte und zum Vertrauensmann der IG Metall gewählt wurde. Zuletzt hatte er in einer Berufsschule gelehrt. Seine Frau, mit der er ein Kind hatte, war gerade schwanger.

Der Mord erschütterte nicht nur die Kommunisten oder Berlin, sondern ganz Deutschland. Am darauffolgenden Wochenende gingen 15 000 Men-

---

[237] Siehe Deniz Yücel, »Aus Liebe zu Allah«, in: Jungle World, 2/2002, 2. Januar 2002, und Reiner Vollradt, »Gedenken an Celalettin Kesim«, in: anstoss, Zeitung der DKP-Bezirksorganisation Berlin, http://www.dkp.de/vorOrt/berlin/320312 02.htm

schen für eine »antifaschistische Gedenkdemonstration« auf die Straße. So wurde der Mordfall tragischerweise zu einer Entscheidungsschlacht zwischen den beiden verfeindeten Lagern. Die Islamisten trauten sich lange nicht mehr auf die Straße, so dass Murat Alp nach Jahrzehnten noch mit Genugtuung feststellte:»In Berlin haben wir den Kampf gewonnen. Unsere einzige Niederlage war dieser Januartag. Aber wir haben einen Toten zu beklagen.«[238]

Deniz Yücel behauptet in seinem Artikel in»Jungle World«, dass die Polizei durch Zivilbeamte am Kotti rechtzeitig von allem erfahren hatte, aber viel zu lange mit dem Einschreiten gewartet hatte. Ob sie den Kommunisten einen Denkzettel verpasst haben wollte?»Bild« titelt wie üblich:»Türken-Krieg mit Fleischmesser: ein Toter«. Das Ganze endete vor Gericht, aber nur mit zwei Angeklagten. Die Ermittlungen waren schlampig durchgeführt worden. Einer wurde freigesprochen, der andere namens Abdul Saticioglu wurde nur wegen»Landfriedensbruchs und Beteiligung an einer Schlägerei« zu vier Jahren Haft verurteilt. Niemand hatte gesehen, wer zugestochen hatte. Das Pikante an der Geschichte war, dass der bekennende Islamist von dem Richter Strafmilderung bekam, weil er»nach seiner ganzen Ideenwelt an eine gute Sache geglaubt« hätte,»auch wenn diese dem hiesigen Denken fremd« wäre.

Der Journalist Deniz Yücel kommentierte den ungesühnten Mordfall, an den jedes Jahr am Kottbusser Tor mit einer Gedenkfeier erinnert wird, so: »Anders als es ›Der Spiegel‹ oder manche ›Postkoloniale‹ wahrhaben wollen, verlief die entscheidende Grenze nicht entlang ethnischer, sondern politischer Linien. Die Angehörigen der ersten Einwanderergeneration waren nicht nur Opfer von Rassismus, von miserablen Arbeits- und Wohnverhältnissen, sondern sie agierten auch als politische Subjekte.« Nichts anderes wird in diesem Buch erzählt.

Der Putsch wurde für die TKP zu einer neuen Zäsur. Die Verhaftung mancher Rechtsextremer und die Erklärungen der Junta, dass man»zu der Sowjetunion weiterhin gute nachbarschaftliche Beziehungen führen« werde, verleitete das Zentralkomitée dazu, skandalöse Verharmlosungen zu verbreiten. Wie so oft, stritt man sich über die Terminologie. War der Putsch nun faschistisch oder nicht? Das ZK der TKP sagte: Nein. Kenan Evren und seine Freunde seien»gemäßigte Generäle«. Die TKP war es ohnehin gewohnt, sich zurückzuziehen und zu mauern, zumal sie als einzige Partei organisatorische und finanzielle Unterstützung der UdSSR genoss. Aber diese Entscheidung zusammen mit den Zehntausenden, die in die Gefängnisse gesteckt wurden,

---

[238] Yücel in: Jungle World, ebd.

spaltete die TKP. Im Mai 1981 folgte in der Türkei eine zweite große Verhaftungswelle. Währenddessen versuchten die Linken in Deutschland vergeblich eine »Linke Einheit« *(Sol Birlik)* zu gründen. 1983 starb Ismail Bilen. Im Oktober diesen Jahres hielt die TKP in Moskau ihren Fünften Kongress ab. Der neue TKP-Generalsekretär Haydar Kutlu (alias Nabi Yagci) verbot es, den TKP-Mitgliedern, sich vor türkischen Gerichten politisch zu verteidigen. Das Team um Haydar Kutlu wird heute noch von vielen Kommunisten beschuldigt, die Türkische Kommunistische Partei praktisch liquidiert zu haben. Den Hintergrund bilden die Glasnost- und Perestroika-Politik Moskaus. Nach Gerüchten soll Michail Gorbatschow selbst die Auflösung der TKP empfohlen haben.

1987 hielten die TKP und die Arbeiterpartei TIP gesondert Parteikongresse ab und verschmolzen am 7. Oktober 1987 zur »Türkischen Vereinigten Kommunistischen Partei« *(Türkiye Birlesik Komünist Partisi, TBKP)*. Haydar Kutlu und sein Team verkündeten ihr »Alternatives Programm für den Frieden und die Nationale Demokratie«. Er und sein engster Freund Nihat Sargin kehrten anschließend in die Türkei zurück und ergaben sich den Sicherheitskräften. Sie blieben nur bis 1990 in Haft. Ihre neue Partei wurde aber 1991 vom türkischen Verfassungsgericht verboten. Viele TKPler lehnten sich gegen den »Liquidierungsprozess« ihrer Partei auf und beschuldigten nicht nur Kutlu und Sargin, sondern auch Gorbatschow des Verrats an der Sache. Türkische Kommunisten in Berlin wurden nicht müde, dem Vorsitzenden der KP der UdSSR Briefe zu schreiben und ihn um eine Abkehr von seinem »Reformkurs« zu bitten. Der Zusammenbruch der UdSSR wurde von vielen als traumatisches Erlebnis empfunden.

Auch in Deutschland verursachte der Militärputsch von 1980 die Auflösung bestehender Strukturen. Der Angriffe der Rechten und der allgemeinen Teilnahmslosigkeit der türkischen Arbeiter überdrüssig geworden, reagierten die meisten Kommunisten mit Rückzug aus dem politischen Leben. Es galt jetzt, die Wunden zu lecken. Man konzentrierte sich auf die Fluchthilfe: So viele Genossen wie möglich mussten die Türkei verlassen, bevor sie gefangen und für viele Jahre, vielleicht lebenslänglich, ins Gefängnis gesteckt wurden, wenn sie nicht gleich erhängt wurden. Dass ihre Kameraden sich vor Gericht nicht einmal verteidigen durften, verbitterte alle. Nach 1980 kamen 56 hochrangige TKPler als Asylanten nach Berlin. Sie wurden direkt von Haydar Kutlu geschickt und erhoben Anspruch auf Führung. Das hatte niemand erwartet. Die deutschtürkischen TKPler sagten: »Ihr habt in der Türkei nichts Gescheites vollbracht, also steht wenigstens hier ein bisschen zurück.«[239] Aber Kutlu war in der Partei sehr mächtig geworden. Die Westberliner Parteiorganisation musste abdanken.

Harte Zeiten in Deutschland: kommunistische Arbeiter erzählen

Die Biographien der früheren TKP Mitglieder verwandeln sich heute zu Lebensläufen gewöhnlicher Arbeiter, die ihr politisches Engagement im Nachhinein rechtfertigen. Gleichwohl ist jede einzelne Biographie die Geschichte eines Kampfes um eine bessere Zukunft, die Geschichte eines Ideals, für das gemeinschaftlich gekämpft wurde. Zum Beispiel Hasan aus Kars, der 1973 als minderjähriger Bergmannsgeselle nach Bergkamen gekommen war. »Wir waren 60 und noch halbe Kinder!«, sagt er heute.[240] Mit einem Bus kommt er von Kars nach Istanbul, und es geht gleich weiter per Flugzeug nach Deutschland. »Man hat uns in das Gesellenheim der Grube gebracht. Am zweiten Tag wurden wir Viertel vor fünf Uhr morgens geweckt. Als wir den stellvertretenden Direktor barsch ›Aufstehen!‹ rufen hörten, fühlten wir uns schwer beleidigt.« Das einzige, was die Männer machen konnten, war auf Türkisch zu fluchen. Sie bekamen pro Kopf 50 Mark Vorschuß, um dringende Bedürfnisse zu erledigen. Hasan kaufte sich als erstes für 20 Mark Schuhe. »In den ersten Monaten trauten wir uns nicht aus dem Heim, weil wir Angst hatten, uns zu verlaufen. Wir gingen nur fünfzig, hundert Meter auf der Straße und kehrten wieder zurück.« Nach einem Jahr Ausbildung ging er als 16jähriger hinunter in den Schacht. Jahrelang arbeitete er unter den schwersten Bedingungen, Tausende Meter unter der Erde. Im Heim waren drei Gruppen von Gesellen, die alle nicht über 15 Jahre alt waren. »Die erste Gruppe von 20 Jungen wird 1971 geholt. Zwei dieser Jungen packen es nicht und werden wieder in die Türkei geschickt. In der zweiten 1972 geholten Gruppe waren 21 Jungen. Innerhalb eines Jahres kehren auch von ihnen vier zurück. Von dieser Gruppe stirbt zudem ein Junge unten im Schacht vor den Augen seiner Kameraden bei einem Arbeitsunfall. Die anderen Jungen bekommen Angst und streiken, sie lehnen es ab, herunterzufahren. Diese Gruppe löst sich auf, davon bleiben nur ein paar Jungen in der Grube. Die dritte Gruppe war die meine, die 1973 kam. Auch aus dieser Gruppe kehrten sechs Jungen zurück wegen der zu schweren Arbeit. Nach 1973 wurden keine Kin-

---

[239] Metin Gür, S.117
[240] ebd. S. 125

der mehr aus der Türkei geholt.«[241] Die »Kinder« stammen hauptsächlich aus dem Osten Anatoliens, aus armen Städten wie Kars, Malatya, Sivas, Adiyaman, Corum oder Diyarbakir. Die meisten müssen Kurden gewesen sein. Auf die Frage des Publizisten und Ex-TKPlers Metin Gür, »ob es denn in Deutschland keine Gesellen gab, so dass welche aus der Türkei geholt werden mussten«, antwortet Hasan: »Wegen der sehr schweren Arbeitsbedingungen haben damals die Deutschen ihre Kinder nicht mehr runter in die Grube geschickt. Der Beruf des Bergmanns war in Deutschland damals völlig unbeliebt. Die Deutschen spotteten und sagten: ›Nur die Dummen fahren runter in die Grube‹. Manche Firmen fanden keine Bergarbeiter und kauften sich bei Vermittlern welche. Die im Bergwerk angestellten Deutschen waren hauptsächlich Meister. Die schlechteste Arbeit wurde den Türken vorgesetzt. In der Nachtschicht waren nur Türken. In der Kleinstadt Bergkamen leben ca 50 000 Menschen. In der Stadt und außerhalb gab es damals fünf Bergwerke. Über 10 000 Männer arbeiteten dort. Nahezu die Hälfte waren Türken. Viele waren angelernte Bergarbeiter aus Balikesir, Kütahya und Zonguldak.«[242] Die ehemaligen TKPler und andere linke Arbeiter aus Deutschland erzählen immer wieder dieselben Geschichten. Was sie politisierte und nach Gerechtigkeit und Gleichstellung schreien ließ, waren die harten Bedingungen, denen sie ausgesetzt waren.

Hasan wollte zum Beispiel durch sein Engagement bei den Kommunisten sein Dorf retten. »Unsere Dörfer würden asphaltierte Straßen bekommen, Ärzte würden kommen. Ich glaubte fest daran, dass die Zukunft der Türkei im Kommunismus und damit in der Hand der TKP lag. Wenn die TKP-Führung so überzeugt gewesen wie wie ich, hätten wir die Türkei verändern können.« Hasans Austritt der Partei kam mit einer sehr umstrittenen Entscheidung der TKP-Spitze zusammen, die er ihr nie verzieh: Zusammenarbeit mit den Anhängern Erbakans, mit den Islamisten. Die TKP übte Druck auf die FIDEF aus, dass sie mit »Milli Görüs« kooperieren sollte. Hasan gehörte zu Tausenden von linken Arbeitern, die sagten: »Ich mache mit Schariah-Anhängern keine gemeinsame Sache«. Er ist bis heute »ein atheistischer Linker« geblieben.

Einen TKPler, der sich schlicht »Kamerad« (*Kamarat*) nennt, trifft Metin Gür in München. Auch er kommt aus einer armen, kinderreichen Familie, diesmal aus dem westlichsten Ende der Türkei, Kirklareli. Er erzählt, wie er im Jahre 1952 eingeschult wurde: »Die erste Grundschule öffnete in unserem Dorf im Jahre 1952 ihre Tore. Damals kostete eine Lesefibel 35 Kurusch.

---

[241] ebd. S. 126
[242] ebd. S. 127

Mein Vater hatte das Lesen und Schreiben beim Militär gelernt. Er wollte diese 35 Kurusch für mich nicht ausgeben. Ich hatte keine Fibel. Eine andere Familie mit zwei Söhnen hatte ihnen zwei Lesefibeln gekauft. Einer von ihnen war geistig behindert und flüchtete aus Angst von der Schule und wollte nicht mehr wiederkommen. Sein Vater schenkte mir dessen Fibel, so dass ich endlich auch eine besaß.«[243]

Kamerad kam 1968 nach Deutschland. In Istanbul bestand er die Tests des türkischen Arbeitsamtes. 54 Männer wurden für die BMW-Werke in München ausgewählt, 50 von ihnen hatten schon einen Beruf erlernt. »Nach der langen Reise stiegen wir am Münchner Hauptbahnhof aus. Man nahm uns allesamt in eine Halle und gab uns Frühstück. Auf dem Frühstückstisch standen Honig, Butter, Brot und Bananen. Für uns war das ein ungeheurer Luxus. Ich nahm die Banane in die Hand, da fragte einer: ›Wie isst man das eigentlich?‹ Alle erschraken und legten die Bananen wieder zurück auf den Tisch. Eine Zeitlang traute sich keiner, seine Banane zu essen, bis dann einer sie in die Hand nahm, schälte und aß.«[244] Die Banane als Begrüßungsobst war also schon lange vor dem Einfall der DDR-Bürger im Westen gebräuchlich!

Man verlor nicht viel Zeit. Die Arbeiter wurden sofort in die Fabrik abgeführt. Im Versammlungssaal forderte der türkische Dolmetscher, die Männer auf, sich in zwei Gruppen aufzuteilen: in Karosserie und Montage. Die Arbeiter beschwerten sich und meinten, dass sie in ihren gelernten Berufen arbeiten wollten. Aber der Dolmetscher entgegnete, es führe kein Weg daran vorbei. »So wurden wir alle trotz unseres Berufs Bandarbeiter.«[245]

»Sobald wir die Arbeit aufnahmen, sahen wir, wie schwer sie in Deutschland war. Am Wochenende machten wir Überstunden. Die Meister waren wie Gestapo-Chefs. Es gab übermäßigen Druck. Von 54 Männern haben 45 ihre Kündigung eingereicht, bevor ein Jahr um war. Zuerst machten wir die Türen der BMW-Autos dran. Während einer Schicht mussten wir zu viert zwanzig Autos komplett mit je vier Türen komplett machen. Dann stieg die Zahl der Autos auf vierzig, aber wir waren immer noch vier Männer. Die speziellen Inspekteure der Firma kamen, und maßen mit Chronometern die Zeit. Nach ihrer Rechnung reichten für diese Arbeit drei Leute aus. So nahmen sie uns einen weg. Nun machten wir zu dritt vierzig Autos fertig. Dann stieg diese Zahl sogar über fünfzig. Als ich aus einem Türkeiurlaub zurückkam, fehlte einer der Kameraden. So machten wir zu zweit fünfzig Autos in einer Schicht. An einem Samstag bei Überstunden fiel ich um und konnte vor Er-

---

[243] ebd. S. 143
[244] ebd. S. 142
[245] ebd. S. 143

schöpfung nicht mehr aufstehen. Ich saß da und blieb sitzen! Daraufhin rebellierte ich. Drei Wochen vor Ablauf meines Vertrags schmiss mich der Personalchef raus. Nach uns begann BMW gezielt aus dem ländlichen Gebiet der Türkei Arbeiter zu holen. Diese Männer konnten nur ihre Vor- und Nachnamen schreiben, hatten keinen Beruf erlernt und waren nur kräftig. Und gehorsam. Die Firma hat Zehntausende von Mark ausgegeben und für diese neuen Arbeiter sowohl im Werksgebäude als auch in den Wohnheimen Gebetsräume eröffnet.«[246]

Die Zimmer teilte man zu viert, Stapelbetten. »Es gab keine Küche, nur im Wohnzimmer gab es Kochstellen, die mit Jetons funktionierten. Die mussten wir kaufen. Um 6.30 Uhr morgens am Band zu stehen, wachten wir um vier Uhr auf. Um 24 Uhr kam die Nachtschicht zurück. Sie machten sich was zu essen, spielten laut Musik oder spielten im Wohnzimmer Karten. Das Bad war in einer Ecke des Kellers untergebracht. Man musste sich dafür den Schlüssel beim Heimleiter abholen. Wir konnten nicht immer ins Bad. Es gab festgelegte Zeiten dafür. Wenn wir diese nicht einhalten konnten, wuschen wir uns am Waschbecken auf der Toilette. Wir lebten in einer militärischen Disziplin.«[247]

»Im fabrikeigenen Wohnheim war alles mit Stacheldraht umzäunt. Auf den Zimmern durfte man keinen Besuch empfangen. Man traf sich nur in einem separat dafür geschaffenen Raum. Es gab keine Fernseher in den Zimmern, das war streng verboten. Im Wohnzimmer stand ein Schwarz-Weiß-Gerät. Es war auf ARD eingestellt. Nachrichten, das Wort zum Sonntag, ein Film. Ein vom Heimleiter beauftragter Mann machte den Fernseher an, saß von 20 bis 22 Uhr mit uns davor, und machte es um 22 Uhr wieder aus, schloß ab, und ging.«[248]

Hier in diesem Heim lernte der »Kamerad« Sozialisten kennen. Sie bereiteten in ihrem Heimzimmer eine kleine Zeitung vor, die sie irgendwo drukken ließen. Das gedruckte Bulletin wurde am Bahnhof verteilt. Die aktuelle Diskussion drehte sich um die Frage, ob »die Revolution bewaffnet oder unbewaffnet« ablaufen sollte. Die Arbeiter, mit denen sich Kamerad anfreundete, waren TIP-Sympathisanten. 1971 gründeten sie in einem von der SPD zur Verfügung gestellten Raum den berühmten »Türkischen Sozialistenverein München« *(Türkiye Birlesik Komünist Partisi)*.

Kamerad erzählt Metin Gür, wie er zum Marxismus gekommen war[249]:

---

[246] ebd. S. 143
[247] ebd. S. 144
[248] ebd.
[249] ebd. S. 145f.

»Es war die zweite Woche meiner Ankunft in Deutschland. Auf der Straße sah ich einen humpelnden Mann mit seinem Hund spazierengehen. Der Mann hatte eine Trillerpfeife, wenn er loslegte, lief der Hund herbei. Er sagte dem Hund Dinge, die dieser sofort machte. Ich dachte, wenn dieser Hund Deutsch kann, werde ich auch unbedingt Deutsch lernen.« Der türkische Ingenieur, der den Deutschkurs erteilte, lud ihn eines Tages zu einem kleinen Treffen ein, das im Hinterzimmer eines Bierhauses stattfand. Das Thema war Marxismus, die Rednerin eine Frau vom türkischen Konsulat. Sie sagte, der Jude Marx hätte gelogen. Er hätte nämlich behauptet, Reiche würden mit der Zeit immer reicher, und Arme immer ärmer werden. Reiche wären ja wirklich reicher geworden, aber die Armen hätten auch mehr gekriegt, zum Beispiel Autos, Fernseher, Radios. Die Arbeiter protestierten. Daraufhin sagte sie: ›Gut, wir kennen uns mit diesem Thema nicht sehr gut aus, aber ihr solltet euch trotzdem davon fernhalten. Denn Marxisten sind allesamt Vaterlandsverräter.«

Die Stimme der Türkei in Europa

Das türkische Paar Gün und Atilla, deren Nachnamen auch von Metin Gür nicht angegeben werden, wurden 1930 in Istanbul geboren. Sie flohen vor der großen Verhaftungswelle 1951 aus der Türkei. 32 Jahre ihres Lebens verbrachten sie in derselben Wohnung über dem Rundfunkbüro in Budapest, von wo aus sie die türkischen Sendungen machten. Sie haben hier studiert und zugleich für den Rundfunk gearbeitet. Anfang der 1950er richtete Ungarn diese türkischen Sendungen ein. Die ersten Mitarbeiter waren Türkisch sprechende Ungarn. Das Ehepaar ging 1964 nach Leipzig, um auf den Ruf Zeki Bastimars hin in der Redaktion von »Unser Radio« (*Bizim Radyo*) zu arbeiten. Wegen innerparteilicher Querelen fanden sie sich jedoch 1969 in Budapest wieder. Bis die Sendungen 1991 eingestellt wurden, haben sie hier gelebt und gearbeitet.

Die türkischen Sendungen des Radio Budapest waren in den 1960ern die meist gehörten unter Türken in Deutschland. Es gab damals kein türkisches Fernsehen, keine Rundfunksendungen, ja nicht einmal Zeitungen. Telefonieren war, wie gesagt, sehr umständlich. Als einzigen Kommunikationsweg blieb die Post; Briefe waren aber oft Wochen, manchmal sogar Monate unterwegs. »Radio Budapest« machte Sendungen in Türkisch, Italienisch,

Deutsch, Englisch und Spanisch. Die griechische Sendung wurde 1981 eingestellt. Die meisten Briefe kamen zur türkischen Sendung. In den 1980ern erreichten über 5000 Briefe jährlich die Redaktion. Das meiste waren Musikwünsche. Der Sender hatte zwei Sendungen täglich, am Wochenende stieg die Zahl auf drei. Da bemühte man sich auch um die Erfüllung der Musikwünsche.

Die offizielle »Stimme der Türkei« *(Türkiyenin Sesi)* ging ab dem Januar 1963 auf Kurzwelle in Sendung. Aber ihr Empfang erforderte echtes Könnertum.

Atilla erzählt Metin Gür von dieser Zeit:»Unser Rundfunk stellte zwischen Europa und der Türkei eine Brücke her. Wir hatten einen Hörerstamm von ca. 10 bis 12 000 Menschen. Manchmal erreichten uns jährlich 28 000 Briefe! Die meisten kamen aus der Türkei, und an zweiter Stelle von den türkischen Arbeitern in Deutschland. Die Hörer erzählen uns von ihren alltäglichen Problemen. Ein türkischer Arbeiter, der in Sydney, Australien arbeitete, erzählte sein Leben, und schrieb:›Ich mache jede Nacht um drei Uhr das Radio an, um die Lieder zu hören. Ich mache mir dabei Tee und dann gehe ich wieder ins Bett.‹ Ich schrieb diesem Mann zurück:›Werter Hörer, haben Sie vielen Dank! Aber Sie brauchen nicht schlaflos zu bleiben. Wir haben auch eine frühere Sendung, um dreiundzwanzig Uhr. Sie können diese hören.‹ Er schrieb zurück:›Ich habe mich über Ihren Brief gefreut und Ihre Vorschläge gelesen. Aber ich stehe trotzdem um drei Uhr nachts auf, trinke meinen Tee, höre Ihre Sendung und gehe wieder ins Bett!‹ Das war ein Beispiel für die festen Hörgewohnheiten der Leute. Es gab Tausende solcher Hörer. Aus einer Kleinstadt nahe dem (mittelanatolischen) Kayseri wurde nach einem Haarwuchsmittel gefragt. Da wir keine Medikamente schicken konnten, haben wir ein Rezept ausstellen lassen und abgeschickt. Der Mann soll tatsächlich, wer weiß wie, Haare bekommen haben. Als er das herumerzählte, sind wir in der Flut der Briefe untergegangen! Viele schickten uns Geschenke. Sie schenkten uns vor allem ihre ganze Zuneigung, es gab nichts, was sie für uns nicht getan hätten.«[250] Die politischen Briefe konnten sie nicht veröffentlichen, denn das war ein staatlicher Rundfunk und Budapest wollte keine Probleme mit der Türkei bekommen.

Die türkischen Mitarbeiter des Budapester Senders sind bis heute im Herzen Linke geblieben. Auf Gürs Frage, ob in Ungarn heute die sozialistische Vergangenheit diskutiert wird, antwortet Atilla:»Es wird diskutiert. Bei uns (im Ungarischen) gibt es ein Sprichwort:›Nichts wird mehr diskutiert als die

---

[250] ebd. S. 154

Vergangenheit‹. Die Geschichte, wie ich sie an der Universität gelernt habe, gilt heute nicht mehr. Das ist schade! Sie verändern die Geschichte rückwirkend nach ihrem Geschmack.«[251] Atilla ist der Meinung, dass »die Rechte den Aufstand von 1956 mißbraucht. Früher nannte man das eine Kontrarevolution, jetzt ist es eine Revolution! Nach meiner Ansicht sind die Ereignisse von 1956 ein Volksaufstand gewesen. Unter den Beteiligten gab es sowohl Rechte als auch Linke. Zum Beispiel war der Anführer der Linken, Imre Nagy, ein reformistischer Kommunist. Er war Mitglied des Zentralkomitées der Kommunistischen Partei Ungarns. Nach dem Aufstand wurde die Partei ja auch in Ungarische Sozialistische Arbeiterpartei umbenannt.«[252] Was ist heute von dem alten Ungarn geblieben? »Alles ist noch da, auch ich. Die Institutionen haben sich zwar geändert, die Menschen sind jedoch geblieben.«[253]

In Leipzig, im 5. Stock eines sechsstöckigen Altbaus trifft Metin Gür Anjel Acikgöz. Auch sie ist gekommen und geblieben. In einer Wohnung von 50 qm lebt sie seit nunmehr 40 Jahren. Die 1926 in Istanbul geborene Frau hat die Türkei 1951 verlassen. Ihr Mann, Hayk Acikgöz, war wegen TKP-Mitgliedschaft erst 1949 aus dem Gefängnis entlassen worden und ein Jahr vor ihr ausgewandert. »Dem Hinterbliebenen passiert nichts, nur der Verstorbene trägt das Leid«, sagte ihr Mann immer. Acikgöz weiß heute nicht, wo in Istanbul das Grab ihrer Eltern liegt, in der Stadt, die sie über 50 Jahre lang nicht gesehen hat. Ihr Mann wurde in Leipzig, im Südfriedhof, begraben, wo auch die Gräber des TKP-Chefs Zeki Bastimar und des Politbüro-Mitglieds Aram Pehlivanyan liegen. Hayk[254] starb 2001 mit 83 Jahren in Leipzig. »Er lebte als Kommunist, er starb als ein Kommunist. Alles was er hatte, war die Partei«, sagt seine Frau.[255] Sie erzählt, wie sie aus einer konservativen armenischen Familie kommend ihre Eltern nicht auf ihren Bräutigam einstimmen konnte. Nicht einmal die offizielle Trauung auf dem Standesamt wurde von ihnen als ein gültiges Ehebündnis akzeptiert. Dabei war ihr Mann Arzt und ebenfalls Armenier. »Als wir fragten, was meine Mutter wollte, sagte sie, wir sollten in die Kirche gehen und den Pfarrer beten lassen. Hayk wollte aber

---

[251] ebd. S. 155
[252] ebd.
[253] ebd. S. 156
[254] Der armenische Kommunist und berühmte TKPler Hayk Acikgöz war 1917 wurde in Samsun geboren. Er stammt aus einer wohlhabenden Familie, die 1915 deportiert wurde. Als sie nach einer Zeit nach Samsun zurückkehren konnte, fand sie ihr Hab und Gut geplündert vor. Der Vater begann von Neuem Handel zu treiben, wurde wieder reich, aber es kamen wirtschaftlich schwierige Zeiten. Hayk ging nach Istanbul und studierte Medizin.
[255] ebd. S. 158ff.

partout nicht zum Pfarrer; meine Mutter blieb ebenfalls stur. Hayk meinte dann, ›Laß uns zum Pfarrer gehen und ihn beten lassen, damit wir Ruhe haben‹. Wir ließen also die Einladung zur kirchlichen Hochzeit drucken und organisierten alles, und da wurde Hayk verhaftet! Die Hochzeit fiel aus. Er saß drei Jahre ab, dann kam er heraus. Wir wollten gerade heiraten, da kam Ostern. Vor Ostern wird bei Armeniern einen Monat lang gefastet, da findet keine Hochzeit in der Kirche statt. So mussten wir also noch einen Monat warten. Aus Zufall fiel unsere Hochzeit auf den 1. Mai. Die Freunde sagten, ›Seid ihr verrückt, ihr könnt doch nicht am 1. Mai heiraten, da denkt die Polizei, in der Kirche findet eine konspirative Versammlung statt und ihr kriegt Ärger!‹ So haben wir den Termin eine Woche vorgezogen und am 24. April 1946 endlich geheiratet.«

Metin Gür selbst macht in seinem Buch keinen Hehl daraus, dass auch sein Herz noch links schlägt. Obwohl er die fehlende Demokratie, die Parteidiktatur, das hierarchische, ungerechte System hinter der Mauer bei jeder Gelegenheit beklagt, denkt er auch an die guten Seiten des real existierenden Sozialismus in der DDR: Leipzig »war unter dem Sozialismus die zweitgrößte Stadt der Deutschen Demokratischen Republik nach Ostberlin. Damals waren die Menschen anders. Zu Zeiten des Sozialismus traf man lächelnde, aufrechte Menschen ohne Angst vor Arbeitslosigkeit oder Bildungsdefizite. Jetzt sind aus ihnen Arbeitslose ohne jedes Vertrauen in die Zukunft geworden, die nicht einmal ihre Miete bezahlen können, die lange Gesichter haben und mit gesenktem Haupt gedankenvoll vorbeilaufen.«

Die aus Armenien stammende Anjel Acikgöz erzählt, dass sie heute in Leipzig statt 82 Mark ganze 850 Mark Miete zahlt: »Der Untergang der DDR hat uns sehr mitgenommen. Wir waren schockiert. Auf einmal war alles aus. Die Kindergärten schlossen, die Erzieher wurden herausgeschmissen. Die neu eröffneten mussten bezahlt werden. Früher haben wir Medikamente und das Krankenhaus nicht bezahlt. Nun müssen wir alles bezahlen. Das Wasser kostete nichts, es floss immer und kostete jährlich 10 Mark. Das war doch kein Geld! Gas, Strom, alles dasselbe. Alles war billig. Nun haben wir Angst, diese zu benutzen, weil sie so teuer geworden sind. Die Kinderkleidung war nahezu umsonst, so billig. Kinderbücher haben wir auch umsonst bekommen. Wir kannten keinen Stress. Die Menschen lebten bequem. Wir haben unsere Haustür niemals zugeschlossen. Jetzt schließen wir um sieben Uhr abends ab.« Sie erzählt davon, wie ein Rentner in ihrer Straße von Taschendieben niedergeschlagen wurde und an den Folgen seiner Verletzungen starb. »Es gibt jetzt Diebstahl! Es gibt so viele Arbeitslose! Wir wissen gar nicht, was noch auf uns zukommt!« Und sie fügt hinzu:»Jetzt gibt es alles, aber wir können es uns nicht leisten. Wir sehen es, aber können es nicht kaufen. Das ist schlimmer!

Neben den schlechten haben sie auch die guten Fabriken abgerissen. In der DDR haben sie alles platt gemacht. Von früher durfte nichts übrig bleiben. Die Karl Marx Universität wurde zur Universität Leipzig. In Hayks Krankenhaus gab es einen Professoren, der war strammer Antikommunist. Hat nach dem Mauerfall ganz vorne marschiert. Nach in paar Jahren sagte er mir: ›Ich konnte nicht ahnen, wie schlimm der Kapitalismus ist‹. Die Menschen hier wurden zu dritte Klasse Menschen.«

Aber warum ist das so gekommen? »Das alles hätte nicht so kommen dürfen. Wir haben es selbst kaputtgemacht. Wir haben den Systemgegnern, den Befürwortern der Ausbeutung in die Hände gespielt. Wir haben uns regelrecht den Kapitalisten ergeben! Man fuhr zum Mond, aber die Wünsche des Volkes blieben auf der Strecke. Was hatten die Sowjets in Afghanistan zu suchen? Die Parteiführung war vom Volk abgekoppelt. Die schlimmsten Bedingungen musste aber das sowjetische Volk erleiden. Wir waren Zeugen davon. Ein Freund, der in Moskau lebte, sagte einmal: ›Wenn wir einen Tag ein Ei ergattern, freuen wir uns, an dem anderen Tag finden wir etwas Butter.‹ Unsere russischen Freunde machten, wenn sie uns in Leipzig besuchten, ihre Koffer bei ihrer Rückreise voll. Nun treffe ich auf Leipziger Straßen alte Theaterspieler aus Moskau, die betteln, und andere Russen. Mein Herz blutet! Sie haben im Zweiten Weltkrieg die Deutschen geschlagen, jetzt kommen sie hierher, um bei den Deutschen betteln.«

Hayk Acikgöz, Jak Ihmalyan – beide armenischen TKPler hat Frau Anjel vor Jahren selbst aus der Türkei herausgeschmuggelt. Auch Aram Pehlivanyan floh über die syrische Grenze ins Ausland. Eine Drogenschmugglerbande half mit. Sie wollten eigentlich nach Armenien, aber »Stalin war an der Macht und es klappte nicht« – gut, dass es nicht klappte. Fünfeinhalb Jahre lebte das Paar Acikgöz im Libanon. Sie arbeitete dort in einem armenischen Krankenhaus dort, der größten Tuberkulose-Kilinik Beiruts. Sie machte eine praktische Krankenschwesterausbildung und wurde zur Oberschwester. »In Beirut beuteten Armenier andere Armenier aus. Uns zum Beispiel nutzten sie schamlos aus. Eine Spritze kostete den Patienten 50 Lira. Unser ganzer Monatslohn zum Einstieg betrug 100 Lira. Wir waren aber gezwungen zu diesen Konditionen zu arbeiten, denn wir hatten keine Aufenthaltserlaubnis.«

Mit besserem Gehalt gelang es dem Paar schließlich, anderen Kameraden aus der Türkei zur Flucht zu verhelfen. Der Armenier Aram Pehlivanyan lebte derweil in Aleppo, kam aber bald in Begleitung eines Freundes nach Beirut. Durch die Vermittlung Nazim Hikmets wurde er nach Warschau geschickt; Nazim Hikmet beschaffte ihm dort beim Rundfunk einen Posten. Er holte dann das Paar Acikgöz ebenfalls nach Warschau. Da sie glaubten, dass sie im Libanon von der türkischen Polizei aufgespürt werden konnten, wollten sie nicht bleiben. »Als wir mit dem Zug in Budapest ankamen, standen dort auf dem Bahngleis Nazim Hikmet, Ismail Bilen und Atilla. Es war im September 1955. Nazim Hikmet küsste mir die Hand, ich schämte mich sehr. Er fühlte es und sagte, ›Mädel, du musst dich hier daran gewöhnen, in Polen werden sie dir stets die Hand küssen.‹ Tatsächlich kam es so. Sie brachten uns zuerst in ein Parteihotel. Nazim Hikmet meinte, da wir aus dem Orient kämen, sollte ich ihm doch ein türkisches Essen zubereiten. Er hatte große Sehnsucht nach türkischer Küche! Wir kauften auf dem Markt Gemüse. In Atillas Wohnung kochten wir dann gemeinsam ein türkisches Gericht. Auch Sabiha und Yildiz Sertel[256] waren mit uns. Wir waren alle jung. Vor lauter Heimweh haben wir Lieder gesungen, Gedichte gelesen! Das war ein wehmütiger Exil-Abend.«

Beim Warschauer Staatsrundfunk arbeitet das Paar zweieinhalb Jahre in der türkischen Redaktion. In den Sendungen wird von Polen erzählt und ganz offen Propaganda für den Sozialismus gemacht. Die Acikgöz bekommen keine Leserbriefe. Und führen das auf den schlechten Empfang zurück. In Warschau arbeiten auch andere türkische Armenierinnen wie Sona und Mari Ihmalyan.

Anjel Acikgöz wird hier zum TKP-Mitglied. In der Türkei hatte sie das nicht gekonnt, weil die Partei die Ehefrauen von Mitgliedern nicht aufnahm, damit bei Verhaftung einer von beiden draußen blieb. »Ich bereue nichts«, sagt sie zu Gür, »wenn ich noch einmal auf die Welt käme, wäre ich auch wieder Kommunistin geworden. Trotz aller seiner Mängel ist der Kommunismus das menschlichste System. Und weil die Ausbeutung anhält, wird er wiederkehren. Wie das geschieht, wird der Kampf der neuen Generationen entscheiden.«[257]

1958, als die Acikgöz nach Leipzig kamen, hatten die Gründungsarbeiten zu »Bizim Radyo« unter Aufsicht Ismail Bilens in Leipzig schon begonnen. Hayk arbeitete vollzeitig im Krankenhaus und kümmerte sich nicht um den Rundfunk. Anjels Quelle waren die türkischen Zeitungen in Westberlin, die mit Tagen von Verspätung im Osten ankamen. Nazim Hikmet verfasste auf Wunsch kleine Gedichte und Artikel, die man in »Bizim Radyo« vorlas. Der Dichter kritisierte zwar die Partei und war zu sehr Künstler, um ein strammes Mitglied zu sein, aber er lehnte es bis zu seinem Tode ab, etwas Schlechtes

---

[256] berühmte türkische Kommunistinnen
[257] ebd. S. 163

über die Partei sagen,»weil sie so viele Feinde hatte«. Derweil heiratete der TKP-Chef Zeki Bastimar eine ostdeutsche Parteifrau namens Gertrud. Ein Parteibeschluss vom 6. April 1962:»Die Geschichte der Türkischen Kommunistischen Partei ist zugleich die Geschichte ihres Kampfes um die Prinzipien Lenins. Die TKP mußte während ihrer gesamten Existenz in einer verrückten Terror-Atmosphäre in der Illegalität arbeiten. Sie mußte in ihren eigenen Reihen gegen Opportunisten, Revisionisten, Liquidatoren, Sektierer, Dogmatiker, Fraktionisten, Provokateure und ihren zersetzenden Einfluß kämpfen. Die Partei mußte zeitweilig ohne eine kollektive, marxistisch-leninistische Führung treu dem proletarischen Internationalismus dienen. Nach 1937 wurde ungeachtet der Parteiführung die Dezentralisierung beschlossen und angewandt, die in der Praxis in Auflösung und Liquidation mündete. In der Einschätzung des Zweiten Weltkriegs wurde der Wille des ZK völlig ignoriert und ein antikommunistischer Weg eingeschlagen, der die Partei liquidieren sollte. Nach 1947 hat die Partei, trotz vielfältiger Provokationen der Liquidatoren begonnen sich zu erholen und sich positiv zu entwikkeln. Die im Oktober 1951 einsetzende Verhaftungswelle als Vorbereitung zum NATO-Beitritt der Türkei wurde zu einem Großangriff auf den Kommunismus und seine Partei.«

Zeki Bastimar kommt und wird von den Sowjets zum neuen Generalsekretär bestimmt, was Ismail Bilen ärgert. Als Bastimar krank wird und nicht mehr klar denken kann, wird Bilen zu seinem Nachfolger ernannt. In Anwesenheit einiger SED-Funktionären wird Bastimar in Leipzig bestattet. Die sterblichen Überreste der Kommunisten der ersten Stunde sind über die Welt verteilt: Nazim Hikmet und andere TKPler ruhen in Moskau, Zeki Bastimar, Hayk Acikgöz und Aram Pehlivanyan in Leipzig, Ismail Bilen und andere in Sofia, einige in Budapest, Andere in Baku, Paris und auch in Sibirien.

In der »Zeitschrift für die Probleme des Friedens und des Sozialismus« (*Baris ve Sosyalizm*) erscheint im November 1974 auch ein Beileidswunsch Erich Honeckers:»An das Zentralkommittee der Türkischen Kommunistischen Partei: Werte Genossen! Wir haben die Nachricht vom Tode des ehemaligen ersten Generalsekretärs Ihrer Partei, des Genossen Yakup Demir (alias Zeki Bastimar) erhalten. Eine schwere und lange Krankheit hat das stets dem Kampf gewidmeten Leben des Genossen beendet. Genosse Demir widmete sich schon in seiner Heimat, in den den Gefängnissen, unter den schwersten Bedingungen der Illegalität dem Kampf seiner Partei, dem Kampf des türkischen Volkes für Freiheit, Demokratie und Fortschritt. Wir werden seinen Namen stets hoch ehren. Im Namen des Zentralkommittees der Sozialistischen Einheitspartei Deutschlands und des Volkes der Deutschen Demokratischen Republik wünsche ich Ihnen mein herzliches Beileid. Berlin, den 21. November 1974, Erich Honecker.«

Nach dem Mauerfall geht die 41jährige Existenz der TKP in Leipzig zuende. Das Leipziger Büro muss geschlossen werden. Orhan Yildirim, der erst 10 Jahre nach dem Niedergang der DDR in Deutschland einen Asylantrag stellte, erzählt:

»In Leipzig beschlossen wir, die Partei gänzlich aufzulösen. Die Genossen schickten wir dorthin, wohin sie gehen wollten; manche zogen nach Westdeutschland, andere nach England oder in die Türkei. Das Archiv haben wir eingepackt, um es nach Moskau zu schicken. Ich wohnte selbst in Leipzig. Die Demonstranten für die deutsche Einheit kamen direkt an meiner Wohnungstür vorbei. Ein deutscher Genosse sagte: ›Es ist aus, wir können nichts mehr tun.‹ Wir waren alle verstört. Alle gingen schließlich fort, nur meine Frau und die Frau eines anderen Genossen blieben übrig. Wir zogen von Leipzig nach Berlin, denn man gab uns hier eine Wohnung. Derselbe deutsche Genosse, unser Aufpasser, kam bald wieder: ›Ab jetzt seid ihr auf euch alleine gestellt‹ sagte er. Wir fühlten uns wie Fische aus dem Wasser. Die Mauer war gefallen, die Westler waren in den Osten gekommen. Jeder verkaufte alles. Durch die Vermittlung eines Freundes im Westen habe ich mit einem anderen ehemaligen Genossen ein Obst- und Gemüsegeschäft aufgezogen. Am Ostberliner Alexanderplatz errichteten wir mit zwei Brettern einen Stand. Etwas anderes konnten wir ja nicht machen. Es vergingen zwei Tage, niemand kam und fragte uns nach einer Erlaubnis. Eines Morgens tauchte ein Deutscher mit einer Handtasche auf. Er sagte, er sei bei der Stadt damit beauftragt und fragte nach unserer Erlaubnis. Wir sagten, wir haben keine. ›Kommt mit, ich verschaffe euch eine, sonst schmeißt euch die Polizei hier raus‹ sagte er. Wir sind hin und haben gleich die Lizenz bekommen. Monatliche Standgebühr achtzig Mark. Drei Jahre lang haben wir unglaublich gut Kasse gemacht; morgens kauften wir einen Laster voll Obst und Gemüse, abends war alles weg. Dieser glückliche Zufall hat uns davor gerettet, im vereinigten Deutschland unterzugehen. Seitdem sind wir Gemüsemänner geworden.«[258] Orhan betreibt mit seinem Kumpel seit 1997 den Gemüseladen »Yasemin« in Marzahn. In diesem Plattenbauviertel gab es vor dem Mauerfall keinen einzigen Türken. In der dritten Etage eines Hochhauses hatte lediglich die TKP ihre Gästewohnung. Hier besteht die Kundschaft aus alten Kadern. »Kulturell sind sie den Kunden im Westen voraus«, sagt Yildirim, »sie sind humaner und höflicher. Da sie uns kennen, zeigen sie sich mit uns

---

[258] ebd. S. 192

solidarisch.« [259] – Nach den Armeniern und Türken bewiesen also jetzt alte DDRler und jüngere türkische Genossen, dass die eigentlichen Trennlinien im gesellschaftlichen Leben nicht entlang der Ethnien oder Religionen, sondern der Klassenunterschiede sowie der politischen Meinungen verlaufen. Oder? Trotz der langen Jahrzehnte, die der Türke Orhan Yildirim in Leipzig und jetzt in Berlin verbringt, fühlt er sich hier nicht zu Hause, weil er woanders sozialisiert wurde: »Ich mag Deutschland einfach nicht! Ich bin in diesem Land satt geworden, aber ich habe es nicht mögen können. Ihre Kultur, ihr Arbeitsalltag, ihr Familienleben unterscheidet sich völlig von der unsrigen. Meine Leute, meine Mutter, mein Vater, meine Verwandten, meine Heimat! Das ist mein Land. Hier fühle ich mich nur vorübergehend zu Hause. Wenn ich mir hier für meine Wohnung etwas kaufe, kommt es mir fehl am Platz vor, völlig überflüssig. Da ich hier lebe, bemühe ich mich, die Politik, das Leben, die Kultur besser kennenzulernen. Ich habe die deutsche Staatsbürgerschaft nicht angenommen. Ich bin Weltbürger, aber meine Heimat ist nun einmal die Türkei.«

Eine Türkin mit Kampfgeist

Eine andere berühmte türkische Kommunistin ist Sevim Belli, Ehefrau des Mihri Belli, einem der ideologischen Köpfe der Bewegung, und Übersetzerin der meisten Klassiker ins Türkische. 1925 in Istanbul geboren, wuchs sie in Beylerbeyi am Bosporus auf, ging in Adana am Mittelmeer aufs Gymnasium und absolvierte 1949 die medizinische Fakultät, um Ärztin zu werden. Diese Biographie zeichnet sie gleich als eine Musterschülerin des Kemalismus aus, der erstmals nach Jahrhunderten die Mädchen und Frauen aus ihrem Loch namens »Zuhause« befreite und ihnen den Weg zur Mitte der Gesellschaft ebnete. Frau Belli gehörte zu den 50 Studentinnen der Medizinischen Fakultät, an der insgesamt 500 Studenten immatrikuliert waren. Anfang 1950 ging sie auf das Drängen ihrer Mutter für eine Fortbildung nach Paris und wurde Psychiaterin. Ihr Vater war Polizeipräsident, »ein ehrlicher, patriotischer Mensch«. Sie erinnert sich nicht daran, dass er jemals gegen den Kommunismus hetzte. In der Universität wurde sie im Studentenbund aktiv. 1946 gab es wieder große Verhaftungen, die Sozialistische Partei wurde verboten.

---

[259] ebd. S. 193

»Alle Linken wurden am selben Tag aufgesammelt und eingelocht.« Sevim war darunter. Das Istanbuler Polizeipräsidium befand sich im berühmt-berüchtigten Geschäftshaus namens Sansaryan Han in Sirkeci. Hier gab es Nischen als »Zellen«, die nur so groß waren, dass man darin nur stehen konnte. Die Polizei brachte gerne Gefangene in diesen Löchern unter und ließ die Lampe an. Tagelang wurde die Tür nicht aufgemacht. Im Volksmund hießen diese Nischen einfach und beängstigend »Sarg« (Tabutluk). »Wir wurden alle dahin gebracht. Drei Nächte lang haben wir an Verhörtischen sitzen müssen. Aber neben anderen Methoden war das ja nichts.« Als sie 1950 nach Paris ging, war sie schon »von der Türkischen Kommunistischen Partei beauftragt«, ein Pariser Komitée zu organisieren. Sie brachte tatsächlich die Gruppe zusammen und sie publizierten gemeinsam die Zeitschrift »Den Friedensweg« (Baris Yolu)/. Die Zeitschrift wurde an ausgewählte Adressen in der Türkei geschickt. Eine Publikation war mehr als nur gedrucktes Papier: Sie war der Beweis, dass nun auch in Paris eine aktive Zelle lebte.

Nazim Hikmet war auch 1950 aus dem Gefängnis entlassen worden und ins Ausland geflüchtet. An den Jugendfestspielen 1951 in Ostberlin nahmen Sevim Belli, Nazim Hikmet und viele Andere teil. »Nazim war immer enthusiastisch und glücklich«, erzählte Sevim Belli einem Reporter. »Seine verzweifelten, letzten Tage waren noch nicht in Sicht. Wir trafen ihn in diesen zwei Wochen in Ostberlin sehr oft.« Der Poet schickt sie schließlich mit einer Botschaft an die TKP in die Türkei. Sie trifft dort Zeki Bastimar, der damals nur ein Organisationssekretär war. Sie weiß nicht, dass Bastimar bei diesem Treffen von der Polizei beschattet wurde. Als sie nach einigen Wochen nach Paris zurückkehren will, wird sie verhaftet. Im Passagiersaal wird sie vor allen Augen der Wartenden abgeführt. Sie wollte gerade auf ein Schiff nach Marseille einsteigen.

Zwei Jahre verbringt sie in dem berüchtigten Gefängnis Sansaryan Han, wo sie ihren Mann Mihri Belli kennenlernt. Das ganze ZK der TKP sitzt dort. Sie wird entlassen, und damit sie Mihri besuchen kann, heiraten sie 1957 »im Beisein des Gefängnisdirektors«. 1958 kommt ihr Mann heraus, sie wohnen in Istanbul und bekommen zwei Söhne. Wegen ihrer Vorstrafe darf sie jetzt nicht als Ärztin approbieren. Ihr wird verboten, eine Praxis zu eröffnen. In Anatolien kann sie auch nicht unbemerkt arbeiten, weil ihr der Ruf dank der örtlichen Polizei immer vorauseilt. Also muss sie auswandern, aber wohin? Es gibt ein Land. Algerien.

»In Algerien gab zu der Zeit einen Befreiungskrieg gegen Frankreich. Ich sagte, ›Dort, in Algerien, muss man jetzt sein!‹. Ich entwickelte eine wirkliche Sehnsucht danach. Eines Tages legte mir Mihri eine Einladung auf den

Tisch. ›Hier ist dein Algerien‹ sagte er. Tatsächlich suchten sie Ärzte.« Sie bemüht sich erst lange um einen Pass, bekommt ihn schließlich 1964 und bricht mit ihren beiden Söhnen nach Algerien auf. Dort arbeitet sie als Ärztin und fühlt sich glücklich. Aber das Glück dauert nur zwei Jahre lang, denn ihr Mann bekommt keinen Pass. Weil er nicht nachkommen kann und seine Familie auf Rückkehr drängt, kehrt sie zurück. Die 1960er sind die besten Jahre der Türkei. Aber sie kann immer noch nicht als Ärztin arbeiten. »Also gebe ich mich der Übersetzungsarbeit hin« – innerhalb wenigen Jahre übersetzt sie Marx, Engels, Lenin und Stalin. Dann kommt der Putsch von 1971, und als wieder einmal eine umfassende Verhaftungswelle droht, flieht ihr Mann ins Ausland. Sie wird 1972 ins Gefängnis gesteckt. Diesmal muss sie fast sechs Jahre ihres Lebens opfern.

»Ich habe die Menschen, mein Land, ein ehrlich verdientes Leben und die Natur geliebt. Ich versuchte stets ein ehrliches, solidarisches Leben zu führen. Deshalb gibt es für mich nichts zu bereuen. Wenn ich die Möglichkeit hätte, mein Leben von vorne anzufangen, würde ich wieder denselben Weg gehen, der meiner Ansicht nach ein würdiger war.« Über die Methoden könne man selbstverständlich diskutieren. »Das Wichtigste ist der Glaube daran, dass die Menschen eine viel bessere Welt verdienen«, sagt die alt gewordene Kommunistin heute, »die Menschen sind sogar darauf angewiesen zu kämpfen. Es ist offensichtlich, dass der Kapitalismus keine Lösung für die Probleme der Menschheit bieten kann. Die Verfechter der Neuen Weltordnung sind längst demaskiert. Die menschliche Suche nach dem Besseren, Schöneren wird niemals enden. Das liegt im Wesen des Menschen. Ich habe viel über den gemeinsamen Nenner der Menschen, über das Grundelement nachgedacht. Das ist die menschliche Arbeit. Wenn die Menschheit ihre Gesellschaft auf der Grundlage der Arbeit vernünftig organisiert und Lehren aus der Geschichte zieht, glaube ich, dass sie auch besser leben wird. Der Fortschritt endet nie. Das Wichtigste ist, die Entwicklung zum Wohl der Menschheit zu lenken. Und dabei ist die Liebe die Grundlage. Die Liebe zum Menschen ist das, was Leben kreiert; auf das Bewußtsein der Solidarität, die Weggenossenschaft, die Opferbereitschaft kommt es an.«

Die Geschichte der TKP zeigt die Akteure als das, was sie sind: Als einzigartige Individuen. Diese Geschichte kreuzt aber auch die Geschichte der türkischen Minderheit in Deutschland, und wird damit zu einem wertvollen Bestandteil der deutschen Geschichte selbst. Sie ist viel interessanter und facettenreicher, als hier auf wenigen Seiten geschildert werden konnte. Das TKP-Archiv befindet sich heute in Moskau und teilweise in Istanbul. Von den Veteranen sind noch viele am Leben und arbeiten in Bürgerinitiativen oder Menschenrechtsvereinen, sofern sie sich nicht von der Politik verabschiedet haben. Die Toten im Archiv und die Lebenden in Deutschland oder der Türkei warten auf interessierte Wissenschaftler, die anhand ihrer Lebensläufe ein großes Stück auch deutsch-türkischer Geschichte schreiben wollen – bevor es zu spät ist. Ein russischer Devotionalienhändler bot im Sommer 2005 die Medaillen und Dokumente, die der langjährige TKP-Chef Ismail Bilen von der Sowjetunion und anderen Ostblockstaaten, darunter auch von dem SED-Vorsitzenden Genossen Erich Honecker, bekommen hat, im Internet preisgünstig für 31 900 US-Dollar im Paket an.

Er fand keinen Käufer.

Quellen

Ahmad, Feroz, »Geschichte der Türkei«, Magnus, Essen 2005

Akar, Ridvan, »Askale Yolcuları – Varlık Vergisi ve Çalışma Kampları« (Die Askale-Reisenden – Die Vermögenssteuer und die Arbeitslager), Belge Yayinlari, Istanbul 1999

Akşin, Sina, »Jöntürkler – Ittihat ve Terakki« (Die Jungtürken und das Kommittee für Einheit und Fortschritt), Imge Yayınevi, Ankara 998

Aktar, Ayhan, »Varlık Vergisi ve Türkleştirme Politikaları« (Die Vermögenssteuer und die Politik der Turkisierung), İletişim Yayinlari, Istanbul 2000, 4. Baski/Auflage

Almaz, Ahmet, »Tarihin Esrarengiz bir Sahifesi: Dönmeler ve Dönmelerin Hakikati« (Ein geheimnisvoller Aspekt unserer Geschichte – Die Dönme und die Wahrheit über Dönmes), Kültür Yayıncılık ve Dağıtım, Istanbul 2002

Alsayyad, Nezar, Manuel Castells (hrsg.), »Müslüman Avrupa ya da Avro Islam – Küreselleşme Çağında Siyaset, Kültür ve Vatandaşlık« (orig.: »Muslim Europe or Euro-Islam: Politics, Culture, and Citizenship in the Age of Globalization, Transnational Perspectives«, Lexington Books 2002), Everest Yayinevi, Istanbul 2003

Akçam, Dursun, »Deutsches Heim, Glück allein. Wie Türken Deutsche sehen«, Lamuv, Göttingen 1995

Aydemir, Şevket Süreyya, »Tek Adam« (Der erste Mann – über Mustafa Kemal Atatürk), 3 Cilt, Remzi Kitabevi, Istanbul 1994

Aydemir, Şevket Süreyya, »Ikinci Adam« (Der zweite Mann – über Ismet Inönü), 3 Cilt, Remzi Kitabevi, Istanbul 1993

Aydemir, Şevket Süreyya, »Enver Paşa« (Enver Paşcha), 3 Cilt, Remzi Kitabevi, Istanbul, 1993

Aydemir, Şevket Süreyya, »Suyu Arayan Adam« (Der Mann, der nach der Quelle suchte), Remzi Kitabevi, Istanbul 1993

Aydemir, Şevket Süreyya, »Menderesin Dramı« (Das tragische Ende des Adnan Menderes), Remzi Kitabevi, Istanbul 2000

Aydemir, Şevket Süreyya, »İhtilalin Mantığı, ve 27 Mayıs« (Die Logik der Militärintervention und der 27. Mai), Remzi Kitabevi, Istanbul 1976

Bali, Rifat N.,»Musa'nin Evlatları, Cumhuriyetin Yurttaşları« (Die Söhne Moses', die Bürger der Republik), İletişim Yayınlari, Istanbul 2001

Bali, Rifat N.,»Cumhuriyet Yıllarında Türkiye Yahudileri – Bir Türkleştirme Serüveni 1923-1945« (Die Juden der Türkei in der Republikanischen Ära – Das Abenteuer der Turkisierung), İletişim Yayınları, Istanbul 1999,

Bali, Rifat N.,»Aliya – Bir Toplu Göçün Öyküsü« (Alija – Die Geschichte einer Massenauswanderung), Iletisim Yayinlari,Istanbul 2003

Bardakcı, Murat,»Son Osmanlilar« (Die letzten Osmanen), Pan Yayincilik, Istanbul 1999

Bauman, Zygmunt,»Moderne und Ambivalenz – Das Ende der Eindeutigkeit», Fischer Verlag, Frankfurt am Main 1995

Behmoaras, Liz,»Bir Kimlik Arayışının Hikayesi« (Die Geschichte einer Identitätssuche, über Moiz Cohen alias Tekinalp), Remzi Kitabevi, 2005

Behmoaras, Liz,»Türkiye'de Aydınların Gözüyle Yahudiler« (Die Juden in der Türkei aus der Sicht der Intellektuellen), Gözlem Gazetecilik Basın ve Yayin A. Ş., Istanbul 1993

Bila, Hikmet,»CHP 1919-1999« (Die Republikanische Volkspartei CHP 1919-1999), Dogan Kitapçılık, Istanbul 1999

Bin Sheikh, Suheyb,»Laik Dünyada Islam« (Soheib Bencheikh, orig.:»Marianne et le Prophète: L'Islam dans la France laïque«, Paris, Bernard Grasset, 1998; Der Islam in der laizistischen Welt), Sabah Kitapları, Istanbul 1998

Blech, Rabbi Benjamin,»Geçmişten Günümüze Yahudi Tarihi ve Kültürü« (orig.:»Complete Idiot's Guide to Understanding Judaism«, Alpha Books 2003), Gözlem Gazetecilik Basın ve Yayın A. Ş., Istanbul 2004

Bleda, Mithat Şükrü,»Imparatorlugun Çöküşü« (DEr Niedergang des – Osmanischen -Reiches), Remzi Kitabevi, Istanbul 1979

Blumenthal, Michael W.,»Die unsichtbare Mauer – Die dreihundertjährige Geschichte einer deutsch-jüdischen Familie«, dtv, München 2000

Bora, Siren,»Izmir Yahudileri Tarihi 1908-1923« (Die Geschichte der Juden von Izmir 1908-1923), Gözlem Gazetecilik Basın ve Yayın, Istanbul 1995

Broder; Henryk M.,»Der ewige Antisemit – Über Sinn und Funktion eines beständigen Gefühls«, Berliner Taschenbuch Verlag, Berlin 2005

Çavdar, Tevfik,»Ittihat ve Terakki« (Das Kommittée für Einheit und Fortschritt), İletişim Yayınları, Istanbul 1991

Çavdar, Tevfik,»Türkiye'nin Demokrasi Tarihi 1950-1995« (Die Geschichte der Demokratie in der Türkei 1950-1995), Imge Kitabevi, Ankara 2000

Cemal Paşa,»Hatıralar« (Die Memoiren von Cemal Pascha), Arma Yayınları, Istanbul 1992

»Empirischer Nachweis von Diskriminierung gegenüber ausländischen Arbeitnehmern beim Zugang zum Arbeitsmarkt«, International Labour Office (Hrsg.): Working Paper Nr. 7, Genf 1995

Faroqhi, Suraia,»Kultur und Alltag im Osmanischen Reich«, C. H. Beck 1995

Fischer, Fritz,»Krieg der Illusionen – Die deutsche Politik 1911-1914», Düsseldorf, 1987

Friedman, Isaiah,»Germany, Turkey and Zionism 1897-1918«, Oxford Clarendon Press, 1977

Füruzan,»Berlin'in Nar Çiçeği« (Berliner Blüte), Yapı Kredi Yayınları, Istanbul 1988

Füruzan,»Yeni Konuklar« (in Deutsch:»Logis im Land der Reichen«, dtv, München 1985), Yapı Kredi Yayınları, Istanbul 1998

Galante, Abraham,»Sabetay Sevi ve Sabetaycıların Gelenekleri« (Sabbatai Zwi und die Traditionen der Sabbatai-Gemeinde), Zwi-Geyik Yayınları Istanbul 2000

Galante, Abraham,»Türkler ve Yahudiler« (Die Türken und die Juden), Gözlem Gazetecilik Basın ve Yayın A. Ş., Istanbul 1995

Gencer, Mustafa,»Jöntürk Modernizmi ve Alman Ruhu – 1908-1918 Dönemi Türk-Alman Ilişkileri ve Eğitim« (orig.:»Bildungspolitik, Modernisierung und kulturelle Interaktion. Deutsch-türkische Beziehungen (1908-1918). Münster u.a.: LIT Verlag, Konfrontation und Kooperation im Vorderen Orient, Bd. 8), Istanbul 2003

Gövsa, Ibrahim Alaattin,»Sabetay Sevi« (Sabbatai Zwi), Milenyum Yayınları, Istanbul 2000

Goksu, Saime und Edward Timms,»Romantic Communist. The Life and Work of Nazim Hikmet«, Palgravbe McMillan 1994

Göze, Ergun,»Siyonizmin Kurucusu Theodor Herzl'in Hatıraları ve Sultan Abdülhamit« (Die Memoiren Theodor Herzls als Begründer des Zionismus und Sultan Abdulhamid), Istanbul 1995

Groepler, Eva,»Islam ve Osmanli Dünyasında Yahudiler« (Der Islam und die Juden in der osmanischen Welt), Belge Yayınları, Istanbul 1999

Gronau, Dietrich, »Mustafa Kemal Atatürk oder Die Geburt der Republik«, Fischer 1994

Güleryüz, Naim, »Türk Yahudileri Tarihi« (Die Geschichte der türkischen Juden), Gözlem Gazetecilik ve Basin Yayin A.S., Istanbul 993

Gülsoy, Ufuk, »Osmanlı Gayrımüslimlerinin Askerlik Serüveni« (Das Abenteuer Wehrdienst der osmanischen Nichtmuslime), Simurg Kitapcilik, Istanbul 2000

Gür, Metin, »Diyardan Diyara TKP'nin Avrupa Yılları« (Die Europa-Jahre der TKP), Günizi Yayincilik, Istanbul 2002, www.metingur.com

Gür, Metin, »Meine fremde Heimat. Türkische Arbeiterfamilien in der BRD«, Weltkreis, 1987

Häfert, Almut, »Den Feind beschreiben«, Campus Verlag, Frankfurt a. M. 2005

Hall, Stuart, »Identität, Ideologie, Repräsentation«, Argument Verlag, 2004

Hall, Stuart, »Rassismus und kulturelle Identität«, Argument Verlag, 2002

Hanioglu, Şükrü M., »Osmanli Ittihat ve Terakki Cemiyeti Jöntürkler 1889-1902« (Das osmanische Kommittée für Einheit und Fortschritt, die Jungtürken 1889-1902), Istanbul 1986

Hasim, Ahmet, »Frankfurt Seyahatnamesi« (Reisetagebuch Frankfurt), Hrsg./ Haz. Nuri Saglam, M.Fatih Adi, Yapı Kredi Yayınları, Istanbul 2004

Herzig, Arno (Hrsg.), »Die Juden in Hamburg 1590-1990«, Hamburg 1991

Herzig, Arno, »Jüdische Geschichte in Deutschland von den Anfängen bis zur Gegenwart«, Becksche Reihe, C. H. Beck, München 1997

Herzl, Theodor, »Hatıralar« (Memoiren), Boğaziçi Yayınları, Istanbul 2002

Hiçyilmaz, Ergun, »Teşkilat-i Mahsusa'dan MIT'e« (Von der Spezialorganisation zum Nationalen Nachrichtendienst), Varlık Yayınları, Istanbul 1990

Hikmet, Nazım, »Das schönste Meer ist das noch nicht befahrene«, Dağyeli Verlag, 2001

Hikmet, Nazım, »Menschenlandschaften«, Dağyeli Verlag, 1994

»Holokost – İkinci Dünya Savaşı Sırasında Yahudi Soykırımı« (Holocaust – Der Völkermord an den Juden während des Zweiten Weltkrieges), çeviren Mehmet Harmancı, Gözlem Gazetecilik Basın ve Yayın A. Ş., Istanbul 1997

Horvath, Belá, »Anadolu 1913 – Türkiye'nin Kalbinde Anadolu'da 1300 km« (Anatolien 1913 – Im Herzen der Türkei, in Anatolien 1300 km.),

Hunter, Shireen et.al. (Hrsg.),»Avrupa-Amerika Müslümanları, Karşılaştırmalı Perspektif« (orig.:»Integrating Muslim Communities in Europe and the United States: A Transatlantic Dialogue«, edited by Shireen T. Hunter with Huma Malik, April 2003, CSIS Report; Die Muslime von Europa und Amerika – eine vergleichende Perspektive), Gelenek Yayınları, Istanbul 2003

İrtem, Süleyman Kani,»Meşrutiyetten Mütarekeye 1909-1918« (Von der konstitutionellen Monarchie bis zum Waffenstillstandsabkommen 1909-1918), Hrsg./Haz. Osman Selim Kocahanoğlu, Temel Yayınları, Istanbul 2004

Kabacalı, Alpay,»Talat Paşa'nin Anıları« (Die Memoiren von Talat Pascha), Türkiye Iş Bankasi Kültür Yayınları, Istanbul 2000

Kastoryano, Riva,»Kimlik Pazarlığı – Fransa ve Almanya'da Devlet ve Göçmen Ilişkileri« (orig.:»La France, l'allemagne et leurs immigrés négocier l'identité«), İletişim Yayınları, Istanbul 2000

Kocaoğlu, Yahya,»Azınlık Gençleri Anlatiyor« (Junge Mitglieder der Minderheiten erzählen), Metis, Istanbul 2001

Koch, Tilo (Hrsg.),»Porträts zur deutsch-jüdischen Geistesgeschichte, mit einem Geleitwort von Marcel Reich-Ranitzki«, Köln 1997

Kreiser, Klaus,»Der Osmanische Staat 1300-1922«, Oldenbourg 2000

Kurt, Kemal,»Was ist die Mehrzahl von Heimat?«, Rowohlt 1995

Kutay, Cemal,»Talat Paşa'nın Gurbet Hatıraları« (Die Exil-Memoiren des Talat Pascha), 3 Bände, Istanbul 1983

Landa, Jacob M.,»Tekinalp«, İletişim Yayınları, Istanbul 1996

Landau, Jacob M.,»Tekinalp – Bir Türk Yurtseveri (1883-1961)«, İletişim Yayınları, Istanbul 1996

Leggewie, Claus,»Die Türkei und Europa«, Suhrkamp, Frankfurt a. M. 2004

Leggewie, Claus,»Multikulti – Spielregeln für die Vielvölkerrepublik«, Rotbuch Verlag 1990

Levi, Avner,»Türkiye Cumhuriyeti'nde Yahudiler« (Die Juden in der Türkischen Republik), İletişim Yayınları, Istanbul 1992

Lewis, Bernard,»Islam Dünyasında Yahudiler« (In Deutsch:»Die Juden in der islamischen Welt«, Beck 2004), Imge Kitabevi, Ankara 1996

Lewis, Bernard,»Semitizm ve Antisemitizm, Çatişma ve Önyargıya Dair« (orig.:»Semites and Anti-Semites: An Inquiry Into Conflict and Prejudice«, W. W. Norton & Company 1999), Everest Yayınları, Istanbul 2004

Matschke, Klaus-Peter,»Das Kreuz und der Halbmond«, Winkler, Düsseldorf 2004

Meyer, Christian, (Hrsg.),»Die Juden in der europäischen Geschichte. Sieben Vorlesungen«, C. H. Beck, München 1992

»Modern Türkiye'de Siyasi Düşünce« (Politisches Denken in der modernen Türkei), Iletişim Yayınları, Istanbul 2002

Mumcu, Uğur,»Bir Uzun Yürüyüş« (Ein langer Marsch, über das Leben der türkischen Kommunistin Behice Boran), um: ag Yayınları, Ankara 1996

»Mustafa Suphi – Yaşamı, yazıları, Yoldaşları« (Mustafa Suphi. Sein Leben, seine Schriften, seine Weggefährten), Sosyalist Yayinlar, o. A.

Ortaylı, Ilber,»Imparatorluğun En Uzun Yüzyılı« (Das längste Jahrhundert des»Osmanischen« Reiches), Hil Yayın, Istanbul 1983

Ortaylı, Ilber,»Osmanli Imparatorlugu'nda Alman Nüfuzu« (Der deutsche Einfluß im Oasmanischen Reich), İletişim Yayınları, Istanbul 2002

Öymen, Altan,»Bir Dönem Bir Çocuk« (Eine Epoche, eine Kindheit), Doğan Yayınclık, Istanbul 2002

Öymen, Onur,»Die türkische Herausforderung. EU-Mitglied oder entfernte Verwandte?«, Önel Verlag, Köln 2001

Özcan, Ertekin,»Türkische Immigrantenorganisationen in der Bundesrepublik Deutschland«, Hitit Verlag, Berlin (West), 1989

Pamuk, Şevket,»Osmanli Ekonomisinde Bağımlılık ve Büyüme 1820-1913« (Abhängigkeit und Wachstum in der Osmanischen Wirtschaft), Tarih Vakfı Yurt Yayınları, Istanbul 1994

Pamukciyan, Kevork,»Zamanlar, Mekanlar Insanlar« (Zeiten, Orte, Menschen), Aras Yayınları, Istanbul 2003

Pewarson, Heide Thomann,»Rahel Varnhagen«, rororo Bildmonographien, Rowohl, Reinbek bei Hamburg 1988

Ramsaur, E. E.,»Jöntürkler ve 1908 Ihtilali« (Jungtürken und die Revolution von 1908), Sander Yayınları, Istanbul 1972

Rathmann, Lothar,»Alman Emperyalizminin Türkiye'ye Girişi« (orig.: »Stoßrichtung Nahost 1914-1918«, Berlin 1963), Gözlem Yayinevi, Istanbul 1976

Rill, Bernd,»Kemal Atatürk«, Rowohlt Bildmonographien, 2004

Rodrigue, Aron,»Türkiye Yahudilerinin Batılılaşması – ›Alyans‹ Okullari

1860-1925« (Die Verwestlichung der Juden der Türkei – die Alliance-Schulen; im Original:»French Jews, Turkish Jews – The Alliance Israélite Universelle and the Politics of Jewish Schooling in Turkey«), Ankara 1997

Rodrigue, Aron, und Esther Benbassa,»Türkiye ve Balkan Yahudileri Tarihi« (orig.:»Sephardi Jewry – A History of the Judeo-Spanish Community 14th – 20th Centuries«, University of California Press, 2000), Iletişim Yayınları, Istanbul 2001

Rodrigue, Aron,»Türkiye Yahudilerinin Batılılaşma Serüveni« (orig.:»Images of Sephardi and Eastern Jewries in Transition, 1860-1939: The Teachers of the Alliance Israelite Universelle«, Seattle University of Washington Press, 1993), Ayrac Yayinevi, Ankara 1997

Roth, Jürgen und Kamil Taylan,»Die Türkei. Republik unter Wölfen«, Lamuv Verlag, Göttingen 1982

Sanders, Liman von,»Türkiye'de Beş Yil« (orig.:»Fünf Jahre Türkei«, Berlin 1920), Burçak Yayinevi, Istanbul 1968

Schiffauer, Werner,»Die Gottesmänner«, Suhrkamp 2000

Şen, Faruk, Andreas Goldberg u.a.,»Die deutschen Türken«, Lit 2005

Sertel, Sabiha,»Roman Gibi« (Wie ein Roman), Ant Yayınları, Istanbul 1969

Sharon, Moshe Sevilla,»Türkiye Yahudileri« (Die Juden der Türkei), İletişim Yayınları Cep Üniversitesi, Istanbul 1993

Sholem, Gershom,»Sabetay Sevi« (»Sabbatai Zwi – Der Mystische Messias«, Jüdischer Verlag 1999), Burak Yayınları, Istanbul 2002

Show, Stanford und Ezel Kural Show,»History of the Ottoman Empire and Modern Turkey«, 2 Bde,»Cambridge University Press, London 1977

Tarih Vakfı Yurt Yayınları, Istanbul 1997

Tekeli, Ilhan, Selim Ilkin,»Cumhuriyetin Harci – Köktenci Modernitenin Doğuşu« (Die Bausubstanz der Republik – Über die Genese der fundamentalistischen Moderne), Bilgi Üniversitesi Yayınları, Istanbul 2003

Tekin Alp,»Kemalizm« (Der Kemalismus), Cumhuriyet Matbaası, Istanbul 1936

Terkessidis, Mark,»Migranten«, Europäische Verlagsanstalt, 2000

Toprak, Zafer,»Ittihat Terakki ve Cihan Harbi« (Das Kommittée für Einheit und Fortschritt und der Weltkrieg), Homer Kitabevi, Istanbul 2000

Toprak, Zafer,»Türkiye'de Milli Iktisat, Milli Burjuvazi« (Nationale Wirtschaft und nationale Bourgeoisie in der Türkei), Tarih Vakfi Yurt Yayınları, Istanbul 1995

Tunaya, Tarık Zafer, »Ittihat Terakki – Bir Çağin, Bir Kuşağin, Bir Partinin Tarihi« (Das Kommittée für Einheit und Fortschritt – Die Geschichte einer Epoche, einer Generation und einer Partei), Iletişim Yayınları, Istanbul 2000

Tunaya, Tarık Zafer, »Türkiye'de Siyasal Partiler 1859-1952« (Politische Parteien in der Türkei 1859-1952), Arba Yayınları, Istanbul 1992

Tuncay, Mete, »Türkiye'de Sol Akımlar« (Linke Bewegungen in der Türkei), BDS Yayınları, Istanbul 1978

von Moltke, Helmuth, »Türkiye Mektupları« (orig.: »Unter dem Halbmond – Erlebnisse in der alten Türkei 1835-1839«, Edition erdmann 2005), Remzi Kitabevi, Istanbul 1969

Wassermann, Jakob, »Mein Weg als Deutscher und Jude«, dtv, München 1999, 2. Auflage

Yalçin, Soner, »Efendi – Beyaz Türklerin Büyük Sırrı« (Efendi – Das große Geheimnis der weissen Türken), Doğan Kitap, Istanbul 2004

Yalman, Ahmet Emin, »Yakın Tarihte Gördüklerim ve Geçirdiklerim« (Was ich in der jüngeren Geschichte sah und erlebte), Istanbul 1970

Yerasimos, Stefanos, »Istanbul 1914-1923», Iletişim Yayınları, Istanbul 1996

Zaptcioglu, Dilek, »Die Geschichte des Islam«, Campus Verlag, Frankfurt a. M. 2002

psel Verlag ∘ Scheidswaldstr. 33 ∘ D-60385 Frankfurt/M.
9/95730187 ∘ www.brandes-apsel-verlag.de